VOYAGES
IMAGINAIRES,
ROMANESQUES, MERVEILLEUX, ALLÉGORIQUES, AMUSANS, COMIQUES ET CRITIQUES.

SUIVIS DES
SONGES ET VISIONS,
ET DES
ROMANS CABALISTIQUES.

CE VOLUME CONTIENT

Les Hommes volans, ou les aventures de Pierre Wilkins, traduites de l'anglois.

VOYAGES
IMAGINAIRES,
SONGES, VISIONS,
ET
ROMANS CABALISTIQUES,

Ornés de Figures.

TOME VINGT-DEUXIÈME.

Seconde division de la première classe, contenant les Voyages Imaginaires *merveilleux*.

A AMSTERDAM,
Et se trouve à PARIS,
RUE ET HOTEL SERPENTE.

M. DCC. LXXXVIII.

LES HOMMES VOLANS,

OU

LES AVENTURES

DE

PIERRE WILKINS;

Traduites de l'anglois.

TOME PREMIER.

AVERTISSEMENT
DE L'ÉDITEUR
DES VOYAGES IMAGINAIRES.

Depuis que l'on est parvenu à s'élever dans les airs & à y faire des courses assez longues pour être regardées comme de véritables voyages, les *Hommes Volans* ne doivent plus être rangés au nombre des merveilles. Mais ce que nous devons à l'art, les *Glums* en sont redevables à la nature ; elle a orné leur dos & leurs épaules de longues & larges aîles avec lesquelles ils se promènent à leur gré dans les vastes régions des airs. Ce n'est pas le seul secours qu'ils tirent de ce bienfait : leurs aîles, différentes de celles des oiseaux, ne sont point couvertes de plumes; ce sont de larges peaux ou membranes qui se plient & s'étendent à volonté, de la même manière que nos parasols où les aîles des chauves-souris, & qui servent encore de bateau naturel au Glum, le soutiennent sur les eaux, & lui donnent la même facilité de franchir les mers, que de parcourir les airs.

Avec des dons si distingués, l'espèce des Glums paroît particulièrement favorisée de la nature, & s'élever beaucoup au-dessus de l'espèce commune des mortels, qu'elle a condamnés à ramper sur la terre; cependant ces richesses apparentes couvrent une véritable indigence; ces peuples vivent dans une nuit éternelle; la lumière du jour blesse leur vue trop foible pour la soutenir; les arts & les sciences sont inconnus parmi eux, & l'industrie est une chose qui leur est tout-à-fait étrangère, & dont ils n'ont même aucune idée. Tout ce qu'ils ont, ils le tiennent de la nature; &, contens de ses libéralités, ils ne cherchent point ailleurs de nouvelles jouissances.

Nous ne nous étendrons pas davantage sur cette singulière & intéressante production : nous ne voulons pas anticiper sur le plaisir que l'on aura à la lire.

On y trouvera des leçons d'une morale douce & saine, & les agrémens d'une fiction ingénieuse.

Nous en devons la traduction imprimée pour la première fois en 1763, à M. de Puisieux.

Philippe-Florent de Puisieux est né à Meaux en 1713; son goût pour les lettres le fixa à Paris, & il y prit une femme qui se montra une digne compagne de ses travaux littéraires. M. de Puisieux suivit d'abord le barreau; mais son amour pour les lettres l'entraîna, & lui fit préférer la littérature à la jurisprudence, à laquelle néanmoins il ne renonça pas tout-à-fait. La plupart des ouvrages de M. de Puisieux sont des traductions de l'anglois, parmi lesquelles on distingue quelques ouvrages d'histoire & de géographie, tels que la *Grammaire géographique*, l'*Histoire navale d'Angleterre*, & beaucoup de romans. Nous citerons *Amelie* & la *Vie de Joseph Tompson*. Ce premier roman, qui est de Fielding, a été aussi traduit par madame Ricoboni; cette seconde traduction, plus élégante & mieux écrite, est aussi moins exacte que celle de M. de Puisieux; les *Voyageurs modernes*; les *Frères*, ou *Histoire de Miss Osmond*; la *Campagne*, &c.

M. de Puisieux est mort à Paris en 1772.

Nous avons dit que sa femme s'est montrée sa digne émule dans la carrière littéraire; cependant, en produisant un nombre presqu'égal de volumes, elle a peu emprunté d'un fond étranger; on observe que madame de Puisieux a d'abord donné des ouvrages de morale & de critique, & qu'elle a fini par des romans. Quoi qu'il en soit, parmi cette multitude de volumes, il en est que l'on distingue, tels que les *Caractères*, ouvrage imprimé plusieurs fois. Parmi les romans, quelques personnes lisent encore les *Mémoires de la comtesse de Gurlac*; *Algarac, ou la Nécessité d'être inconstant*; & les *Mémoires de mademoiselle de Terville*.

INTRODUCTION.

LE lecteur n'attend pas, sans doute, qu'ayant à raconter la vie d'un autre, je l'entretienne ici de mes propres affaires, & du sujet qui me fit voyager dans les mers du Sud. Je me contenterai donc de lui dire, qu'à mon retour en Angleterre sur le vaisseau l'Hector, en qualité de passager, nous trouvant dans l'arrière saison à la hauteur du cap de Horn, les courants & les vents contraires chassèrent notre vaisseau hors de sa route. Au 75ᵉ ou 76ᵉ degré de latitude sud, le vent changea, & nous commençâmes à reprendre notre route. Vers le milieu de juin, saison où les jours sont au plus court, par un beau clair de lune & un ciel bien étoilé, nous apperçûmes à quelque distance un nuage noir, qui n'étoit ni fort élevé, ni bien grand : il avançoit vers nous aussi vite que le vaisseau, & chacun étoit monté sur le tillac pour en considérer le mouvement. Comme de tems à autre ce nuage se divisoit, se rassembloit, & ne restoit pas long-tems sous la même forme, notre capitaine, qui jamais n'avoit été si loin au sud, faisoit mille conjectures sur ce phénomène; chacun hasardoit son avis, & tous s'accordèrent à dire que, sans doute, il se formoit dans l'air une tempête, dont ce nuage étoit le pronostic. Comme il nous suivoit pas à pas & faisoit la même route, nous appréhendions qu'il ne crevât au-dessus de notre tête, & ne nous coulât à fond, si nous n'avions la précaution de l'éviter. Le commandant fit tirer un coup de canon, pour essayer si la répercussion de l'air ne pourroit pas l'écarter. Aussitôt nous entendîmes à quelque distance du vaisseau, du côté de bas bord, un bruit prodigieux dans l'eau, & de grands cris dans l'air; le nuage que le coup de canon avoit dissipé, se rassembla par degrés, & disparut en un moment. Tout le monde étoit surpris de cet accident imprévu ; pour moi qui suis naturellement curieux, & qui cherche à connoître les causes de tout, je priai le capitaine d'envoyer la chaloupe pour voir, s'il étoit possible, ce qui étoit tombé du nuage ; je m'offris à y aller moi-même. Il s'y opposa beaucoup d'abord, à cause du retard que cela apporteroit au voyage, d'autant plus que nous avions le vent très-favorable. Pendant ce débat, nous entendîmes distinctement une voix qui appelloit au secours en anglois, & qui sembloit venir d'une personne dans la détresse. Je pressai le capitaine de ne pas laisser périr un homme sous prétexte d'un peu de retard. Vaincu par mes instances, il fit relâcher les voiles ; & la chaloupe ayant été mise à la mer, j'allai moi huitième au cri, & nous trouvâmes un vieillard les bras attachés à de longues perches fort légères, &

liées les unes aux autres. Les matelots hésitoient d'abord d'en approcher, disant que c'étoit, peut-être, un monstre qui renverseroit la chaloupe & nous feroit périr : mais l'entendant parler anglois, je leur reprochai en colère leurs vaines terreurs, & faisant glisser les rames dessous lui, nous le tirâmes dans la chaloupe. Il avoit une longue barbe & des cheveux tirant sur le noir. Il étoit presque épuisé ; dès qu'il put parler, il me prit familièrement la main, parce que j'étois près de lui pour l'observer, & me remercia, ainsi que tous les matelots, de lui avoir sauvé la vie. Je lui demandai par quel accident il se trouvoit réduit en cet état ; il secoua la tête, & ne voulut pas satisfaire ma curiosité. Alors songeant que son épuisement le mettoit hors d'état de parler, & que nous aurions assez de loisir pendant le voyage, lui pour raconter, & moi pour entendre une histoire qui, de la manière surprenante dont il étoit tombé, me paroiſſoit devoir contenir des choſes fort ſingulières, je n'inſiſtai pas davantage pour le moment.

Arrivé au vaiſſeau, & voyant ſes habits mouillés, je le fis mettre au lit dans ma chambre; j'avois beaucoup de proviſion à bord; je le pris en amitié, & lui fournis tout ce dont il avoit beſoin. Dans nos différentes converſations, il m'avoit dit certains traits des événemens de ſa vie, qui augmentoient en moi le deſir d'apprendre le reſte. Quand nous commençâmes à doubler le cap, le capitaine penſa à faire de l'eau au premier endroit; ainſi voyant que l'étranger n'avoit point d'argent pour payer ſon paſſage, & qu'il y avoit trente-cinq ans qu'il avoit quitté l'Angleterre, déſeſpérant par conſéquent d'en pouvoir rien tirer, il lui ſignifia qu'il ſeroit mis à terre, quand on iroit chercher de l'eau. Cette dureté allarma l'étranger, & me fit tant de peine, que je réſolus, en cas que le capitaine fût aſſez brutal pour tenir parole, de me charger du paiement de son passage.

En approchant du lieu où l'on comptoit de faire aiguade, le capitaine s'expliqua plus nettement. Je n'avois encore parlé de mon dessein ni à lui, ni à personne. L'étranger, un matin, les larmes aux yeux, me vint dire que le capitaine alloit le mettre à terre. Ne voulant pas lui déclarer tout-d'un-coup ce que j'avois résolu de faire en sa faveur, je lui demandai s'il n'imaginoit pas quelque moyen pour payer le capitaine, ou tout autre qui s'engageroit pour lui ; comment il prétendoit vivre en Angleterre, étant sans parens & sans biens. A quoi il me répondit : depuis que je suis à bord, en songeant à ma malheureuse destinée, j'ai conçu le dessein d'écrire mes aventures: chacun sera bien aise de les connoître, à cause de leur singularité ; j'espère tirer de mon manuscrit de quoi me mettre en état de vivre : mais je sens très-clairement que

je

je ne reverrai plus l'Angleterre fans votre fecours ; fi vous vouliez répondre de mon paffage & écrire ma vie, je vous communiquerois de fidèles mémoires qui vous dédommageroient de la dépenfe que vous pourriez faire pour moi. Charmé de cette ouverture, je lui promis de l'aider, non par l'idée de gagner fur fon manufcrit, mais par l'efpérance d'apprendre ce que je défirois depuis long-tems de favoir. Il en fut tranfporté de joie, & m'appella fon libérateur ; il avoit déja la bouche ouverte pour l'aller dire au capitaine : n'en faites rien, lui dis-je ; je perfifte toujours à apprendre votre hiftoire ; mais le capitaine peut changer d'avis, & ne pas perfifter à vous mettre à terre ; dans ce cas, je ne ferois pas obligé de payer, ni vous d'engager votre manufcrit pour me rembourfer. Il convint que j'avois raifon, & refta tranquille.

La provifion d'eau étant finie, & la chaloupe allant à terre pour la dernière fois, le capitaine appellant l'homme singulier (c'est ainsi qu'on le nommoit) lui dit qu'on alloit le conduire à terre avec quelques provisions. Le pauvre homme trembloit qu'on ne le forçât d'entrer dans la chaloupe, sans que j'en eusse connoissance. Il demanda au capitaine avec instance la permission de me parler avant que de partir. On me fit appeller, quoiqu'avec difficulté, car le capitaine ne m'aimoit guère, & avoit peine à me pardonner d'avoir pris souvent la liberté de lui reprocher son humeur brutale. Je lui représentai l'inhumanité d'une telle action, & qu'il eût mieux valu laisser ce pauvre homme périr dans la mer, lorsqu'il étoit à l'extrémité, que de le sauver pour l'exposer à une mort aussi certaine, après avoir langui à terre quelques jours. Mais le cruel avoit pris sa résolution. Voyant donc que rien ne pouvoit l'émouvoir, je payai une partie du passage, & m'engageai de donner le reste à notre arrivée en Angleterre.

Après avoir ainsi secouru ce pauvre homme, ce que j'eus de plus pressé fut de commencer ma fonction de copiste. Maîtres de notre tems, nous employions tous les matins deux heures à écrire ses aventures qu'il me dictoit ; & souvent, lorsque le vent ou le gros tems nous tenoit renfermés, nous donnions quelques momens de l'après-dîner à cet exercice, jusqu'à ce que nous eûmes fini entièrement.

Enfin l'ouvrage étant achevé à notre satisfaction, je le serrai sous clef pour le lire dans mes momens de loisir. J'avois dessein de le lui remettre en arrivant en Angleterre, pour en disposer comme il le jugeroit à propos, & de la manière la plus avantageuse ; car j'étois résolu de n'en pas profiter, malgré nos conventions & les services que je lui avois rendus. Mais ce pauvre homme étant tombé malade, ne fit que languir jusqu'à notre arrivée, & mourut la nuit même que nous débarquâmes. Ses funérailles ayant été faites à mes dépens, j'ai cru pouvoir disposer du manuscrit. Cependant je ne l'aurois pas fait imprimer, si quelques amis judicieux ne m'eussent engagé à ne pas priver le public d'une relation si intéressante.

LES

LES HOMMES VOLANS.

CHAPITRE PREMIER.

Naissance de l'auteur ; tendresse de sa mère : il est mis en pension par le conseil de son ami ; ses réflexions à ce sujet.

PIERRE WILKINS, marchand de Newport, ayant, par son économie & son application, gagné un bien de 160 livres sterlings de rente, & une bonne somme d'argent comptant, laissa en mourant un fils unique héritier des fruits de son travail : c'est à ce fils que je dois le jour. Je n'ai jamais eu la satisfaction de voir mon père ; car, s'étant trouvé enveloppé dans le parti du duc de Montmouth, qui vouloit usurper le trône de la Grande-Bretagne, il fut exécuté comme rebelle, & laissa ma mère, enceinte alors de cinq mois, en possession de ses biens : de manière que je naquis à Penhale, au comté de Cornouaille, le 21 décembre 1685, quatre mois après la mort de mon père. Ma mère, qui m'aimoit beaucoup, ne s'occupa, pendant ma jeunesse, qu'à augmenter le bien que je devois posséder un jour.

A quatorze ans, je me regardois déja comme un homme de conséquence ; je fréquentai les compagnies des environs, qui m'inspirèrent du goût pour les voyages. Ma mère, qui, par excès de tendresse, ne pouvoit supporter l'idée de me laisser partir, me souffroit tout, pourvu que je restasse avec elle.

A seize ans, je fis connoissance d'un homme dont la fortune consistoit en un petit bien de patrimoine, qui n'avoit pas fructifié entre ses mains, car il étoit chargé de dettes. Cet honnête homme s'attacha à moi, dans l'espérance, comme j'ai eu lieu de m'en appercevoir par la suite, qu'en s'unissant avec ma mère, il pourroit réparer ses affaires délabrées. Ma mère n'avoit jamais voulu entendre aucunes propositions de mariage, & j'ai tout lieu de croire que c'étoit par amitié pour moi qu'elle étoit restée veuve : elle étoit encore très-aimable, & n'avoit que trente-cinq ans. Mon campagnard connoissant son foible, avoit mille attentions pour moi, & lui dit un jour, pour la flatter, qu'il avoit remarqué dans tout ce que je faisois, un certain tour d'esprit qui promettoit de grandes choses, & qui n'avoit besoin que d'un peu de culture.

Un pareil discours, de la part d'un homme qui passoit pour vrai, fit effet sur l'esprit de ma mère; le desir qu'elle avoit de seconder mes dispositions s'accrut de plus en plus; & elle en vint jusqu'à lui demander ce qu'il lui conseilloit de faire pour y parvenir. Mon gentilhomme fut au comble de ses desirs; car, après s'être défait de moi, il n'étoit pas embarrassé de gagner ma mère. Il demanda du tems pour songer à une matière si importante; & lui dit, peu de jours après, que le meilleur moyen, à son avis, seroit de me mettre chez un bon maître de pension; qu'il en connoissoit un à dix ou douze lieues de là, dans le comté de Sommerset; qu'à la vérité le nombre des pensionnaires y étoit fixé, mais que, si je pouvois y être admis, il ne doutoit pas que je ne justifiasse les grandes idées qu'il avoit prises de moi.

Ma mère, qui ne cherchoit que mon avancement, prêta l'oreille à cette proposition; mon ami s'offrit à aller voir s'il y avoit une place vacante, & à arranger les conditions.

En effet, trois jours après, il nous fit un rapport flatteur du pays, du maître, des écoliers, de la chambre qu'il avoit déja retenue: enfin il dit ce qu'il crut de plus capable de faire entrer ma mère dans son projet. Quoiqu'il eût un motif secret qui le faisoit agir, je ne puis m'empêcher d'avouer que c'étoit le seul parti à prendre pour un garçon de seize ans, né pour avoir un certain bien, & qui savoit à peine lire.

Dès ce moment, on ne fut plus occupé dans la maison que des préparatifs de mon départ. Mon ami, qui y avoit le plus contribué, ne passoit pas un jour sans s'informer exactement comment tout alloit; &, pour s'insinuer de plus en plus dans l'esprit de ma mère, il tâchoit de m'égayer de son mieux, sans cependant qu'il parût la moindre affectation dans sa conduite.

Enfin le jour du départ arriva. Pour adoucir le moment de notre séparation, qui auroit rompu toutes ses mesures, si je ne m'y fusse pas prêté de bonne grace, ma mère, après les exhortations ordinaires en pareil cas, me donna une double pistole en or, & quelque monnoie, pour m'empêcher, disoit-elle, de la changer sitôt. Jamais je ne m'étois vu si riche; car, excepté les jours de foire & d'autres occasions semblables, jamais je n'avois eu plus d'un fcheling dans ma poche; encore étoit-ce pour le dépenfer fur le champ. Notre ami voulut être du voyage, & m'introduire lui-même. Je montai donc en voiture avec plus de gaieté & de réfolution qu'on ne devoit en attendre d'un jeune homme qui n'avoit jamais perdu de vue la maifon paternelle. L'idée de la liberté dont j'allois jouir dans ma penfion, les difcours flatteurs de mon ami, & plus que tout cela, le poids de mon argent, dont je croyois ne pouvoir jamais trouver la fin, tout cela me foutint dans ce moment critique. Nous couchâmes le même foir dans une auberge voifine de la penfion, & le lendemain matin je fus inftallé. Mon ami me préfenta, en partant, une guinée. Il faut avouer que, me trouvant fi riche, je fouhaitois, de tout mon coeur, qu'ils fuffent déja bien loin, pour avoir le loifir de compter mes efpèces, & d'en faire les difpofitions que j'avois déja préméditées.

Le lendemain, je me trouvai au comble de mes defirs. Ma mère vint me dire adieu: elle ne s'attendoit guère que ce fût pour la dernière fois; elle m'accabla de careffes, fit mille fouhaits pour ma fanté, me donna encore une guinée, & partit.

Je ne vous raconterai point comment je fus reçu de mon maître & de mes compagnons.

ni de quelle manière je m'acquis l'amitié des derniers par de petites largesses que mes fonds me mettoient à portée de faire dans l'occasion. Mais je vous avouerai qu'après avoir passé seize ans chez ma mère dans l'oisiveté, je n'avois guère le cœur au travail, & que le rudiment étoit peu de mon goût. Comme j'étois le plus vieux de la bande, j'étois honteux de me voir au rudiment, tandis que d'autres qui avoient cinq ans moins que moi, lisoient déja les épîtres amoureuses d'Ovide, & les odes d'Horace. Ainsi je regrettois d'avoir perdu tant de tems, & je désesperois de pouvoir jamais rien apprendre. Ces réflexions me jettèrent dans une mélancolie profonde. J'en écrivis bientôt à ma mère, de qui, sans doute par le conseil de mon ami qui la recherchoit alors, je ne reçus point d'autre réponse, sinon qu'elle ne me laisseroit manquer de rien, pourvu que je m'appliquasse.

CHAPITRE II.

Comment Wilkins passe le tems à sa pension ; son intrigue avec Patty ; il l'épouse secrettement. Il demande à sa mère de l'argent ; son beau-père le refuse. Patty va faire ses couches chez sa tante, revient ensuite continuer son service, & devient grosse une seconde fois.

J'AVOIS déja passé ainsi plus de trois mois dans ma pension, partagé entre le chagrin de me voir si peu avancé parmi des camarades qui l'étoient beaucoup, & le désespoir de jamais pouvoir les atteindre, quoiqu'ils fussent tous bien plus jeunes que moi. On imagine aisément qu'avec de pareilles dispositions, je faisois des progrès bien lents. Ces idées tristes me causoient un fond de chagrin qui altéroit mon humeur : pendant toutes les récréations, je me dérobois pour aller seul dans ma chambre rêver à ma situation. Un jour Patty, la première des gouvernantes des pensionnaires, m'y surprit ; &, me raillant de mon humeur taciturne : Wilkins, me dit-elle, il faut que vous ayez l'amour en tête, pour être si triste à votre âge. Vous me faites pitié ; je crains que vous ne tombiez malade. Sérieusement, continua-t-elle, ouvrez-moi votre cœur ; y a-t-il ici quelque objet qui vous chagrine ? Votre état, dont je m'apperçois depuis long-tems, m'intéresse en votre faveur : si je puis quelque chose pour vous en tirer, je vous soulagerai, du moins par mes conseils. Cette franchise me plut : je lui avouai le sujet de mes peines. Puis, songeant quelle étoit maîtresse d'un secret que je ne voulois pas qui fût connu de mon maître, je lui demandai de la discrétion ; &, pour mieux m'en assurer, je lui fis présent d'un écu. Cette générosité me la gagna absolument. Depuis ce moment, elle étoit assidue à me chercher, & épioit toutes les occasions de me rencontrer seul dans ma chambre. Ces fréquentes entrevues & ces conversations particulières établirent entre nous un commerce de confiance. Nous n'en restâmes pas long-tems aux termes de la simple amitié. Patty étoit jeune & jolie ; & j'entrois dans l'âge où les passions commencent à se faire sentir. Insensiblement, elle m'inspira de l'amour. Peu accoutumé à me gêner sur mes penchans, je ne tardai pas à lui déclarer mes sentimens ; malheureusement je ne la trouvai que trop disposée à y répondre ; elle les partageoit déja en secret ; & même, à ce qu'elle m'a dit depuis, les sens avoient précédé les miens. Ce commerce innocent dura quelque tems, & nous y trouvions mille douceurs. Je repris ma première gaieté; il me sembloit même que je sentois moins de répugnance pour l'étude. Dans une de nos conversations, Patty m'avoit fait confidence de ses malheurs; quoique réduite à la nécessité de servir, elle n'étoit pas née pour un état si abject. Son père, qui étoit un gros marchand, avoit essuyé plusieurs banqueroutes coup sur coup, qui l'avoient obligé d'en faire une lui-même. Des créanciers inhumains, sans égard pour son infortune & pour sa probité, l'avoient tenu long-tems en prison, où il étoit mort de chagrin. La mère de Patty n'avoit pas survécu plus de six mois à son mari : ainsi cette pauvre fille, restée en bas âge, orpheline & sans biens, avoit été élevée chez une tante qui en avoit eu le plus grand soin. Cette tante elle-même avoit peu de fortune ; de sorte que la petite Patty, parvenue à un certain âge, avoit été obligée de prendre le parti de servir, du moins en attendant que les circonstances de sa fortune prissent un tour plus favorable. Car outre cette tante, dont elle devoit hériter, elle avoit encore un oncle à la Jamaïque, qui n'avoit pas voulu se marier, & dont elle espéroit un jour avoir quelque bien.

La violence de mon tempérament ne me permettoit point de mettre des bornes à mes defirs : j'avoue qu'ils n'étoient pas purs, & que je ne cherchai d'abord qu'à féduire cette pauvre fille ; mais je trouvai en elle une fageffe à toute épreuve ; rien ne put la vaincre : fermens, proteftations, promeffes même, car je lui promis de l'époufer un jour, rien ne put détruire les fentimens de vertu qu'on lui avoit infpirés dès fon enfance.

Le petit fonds d'argent que ma mère m'avoit laiffé en me quittant étant épuifé, je lui écrivis pour en demander une nouvelle provifion. Quelle fut ma furprife, lorfque je reçus, quelques jours après, la réponfe fuivante !

« Mon fils Pierre,

» Après vous avoir fi amplement pourvu
» d'argent, nous fommes très-furpris, votre
» mère & moi, que vous en demandiez en-
» core. Il n'y a plus que quelques mois d'ici
» aux vacances, nous pourrons vous envoyer
» chercher pour les paffer ici. En attendant,
» tranquillifez-vous : un écolier qui trouve
» dans fa penfion tout ce qui lui eft néceffaire,
» ne peut pas avoir befoin d'argent. Je fuis
» votre affectionné beau-père, J. G. »

Jugez quelle dut être ma confternation, à

la lecture d'une telle réponse. Je commençai dès-lors à soupçonner que mon ancien ami cherchoit à me frustrer de ce que mon grand-père & mon père avoient amassé pour moi avec tant de peine. Il me passa mille idées par la tête, qui se combattoient les unes les autres, & je ne savois à laquelle m'arrêter. Je montrai la lettre à Patty, qui me plaignit, & chercha cependant à me consoler. La seule résolution que je pris, fut de m'attacher plus que jamais à l'étude, prévoyant que peut-être un jour elle seroit mon unique ressource. En effet, je fis en fort peu de tems des progrès si rapides, que mon maître lui-même ne pouvoit s'empêcher d'en marquer sa surprise.

Cependant mes liaisons avec Patty acquéroient de jour à autre de nouvelles forces, & la violence de mon amour devint telle, que je la pressai vivement de répondre à mes desirs. La pauvre fille se mit à pleurer. Wilkins, me dit-elle, j'ai toujours été sage. Ne vous flattez pas que j'abandonne la vertu. C'est le seul bien qui me reste. Voudriez-vous me l'arracher? Je vous aime; j'en renouvelle l'aveu avec plaisir. Mais vous, si vous m'aimez véritablement, comment pouvez-vous exiger de moi ce qui seroit capable de m'ôter votre cœur, si j'étois assez lâche pour y consentir?

Vous m'avez offert de m'épouser par la suite : si vous êtes sincère, que risquez-vous de commencer par-là ? Si vous ne l'êtes pas, ne serois-je pas bien malheureuse de me fier à vous ? Je sens que vous avez quelques raisons assez fortes du côté de votre mère, pour ne pas avouer un mariage si disproportionné en apparence. Mais telle est ma tendresse pour vous, que, si vous le voulez, je consens non-seulement à tenir le mariage caché, mais encore à rester dans la servitude, afin d'être toujours auprès de vous, jusqu'à ce que vos affaires changent. Examinez-vous bien ; à ce prix, je suis à vous. Autrement, je dois vous fuir, & je sors de la maison pour ne vous revoir jamais.

« Cette alternative me fit trembler. Cependant considérant que tout mon bonheur étoit attaché à la possession de cette aimable fille, & que peut-être je trouverois un jour une ressource dans ce même mariage qui ne présentoit alors rien que de désavantageux, je consentis à sa proposition. Nous nous rendîmes, dès le lendemain, chez un ministre qui nous maria, & nous revînmes à la maison, sans qu'on eût soupçonné même que je fusse sorti. J'avois un intérêt sensible à ne pas laisser pénétrer mon secret à mon maître, qui auroit pu en donner connoissance à mon beau-père : j'étois bien sûr que ce faux ami n'auroit pas manqué une occasion si favorable pour indisposer ma mère contre moi, & me ruiner absolument dans son esprit. Nous nous conduisîmes donc avec toute la prudence dont nous fûmes capables. Au bout de quelques mois, Patty devint grosse; elle continua néanmoins à rester dans la maison tant qu'il fut possible d'en dérober la connoissance au public. Nous restâmes encore six mois ensemble. Alors voyant que nous n'avions plus de tems à perdre, & que, pour peu que nous voulussions tarder à prendre des mesures justes, la nature elle-même découvriroit ce que nous avions trop d'intérêt de cacher, Patty prévint sa tante de nos affaires, & elle en reçut une lettre par laquelle elle lui mandoit de l'aller voir, & passer quelque tems avec elle, après quoi elle pourroit s'en retourner. Elle mit donc une autre fille à sa place en son absence, & arriva en bonne santé chez sa tante.

Quoique Patty fût déja à deux mois près de ses couches, elle s'étoit si bien conduite, que personne n'avoit même soupçonné sa grossesse. Arrivée chez sa tante, elle y accoucha d'une fille, & m'écrivit qu'elle espéroit me voir dans un mois. Comment cela se peut-il, me disois-je à moi-même? Je n'ai point d'argent; quand j'en aurois, on ne me permettroit pas d'y aller:

faire le voyage sans permission, ce seroit fournir des armes à mon beau-père, dont je vois que les intérêts sont incompatibles avec les miens. Tout examiné, je résolus, pour voir ma femme, ma fille & notre bonne tante, d'attendre une occasion plus favorable. Telles étoient les idées qui m'occupoient, lorsqu'un jour, revenant de me promener le long de la rivière au bout du jardin où j'allois prendre mes récréations, je fus surpris de trouver Patty dans la cuisine avec ma vieille maîtresse, mère de mon maître, & surintendante de sa maison. Sa vue me troubla. La vieille dame me voyant changer de couleur, m'en demanda la cause : je lui répondis sur le champ, que, sans doute, cela venoit de la fièvre que j'avois depuis le matin. La bonne femme me tâta le pouls, &, le trouvant un peu ému, courut dans son cabinet chercher d'une liqueur qui, à ce qu'elle disoit, avoit fait des merveilles en pareil cas. Je profitai de cet instant pour embrasser Patty, & lui demander des nouvelles de notre tante & de ma fille. Ma vieille maîtresse, à son retour, me fit boire de sa liqueur, après quoi je songeai à me retirer, mais elle ne le voulut pas permettre. Il me fallut apprendre que cette eau étoit de sa façon, de qui elle en avoit eu la recette, & le détail des guérisons qu'elle avoit opérées: ce récit, qui dura au moins trois quarts-d'heure, nous donna la satisfaction de nous voir, Patty & moi. A la fin, la vieille ayant repris haleine: M. Pierre, me dit-elle, il semble que vous ne connoissiez plus la pauvre Patty; il n'y a pourtant pas si long-tems qu'elle m'a quittée, pour l'oublier. C'est une bonne fille; j'ai été fâchée de la perdre: elle est sans condition, j'ai besoin d'une gouvernante, & j'ai dessein de la reprendre. Je lui répondis que personne ne se connoissoit mieux qu'elle en bons domestiques, & que puisqu'elle jugeoit ainsi de Patty, je ne pouvois qu'être de son avis. Je me retirai ensuite, avec le cœur bien soulagé.

Je n'insisterai pas davantage sur mes aventures avec Patty, & je dirai seulement qu'au bout de sept mois, elle fit un nouveau voyage chez sa tante pour la même cause que la première fois.

CHAPITRE III.

Wilkins s'applique à l'étude ; il instruit son maître du mariage de sa mère, & de la façon dont on agit avec lui. Il en apprend la mort ; choisit son maître pour tuteur, va avec lui pour se mettre en possession de son bien ; apprend que sa mère a tout donné au beau-père. Réflexions sur son état & sur le crime de son père.

J'AVANÇOIS dans ma dix-huitième année, & quoique j'eusse bien d'autres choses à penser qu'à mes études, je me trouvois l'esprit plus tranquille depuis mes aventures avec Patty, sans doute parce que j'avois alors quelqu'un à qui je pouvois confier mes chagrins pour soulager mes peines ; en effet, je prenois plus de plaisir au travail qu'à l'ordinaire ; &, me trouvant dans l'âge de comprendre tout ce que je lisois & ce que j'entendois, je m'étois formé, par une idée générale des choses, une méthode telle, que je composois passablement en latin, sans pouvoir pourtant dire par quelles règles je le faisois. Mon maître avouoit que j'étois le plus avancé de ses élèves : c'étoit le moyen le plus sûr de redoubler mon application.

application. Bientôt je m'affranchis de la règle: je n'étudiois plus aux heures marquées, mais à ma commodité, & j'en faisois toujours plus qu'on en avoit demandé; enfin je gagnai si bien l'amitié de mon maître, qu'il me mit de toutes ses parties, de manière que je paroissois plutôt son compagnon que son écolier.

Ce fut dans une de ces parties, que je lui déclarai mon chagrin au sujet du second mariage de ma mère. Monsieur, lui dis-je, après l'affection qu'elle a toujours marquée pour moi, & mon attention à ne la désobliger en rien, il me semble, qu'à mon âge, j'aurois dû en être informé: son silence me donne lieu de craindre quelque chose de fâcheux; car, depuis trois ans que je demeure avec vous, elle ne m'a écrit que trois fois; encore étoit-ce dans les premiers mois. Je lui montrai alors la lettre de mon nouveau beau-père, en l'assurant que c'étoit la première nouvelle que j'avois de ce mariage.

L'attention que mon maître donna à mon récit, me fit voir qu'il soupçonnoit quelque complot à mon désavantage. Ne sachant à quoi s'arrêter d'abord, il me dit qu'il examineroit cette affaire; qu'en attendant, il me conseilloit d'écrire à mon beau-père une lettre obligeante, & de lui demander permission d'aller le voir aux vacances prochaines : je le fis sur le champ sous sa dictée, & j'en reçus, peu de tems après, cette réponse :

« Mon fils Pierre,

» Il y a quelque tems que votre mère est
» morte : ce que vous demandez ne feroit que
» coûter, sans être d'aucune utilité : un homme
» destiné à vivre de ses études ne sauroit trop
» s'y occuper ».

A cette nouvelle, le peu d'espérance qui me restoit, s'évanouit ; j'allai, les larmes aux yeux, la communiquer à mon maître, qui me vouloit du bien. Pierre, me dit-il, que signifie cette lettre ? Il y a du mystère là-dessous, quelque mauvais dessein caché. Puis prenant la lettre & lisant : « un homme destiné à vivre
» de ses études » ! Ceci, continua-t-il, en dit plus que nous ne pensions. Quoi ! n'avez-vous pas un patrimoine qui doit vous revenir ? Pierre, je serois d'avis que vous allassiez voir votre père, & lui demander en quel état sont vos affaires. Mais il ne faut pas que vous y alliez seul. Quand mes écoliers seront partis, je vous y accompagnerai de tout mon cœur. J'ai déja songé à vous ; je trouve que vous êtes en âge de choisir parmi vos parens ou amis un tuteur qui vous fasse rendre justice. Je le remerciai de

cette ouverture ; &, comme je n'avois point de proches parens, ni d'autre ami que lui, je le priai d'accepter cet emploi de confiance : ce qu'il fit bien volontiers.

Dès que nos pensionnaires furent allés en vacances, mon maître me procura un cheval, & nous partîmes pour aller nous mettre en possession des biens qui devoient m'appartenir. Arrivés à ma maison paternelle, on nous fit une réception qui ne nous fit rien augurer de bon : tout ce que je pus dire, fut que j'étois bien affligé de la mort de ma mère. Mon beau-père répliqua froidement qu'il en étoit fâché aussi ; & nous gardâmes un profond silence, qui dureroit encore, si mon maître, homme entendu, & qui ne vouloit laisser perdre aucun moment de notre séjour, qu'il prévoyoit bien ne devoir pas être long, ne l'eût rompu par ces mots : M. G...., le chagrin que cause à M. Wilkins la mort de sa mère, ne lui laisse point de termes pour s'expliquer : vous m'excuserez, si, comme son précepteur & son ami, je prends la liberté de vous demander en quel état sont ses affaires, & comment on a disposé de ses effets ? Je ne doute pas que vous n'ayez pris soin de tenir état de ce qui doit lui revenir ; quoiqu'il n'ait pas encore atteint l'âge de gouverner son bien, il est capable maintenant

B ij

d'en connoître la nature & la quantité, & d'approuver la disposition qu'on en a faite, aussi-bien que s'il avoit un ou deux ans de plus. Pendant ce discours, M. G. pâlit, rougit, étoit prêt à l'interrompre, & cependant se retint pour écouter mon maître jusqu'au bout. Monsieur, lui répondit-il, en secouant la tête, je ne sais à quoi tend ce discours, auquel je ne comprends rien; je ne connois à M. Wilkins aucun bien dont j'aie à tenir état. Ce que je sais, c'est que sa mère possédoit un bien d'environ 100 guinées de revenu, quand je l'ai épousée; mais elle m'en a fait donation avant le mariage, pour en disposer après sa mort en toute propriété. A l'égard de son argent & de ses meubles, les loix me les adjugent en qualité de mari. Je fus prêt à tomber de mon haut en entendant ce discours: je n'eus pas la force de dire une seule parole. Mon maître, quoiqu'assez étonné de ce langage, répliqua: Monsieur, je suis informé que le bien & l'argent dont vous parlez, appartenoit à M. Wilkins au temps de sa mort, & je ne puis concevoir que quelqu'un y prétende plus de droit que mon pupille son fils unique. Ce que vous dites a quelque vraisemblance, & est vrai en partie, répondit M. G. Je conviens que M. Wilkins avoit ce bien, & quelques mille livres d'argent comptant qu'il a possédé jusqu'à la mort ; mais on vous en a imposé, en ce qu'on ne vous a pas informé, sans doute, qu'immédiatement avant que d'entrer dans la rébellion fatale qui a fait sa perte, il a passé un acte par lequel il a tout donné à feue ma femme, sans réserve & sans aucune condition. Elle en a joui depuis sa mort ; & maintenant, comme je vous l'ai déja dit, le tout m'appartient de droit. Cependant, comme je n'ai point d'enfans, si Pierre se conduit bien & que vous en soyez content, je consens de payer encore une année de pension pour lui ; après quoi, ce sera à lui à songer à sa fortune.

Hélas ! m'écriai-je, à quel sort suis-je donc réservé ? Pourquoi ne m'a-t-on pas placé chez quelque ouvrier laborieux, où j'aurois appris à travailler & à gagner ma vie selon mon état ? Je vois bien qu'il n'y a plus rien à prétendre pour moi ; il faut me soumettre à ma malheureuse destinée.

Mon maître, qui étoit un homme droit, fut indigné de ce qu'il entendoit : n'ayant plus rien à faire, nous prîmes congé. Mon beau-père nous répéta que si je me conduisois bien, il payeroit encore une année de pension ; &, en le quittant, il me donna un écu que je n'osai refuser, de peur de déplaire à mon maître.

Nous retournâmes donc chez mon tuteur, où je ne restai qu'une semaine pour songer au parti que j'avois à prendre. Il fit tout ce qu'il put pour me consoler; & m'offrit, si je voulois rester avec lui en qualité de sous-maître, d'achever mon éducation *gratis*, & même de me donner des appointemens. Mais j'avois le cœur trop haut pour vouloir être domestique si proche de chez moi, tandis qu'un autre étoit en possession de mon bien : cependant, n'ayant pas le premier sol pour tenter de rentrer dans mes droits, je lui promis de réfléchir à sa proposition.

Tant que je demeurai chez lui, il chercha à me tranquilliser, & parvint presque à me persuader de me soumettre à mon sort. Un jour, qu'après m'être plaint des rigueurs de la fortune, & m'être écrié que j'étois né pour être malheureux : vous avez tort, me dit-il, si vous pensez que le hasard ait aucune part à vos malheurs ; il ne se passe rien ici bas qui n'ait été prévu par Dieu ; c'est à nous à nous soumettre, & à travailler nous-mêmes à notre félicité. Le moyen d'y parvenir est d'agir toujours suivant la justice & la piété. Toutes les choses ont différentes faces. Envisageons-les toujours du bon côté, & persuadons-nous que ce qui nous arrive est pour notre bien ; quoiqu'on en puisse dire, cet effort n'est pas hors de la portée d'un être raisonnable ; & si nous nous persuadons bien que nous sommes nés pour être heureux, nous ne manquerons pas de faire tout ce qu'il faut pour le devenir ; au contraire, un homme qui se met dans l'esprit qu'il est destiné pour le malheur, se relâche nécessairement, & ses actions elles-mêmes justifient sa condamnation.

D'ailleurs, mon ami, vous n'ignorez pas que les crimes des pères sont souvent punis dans la personne des enfans, aussi-bien que sur eux-mêmes. Votre père s'est élevé contre le magistrat légitime (bon ou mauvais, n'importe), il a voulu lui arracher sa puissance. Son dessein étoit formé, & ses arrangemens pris de manière, qu'en tout événement, il croyoit que son bien passeroit à ceux à qui il le destinoit : dans tout événement, il a voulu empêcher la confiscation ; mais sa politique étoit comme un mur élevé sur le sable, que le moindre vent renverse. Quand une action est mauvaise, les suites ne peuvent jamais en être bonnes. Ses biens sont passés dans des mains étrangères par une suite des précautions mêmes dont il s'étoit servi pour vous l'assurer. Dieu l'a voulu, adorez ses décrets, soumettez-vous, n'allez pas, par votre propre faute, mettre le comble à un malheur qui ne vous est arrivé que par celle de votre père. Souvenez-vous plutôt que la main qui vous abat, est la seule qui peut vous relever.

CHAPITRE IV.

Il quitte secrettement son maître, voyage à Bristol; ses réflexions religieuses en chemin ; il entre dans un vaisseau en qualité de munitionnaire du capitaine.

IL me sembloit que mon maître parloit comme un ange, & que ses discours m'avoient convaincu ; cependant, dès que je le quittois, le même trouble venoit m'assaillir. Sans rien examiner davantage, je me levai un matin de fort bonne heure, & je partis ; j'avois eu la précaution d'écrire à ma femme l'état de mes affaires, & ma résolution de quitter l'Angleterre, en l'assurant que si je réussissois dans mes projets, je ne manquerois pas de lui en faire part, & que je l'instruirois du lieu où je me fixerois. Afin que mon maître ne fit pas courir après moi, je marchai fort vîte par des routes détournées, qui me conduisirent le soir dans un petit village où je résolus de m'arrêter. Il se trouva que j'avois déja fait douze lieues, sans manger de toute la journée ; la faim & la laſſitude m'accabloient, mais mon écu étoit encore entier. Cependant je mangeai peu, abſorbé par le mauvais état de mes affaires & la confuſion de mes penſées. Je dormis aſſez bien la nuit, & le jour ramena mes peines. M'étant informé de l'endroit où j'étois, on me dit que j'étois à cinq lieues de Briſtol : je me propoſai de m'y rendre. Je partis donc ; &, après avoir fait une lieue en ſongeant aux diſcours de mon maître, je me ſentis l'eſprit beaucoup plus tranquille qu'il n'avoit été depuis que j'avois quitté mon beau-père ; &, m'en étant demandé la cauſe, je me jettai dans des réflexions moins affligeantes. Je commençai à écarter les craintes & les difficultés de mon état ; &, m'encourageant dans ces mouvemens, je continuai ma route bien ſatisfait : j'arrivai à Briſtol ſur les quatre heures du ſoir. Après m'être un peu rafraîchi, j'allai le ſoir même ſur le quai m'informer des vaiſſeaux qui étoient dans le port, de leur deſtination, & du tems de leur départ. Je m'adreſſai à un grand nombre de gens ; mais, quoique je me propoſaſſe pour être matelot, je ne pus pas trouver d'emploi. Après avoir cherché inutilement, je retournai à la petite auberge où j'avois dîné, & je me couchai fort inquiet. Le lendemain je retournai ſur le quai, demandant de l'emploi à tous ceux que je rencontrois, & qui avoient l'air de matelots; mais n'en trouvant point, parce qu'il y avoit beaucoup de gens qui en cherchoient, je pensai que peut-être mon air, qui ne ressembloit point à celui de ces sortes de gens, étoit un obstacle à mon dessein. Découragé de ce peu de réussite, j'allai au lieu du débarquement, & je demandai à quelques matelots qui mettoient deux messieurs à terre, s'il n'y auroit pas de l'occupation pour moi sur leur bord. L'un des deux, qui étoit le maître d'un vaisseau destiné pour la côte d'Afrique, se retourna, & m'ayant envisagé : jeune homme, me dit-il, cherchez-vous de l'emploi à bord? Oui, monsieur, lui répondis-je en le saluant. Hé bien, me dit-il, on ne sauroit parler d'affaires ici, par le tems qu'il fait ; allez m'attendre dans cette auberge, (& il me la montra du doigt), je vous y joindrai dans l'instant. Je ne l'attendis pas long-tems. Il arriva ; &, après plusieurs questions, il me demanda si j'avois déja été en mer. Je lui répondis que non, mais que j'apprendrois bientôt le métier de matelot. Alors, me regardant, il secoua la tête, & me dit que j'avois la main trop douce, & qu'il ne pouvoit pas me prendre. Je lui répliquai qu'étant déterminé à aller en mer, je travaillerois de cœur, & que ma main s'endurciroit. Il seroit fâcheux, répliqua-t-il, de mettre un beau jeune homme tel que vous au pied d'un mât ; si vous saviez bien écrire & calculer, je pourrois vous prendre pour mon munitionnaire, & je vous instruirois de ce qu'il y a à faire. Je lui répondis que j'acceptois son offre avec joie. Il me demanda alors où étoit mon coffre ; car, dit-il, si le vent n'eût pas été contraire, je serois déja parti ce matin. Je lui dis franchement que je n'avois point d'autre équipage que ce que je portois. Jeune homme, dit il, je vois que vous êtes encore novice : le moindre matelot a un coffre. Venez, venez, mon enfant, votre physionomie me plaît, soyez honnête homme, je vous avancerai de l'argent, & je le retiendrai sur votre paye. A l'instant il tira sa bourse ; mais je le priai, puisqu'il avoit tant de bontés pour moi, de me faire tout acheter par quelqu'un, parce que j'ignorois ce qu'il falloit avoir, & l'endroit où cela se trouvoit. Il me loua de ma prudence, m'assura qu'il l'acheteroit lui-même, & le feroit embarquer, sans que je m'en mêlasse ; puis il me conseilla d'aller à bord au retour de la chaloupe, & afin qu'on m'y reçût, il me donna un billet. Quand je fus au rivage, la chaloupe venoit de partir : j'appellai, & ayant montré mon billet, on revint me prendre, & on me conduisît au vaisseau.

CHAPITRE V.

Sa réception dans le vaisseau. On met à la voile. Combat contre un corsaire françois. Wilkins est fait prisonnier & mis aux fers. Vingt prisonniers & lui sont abandonnés en mer dans une chaloupe avec des provisions pour deux jours.

QUAND je me vis à bord avec des appointemens, je me crus en bon chemin, & je songeai à la manière dont je devois me conduire. Personne ne savoit encore sur quel pied j'étois dans le vaisseau; on me prit pour un passager, d'autant que mes habits n'annonçoient pas un matelot. Ainsi, comme je me promenois de côté & d'autre, chacun me venoit accoster. Un jeune homme m'adressant la parole; monsieur, me dit-il, serviteur; à ce que je vois, notre capitaine a enfin trouvé un passager. Monsieur, lui répondis-je, vous vous trompez, je ne suis point passager. Que pouvez-vous donc être, me répliqua t-il ? Je suis, lui dis-je, munitionnaire du capitaine. Vous, impertinent, reprit-il en fureur, vous, munitionnaire ? Non, monsieur, non, cette place est en des mains meilleures que les vôtres;

& il me tourna le dos. Je ne savois que penser de cette algarade, & je craignis d'avoir donné dans quelque piége. D'autres vinrent causer avec moi; j'étois fort réservé dans mes réponses, de peur de les offenser. Enfin un vieux matelot s'étant assis près de moi, nous causâmes de choses indifférentes : je lui demandai qui étoit le jeune homme qui m'avoit si mal traité aussitôt mon entrée dans le vaisseau. Ah! ah! dit-il, c'est un impudent, un drôle sans conséquence, le munitionnaire du capitaine. Il ne faut pas prendre garde à lui, il ne traite pas mieux le capitaine lui-même. Ils ont eu dispute ensemble aujourd'hui; & si ce coquin-là m'en eût dit la moitié autant, je l'aurois sans façon jetté à la mer. Monsieur, lui répondis-je, vous me surprenez; le capitaine m'a envoyé ici pour être son munitionnaire, & nous sommes convenus de nos faits cette après-dînée. Ah! je vois ce que c'est, dit le matelot : à son retour le capitaine va sans doute le congédier : il n'auroit pas dû le garder si long-tems; mais nous attendions le vent, & il n'en avoit point d'autre.

En effet, le capitaine vint à bord le soir même, & ayant redemandé les clefs à cet homme, il me les donna, & le fit mettre à terre. Le lendemain le capitaine y alla auſſi lui-même. Vers le midi le vent nous étant favorable, il revint avec mon coffre, & avant la nuit nous mîmes à la voile, & deſcendîmes la riviere.

Je ne ſaurois vous dire ce qui ſe paſſa les quinze premiers jours du voyage; je fus malade pendant tout ce tems, & ne parus preſque point ſur le tillac; mais ma ſanté ſe rétablit enſuite: nous continuâmes notre route & relâchâmes près d'une ſemaine à Madère pour y prendre des rafraîchiſſemens. Le capitaine qui m'avoit pris en amitié, n'exigeoit de moi que des choſes faciles; ainſi je paſſois le tems très-agréablement. Arrivés à ſoixante lieues du Cap de Palmes, un matelot découvrit une voile, & vint nous en donner avis. Le temps étoit aſſez calme; cependant le peu de vent qu'il faiſoit ne nous étoit pas favorable. Le capitaine qui ne ſoupçonnoit point de danger, n'y fit point d'attention, & nous avançâmes chemin autant que le vent pouvoit le permettre; mais la nuit étant venue, nous nous trouvâmes à la pointe du jour à portée d'un corſaire qui arborant pavillon françois, nous ſomma d'amener le nôtre. Il étoit ſi proche de nous, que notre capitaine eut à peine le tems de ſonger à ce qu'il y avoit à faire : comme il avoit vingt-deux hommes & huit canons sur son bord, il étoit en état de résister ; ainsi ayant appellé tout son monde sur le tillac, & fait entrevoir le danger qu'il y avoit de se rendre, il leur demanda s'ils vouloient le soutenir. Tous jurèrent de combatre & de couler à fond plutôt que de rendre le vaisseau. Le capitaine ordonna donc de vuider le pont, de préparer les armes, & d'être attentifs au commandement. Puis voyant que le corsaire avoit beaucoup plus de monde que nous, il fit apporter sur le tillac la mousqueterie toute chargée, il commanda d'amener tous les canons qu'on pourroit du même côté, & de les charger à mitraille, mais de ne point tirer sans ordre. Le corsaire qui étoit un vaisseau léger, passa devant nous à la faveur d'un petit vent qui s'éleva, nous tira un coup de canon, puis un autre, nous sommant toujours de nous rendre. Nous ne répondîmes point, jusqu'à ce qu'il fût à la portée du pistolet ; alors voyant que notre vaisseau étoit petit, il voulut venir à l'abordage. Notre capitaine lui fit lâcher une bordée, & tout d'un coup le pont fut couvert de monde ; lui-même assista au premier feu le fusil à la main, & j'étois à côté de lui avec un autre. Nous tuâmes huit hommes

& en blessâmes plusieurs. Le corsaire nous renvoya une bordée en flanc, & tâchoit toujours de nous accrocher ; mais nous fîmes une décharge de mousquéterie avec beaucoup de succès, & chacun alla travailler à recharger les canons, à l'exception de quatre hommes qui restèrent avec moi pour charger les fusils. On ne sauroit croire avec qu'elle promptitude ils eurent tiré le canon & reparurent sur le pont. Cette dernière bordée étant chargée à à boulets, endommagea très-fort le corsaire. Ensuite nous fîmes une décharge de mousqueterie & retournâmes servir les canons. Nous essuyâmes trois bordées, & en rendîmes autant sans perdre un seul homme ; & je crois que si nous eussions fait une troisième décharge, & qu'il ne fût pas venu de secours au corsaire, nous nous serions échappés. Le capitaine apperçut une voile qui avoit le dessus du vent & venoit à nous, & distinguant avec sa lunette que c'étoit un vaisseau françois, il en fut tout déconcerté. Le corsaire, au contraire, reprit courage & redoubla l'attaque. A la première volée de leur mousquéterie, notre capitaine fut tué roide. Quoique le lieutenant, homme fort expérimenté, fît tout ce qu'un brave homme pouvoit faire pour animer son monde, le découragement fut

fut visible, & notre perte inévitable; ainsi nous amenâmes notre pavillon, & les françois passèrent sur notre bord.

Nous eûmes sur la fin de l'action deux hommes tués, & cinq qui moururent ensuite de leurs blessures. On nous fit passer sur le vaisseau françois, où nous fûmes enchaînés deux à deux, & renfermés dans le fond de cale. Ensuite on pilla notre vaisseau; & l'autre corsaire, qui avoit beaucoup souffert la veille en combattant contre un vaisseau de guerre anglois de vingt canons, étant arrivé, on envoya le nôtre avec lui dans le port pour y être radoubé.

Je restai dans cet état pendant six semaines avec quatorze hommes de notre équipage; les chaînes nous avoient rongé la chair jusqu'aux os; & la puanteur du lieu pensa nous suffoquer.

Le Glorieux, c'est ainsi que se nommoit le corsaire qui nous prit, fut cinq semaines sans trouver occasion de rien faire, ce qui excitoit le murmure de son équipage; ainsi, ayant tenu conseil, il fut résolu que nous croiserions plus au nord entre Sierra-Leone & le Cap-Verd. Le lendemain à midi, on découvrit un navire marchand, qui faisoit route à l'ouest-nord-ouest par un vent frais: le capitaine fit tout préparer pour le recevoir, & l'attendit. Quoique ce vaisseau nous eût apperçu, il continua sa route, seulement un peu plus au sud. Alors le vent ayant sauté au nord-est, il le prit à pleines voiles, & nous fîmes la même manœuvre pour lui donner la chasse. Quoique bon voilier, il étoit fort chargé ; ainsi nous gagnions sur lui insensiblement, & nous l'atteignîmes avant la nuit : comme c'étoit un gros navire & qu'il faisoit un tems gris, nous différâmes le combat jusqu'au lendemain. Au matin, nous trouvâmes qu'il s'étoit échappé ; nous le rejoignîmes ; & arborant pavillon françois, nous lui tirâmes un coup de canon, auquel il ne répondit pas ; le capitaine passa devant lui, & lui envoya une bordée ; puis resserrant les voiles, lui livra un combat fort vif. Les boulets frappoient tellement contre le vaisseau, que nous autres prisonniers qui étions à fond de cale, comptions toucher à notre dernière heure. Le vaisseau marchand, qui tiroit beaucoup d'eau, manœuvroit difficilement : il fut obligé de se rendre après un combat de deux heures, après avoir eu ses mâts & ses cordages fort endommagés. On y envoya douze hommes, & on fit passer sur notre bord le capitaine & plusieurs officiers.

L'équipage de cette prise montoit en tout à trente-huit personnes, y compris les passagers, qui tous, à l'exception de cinq qui avoient été tués dans l'action, furent enchaînés & mis à fond de cale avec nous qui y étions depuis près de six semaines. Cette capture mit le capitaine de bonne humeur, & le détermina à s'en retourner. Deux jours après, on apperçut que la prise faisoit une voie d'eau si proche du fond, qu'on n'en fut instruit que quand l'eau eut gagné de plusieurs pieds. On fit chercher la voie d'eau; les ouvriers assurèrent qu'elle étoit trop basse pour y atteindre. Les prisonniers furent employés à la pompe; mais ce fut en vain, l'eau gagnoit toujours de plus en plus. On déchargea tout ce que l'on put des marchandises, & le vaisseau coula à fond.

Au moyen de cette perte, les prisonniers étoient en trop grand nombre pour les pouvoir garder; d'ailleurs on appréhendoit qu'une si grande augmentation de bouches n'obligeât bientôt à diminuer les rations, parce qu'il restoit une longue route à faire. On résolut, pour s'en débarrasser, de les mettre dans la chaloupe de la prise qu'on avoit sauvée, & de les laisser au gré des eaux. Il y en avoit en tout quarante-trois. Le capitaine ayant perdu beaucoup de monde dans les deux combats, choisit, pour les remplacer, vingt-deux des plus vigoureux. Les vingt-un autres, du nombre desquels j'étois, furent embarqués dans la chaloupe avec des provisions pour deux jours, & un peu de munitions, & envoyés à la dérive.

CHAPITRE VI.

La chaloupe se trouve à deux cens lieues de terre; bien loin d'en approcher, elle est chassée plus avant en mer par le vent. Wilkins & ses compagnons vivent pendant neuf jours à un quart de ration: il en meurt de faim neuf avant le quatorzième jour, & le lendemain un autre qu'ils mangent. Ils apperçoivent un vaisseau qui les reçoit, & obtiennent leur passage à la côte d'Afrique; ils sont envoyés à une expédition secrete; tombent dans une embuscade, sont faits esclaves, & conduits fort avant dans les terres.

Quoique nous eussions accepté avec joie l'offre d'être embarqués dans la chaloupe, plutôt que de périr misérablement dans la prison infecte où nous étions depuis six semaines, nous ne fûmes pas plutôt abandonnés en mer, que notre état nous fournit des réflexions bien tristes. Nous nous trouvions à plus de deux cens lieues de terre, vers les huit degrés de latitude septentrionale, & par un vent de nord-est assez fort, qui nous empêchoit de faire route. Nous aurions voulu gagner quelque port d'Afrique; mais n'ayant ni voiles, ni boussole, ni instrumens, nous reculions plutôt que d'avancer; nos observations se bornoient à nous régler sur le soleil, & à courir au sud, ou plutôt comme le vent nous conduisoit : car nous avions perdu le pôle du nord. Avec des vivres seulement pour deux jours, nous sentîmes qu'il falloit nous résoudre à mourir de faim peu-à-peu, pour ne pas périr tout-d'un-coup; car nous ne pouvions pas, en si peu de tems, gagner la côte, si jamais nous y parvenions, & même la chose ne nous paroissoit pas possible, à moins que le vent ne changeât tout-d'un-coup, ou que la providence ne fît trouver tout-à-propos quelque vaisseau sur la route pour nous délivrer. En un mot, nous vîmes arriver le neuvième jour sans aucun secours, quoique nous nous fussions réduits à un quart de ration : il ne nous restoit plus qu'un peu d'eau, & rien du tout à manger : ce qui nous mettoit au désespoir. Le douzième jour, quatre d'entre nous moururent de faim; il nous restoit à peine assez de force pour les jetter à la mer. A la vérité, nous ne manœuvrions plus depuis quelque tems, persuadés qu'à moins que le vent ne changeât, c'étoit épuiser inutilement le peu de forces qui nous restoit. Le quatorzième jour, pendant la nuit, il en mourut encore cinq, & un autre étoit prêt à expirer. Le quinzième au matin, notre charpentier se levant tout foible qu'il étoit, coupa la gorge au sixième qui venoit de mourir, & qui étoit encore chaud, pour en faire sortir le plus de sang qu'il pourroit : il le dépouilla, nous invita à dîner, & leva une pièce du cadavre qu'il dévora avec autant d'avidité, en apparence, que si c'eût été un morceau délicat. Son exemple fut suivi de tous les autres. Comme il étoit tombé de la pluie & de la rosée pendant la nuit, nous avions étendu nos linges & nos habits pour la recevoir : nous nous rafraîchîmes un peu en les tordant & buvant l'eau qui en sortoit ; après quoi nous les mîmes en un tas à couvert du soleil, pour en conserver l'humidité, qui servit à nous rafraîchir le palais peu-à-peu pendant deux jours ; car nous avions alors plus besoin d'eau que de nourriture. Je me suis souvent étonné depuis, comment nous avions pu nous déterminer si facilement à manger la chair de notre camarade qui venoit de mourir à nos yeux ; mais, quand une fois nous en eûmes goûté, nous nous estimâmes fort heureux de l'avoir, & nous la mangions avec aussi peu de scrupule que le meilleur mets du monde ; & même, après avoir mangé celui-ci, nous comptions bien, s'il n'en mourroit pas quelqu'un, égorger un de nous pour nourrir les autres.

Notre plus grande peine, comme je viens de le dire, étoit de manquer d'eau ; chacun avoit si souvent bu la sienne, que nous n'urinions plus que du sang ; & encore goutte à goutte. La soif nous avoit écorché la langue & la bouche, & nos dents étoient prêtes à tomber. A la vérité, nous avions essayé de filtrer un peu d'eau de mer à travers les chemises & les habits de nos camarades morts ; mais cette opération ne lui ôtoit pas sa mauvaise qualité. Si elle nous rafraîchissoit un peu le gosier en passant, nous en étions fort incommodés, & un instant après la soif nous tourmentoit encore plus qu'auparavant. Le cadavre, ou du moins ce qui en restoit, sentoit très-fort, & chacun commençoit à regarder son camarade de travers. Le charpentier avoit déja fait la proposition de tirer au sort à qui seroit égorgé le premier, & le jour étoit fixé au lendemain. Telle étoit la malheureuse extrémité où nous étions réduits, lorsque, par un coup de la providence, le vingt-unième jour, nous apperçûmes un vaisseau du côté du nord-est. Notre sacrifice fut différé jusqu'à ce que nous vissions si nous en serions apperçus ou non. Nous mîmes quelques hardes au bout d'une rame pour être vues de plus loin. Nous ne pouvions pas aller à lui. Heureusement il dirigea sa course si près de nous, qu'une heure avant le coucher du soleil, nous n'en étions qu'à une lieue. Comme il sembloit porter à l'est, nous craignions fort qu'il ne vît pas notre signal. Nous n'avions pas la force de crier & de faire entendre notre voix à trente toises de distance. Le charpentier fit un effort pour se lever; & prenant un fusil, il en tira plusieurs coups. En moins d'une demi-heure, le vaisseau vint à nous; & voyant notre état déplorable, il nous reçut à bord au nombre de onze. Quoiqu'on ne négligeât rien pour nous rétablir, il en mourut quatre, & les sept autres revinrent peu-à-peu. Ce vaisseau étoit portugais, & destiné pour Saint-Salvador. Nous priâmes le capitaine de nous laisser gagner notre passage avec lui, jusqu'à ce que nous prissions terre, en quelque endroit que ce fût; & nous lui dîmes qu'alors, s'il ne vouloit plus nous garder, nous tâcherions de trouver quelque moyen de retourner en Europe. Mais lui ayant rendu, pendant le voyage, tous les services dont nous étions capables, il nous engagea de rester pour travailler à la manœuvre du vaisseau, la fièvre lui ayant enlevé plusieurs hommes aussitôt qu'il avoit mis à la voile.

Nous arrivâmes au port; & peu de jours

après, le capitaine, qui avoit une entreprise secrète à faire, loua un navire côtier, & l'envoya à dix-sept lieues plus loin sur la côte, pour prendre des ordres de quelques comptoirs du pays. On choisit neuf hommes pour le conduire, & je fus du nombre. Faute d'entendre la langue portugaise, j'ignorois ce que nous allions y faire. Après avoir suivi la côte pendant dix jours, sur le soir, nous nous trouvâmes au milieu d'une flotte de chaloupes en embuscade, qui nous firent prisonniers. On nous mena fort avant dans le pays, & nous fûmes enfermés dans une prison, où nous mourions de faim. Aucun de nous n'en savoit la cause; il n'y avoit que notre officier qui, à ce qu'on nous dit, avoit été mené plus loin jusqu'à Angola; mais nous n'en entendîmes plus parler, quoiqu'on nous eût promis qu'il nous seroit renvoyé.

Nous restâmes dans cette prison près de trois mois, au bout desquels notre geolier vint nous dire qu'on alloit nous transférer. En effet, on nous enchaîna deux à deux, & on nous envoya sous sûre garde à Angola: puis, ayant traversé une grande rivière, on nous fit travailler à enlever les décombres & les pierres d'un château ou forteresse qui avoit été détruite depuis peu par un tremblement de terre & par le tonnerre. Nous y restâmes encore environ cinq mois, fort mal nourris, & renfermés à clef toutes les nuits.

Cependant ce lieu nous sembloit un paradis en comparaison de notre première prison; & comme on ne nous surchargeoit point d'ouvrage, nous nous trouvions assez bien, étant en compagnie, & ayant de l'air pour nous rafraîchir pendant la chaleur: nous étions au moins trois cents; & je m'imaginois être à la tour de Babel, où chaque ouvrier parloit une langue différente.

Les travaux tirant à leur fin, nos gardiens se relâchèrent un peu de leur exactitude. J'avois fait société en arrivant avec un naturel du pays, mais d'un autre royaume, qui étoit esclave aussi-bien que moi. Etant parvenus à nous entendre passablement, il me dit un jour qu'il désiroit fort de revoir sa patrie & sa famille, à qui il n'avoit pu donner aucune de ses nouvelles depuis long-temps. Elle ne savoit s'il étoit mort ou vivant, depuis sept ans qu'il l'avoit quittée pour venir faire la guerre dans ce royaume. Il me fit comprendre, qu'ayant de l'amitié pour moi, si je voulois tenter de m'échapper avec lui, & que nous en vinssions à bout, il prendroit soin de moi: car, voyez-vous, continua-t-il, à présent que nos travaux vont finir, nous sommes gardés plus négligemment ; mais si nous restons jusqu'à la fin, on pourra nous commander pour de nouveaux ouvrages à l'autre extrémité du royaume, & notre captivité durera autant que notre vie : pour moi j'aime mieux mourir en tâchant de recouvrer ma liberté, que de languir plus long-tems dans l'esclavage.

Ces raisons & beaucoup d'autres me déterminèrent à me joindre à lui, d'autant mieux qu'il connoissoit le pays, pour y avoir voyagé précédemment en faisant la guerre à différentes nations. Ainsi ayant pris notre résolution, le lendemain au soir après notre ouvrage de la journée, & avant le tems de nous renfermer, nous nous retirâmes à l'écart, mais toujours à portée d'entendre ce qui se passoit, afin que si on nous trouvoit de moins & qu'on nous appellât, nous pussions paroître & nous excuser, sinon, avoir toute la nuit devant nous pour marcher.

Au commencement on avoit eu grand soin de nous appeller tous les jours matin & soir, & on prenoit garde à toutes nos démarches : mais aucun de nous ne s'étant jamais absenté, on se relâcha peu-à-peu de cette exactitude, & souvent on oublioit de faire l'appel. Ainsi nous conclûmes que si nous pouvions nous échapper, nous aurions bien du chemin de fait avant la nuit, & que nous serions à coup sûr hors de danger d'être atteints, en cas de poursuite, d'autant plus que nous nous proposions de faire la plus grande diligence.

CHAPITRE VII.

L'auteur se sauve de prison avec Glanlepze. Fatigues de leur voyage. Il pille une chaumière. Ses craintes. Aventure d'un crocodile. Passage d'une rivière. Aventure de la lionne & du lionceau. Il arrive à la maison de Glanlepze: entrevue tendre du mari & de la femme. Réflexions de l'auteur.

COMME on ne s'apperçut pas de notre absence, nous partîmes charmés l'un & l'autre de notre expédition : ce n'est pas que nous fussions sans appréhension dans le commencement du voyage ; mais à mesure que nous avancions, nos craintes se dissipoient. Après avoir marché vingt-quatre heures sans nous arrêter, la nature nous fit sentir deux besoins pressans, la faim & le sommeil ; il n'étoit pas en notre pouvoir de satisfaire le premier, faute de nourriture ; il fallut nous contenter du second jusqu'à une occasion plus favorable.

Le lendemain nous nous trouvâmes affamés, quoique le repos d'une bonne nuit eût contribué à nous rafraîchir. Ce qui augmentoit encore notre inquiétude à ce sujet, c'est que nous ne pouvions espérer d'y remédier que par des fruits, & que pour gagner les bois, il falloit marcher encore douze lieues dans un terrein pierreux & très-difficile. Un ruisseau d'excellente eau que nous rencontrâmes nous fit un grand bien. Nous marchâmes avec courage jusqu'à la forêt, quoique tout-à-fait éloignés de notre route. Nous y trouvâmes plusieurs sortes de fruits que je n'avois jamais vus ; mon compagnon les connoissoit fort bien ; nous en appaisâmes notre faim pour le moment, & en fîmes provision pour la suite ; ce qui ralentit un peu notre route ; car chaque livre que nous portions le matin, en pesoit bien six avant le soir.

Notre voyage n'auroit pas été à beaucoup près si pénible, sans l'embaras d'aller chercher nos provisions fort loin. Si nous ne voulions pas employer de même la moitié du lendemain, il falloit en emporter une double charge, & retarder d'autant notre marche. Enfin nous allâmes en avant, & au bout de huit jours nous sortîmes des terres d'Angola.

Le huitième jour, mon compagnon qui se nommoit Glanlepze, me dit que nous étions proches des frontières du Congo; mais qu'y ayant encore à une demi-lieue un petit village du pays d'Angola, par où il falloit passer, si je voulois nous y pouvions trouver quelques provisions. Je lui répondis qu'étant dans un pays tout-à-fait inconnu pour moi, je le suivrois par-tout. Cependant lui ayant demandé s'il ne craignoit rien de la part des habitans, comme étranger, il me dit qu'y ayant eu des guerres entr'eux & son pays, en qualité d'auxiliaire du Congo, il ne se soucioit pas de tout ce qu'il pourroit leur faire, ni eux à lui. Pour plus d'assurance, continua-t-il, vous avez un couteau, nous couperons deux bons bâtons; suivez-moi sans rien craindre.

Nous coupâmes en effet des espèces de massues, & marchant à travers des broussailles entremêlées de quelques arbres épars, nous découvrîmes une cabane plus grande, mais aussi mal bâtie que nos étables à cochon, vers laquelle nous avançâmes hardiment. Glanlepze en entrant trouva un vieillard couché sur des roseaux. En nous voyant le bon homme voulut s'enfuir; mais nous lui liâmes les pieds & les mains. Il jetta alors des cris si horribles, que si Glanlepze ne l'eût menacé de le tuer, & ne se fût mis en devoir de le faire, il auroit attiré sur nous tout le village; nous lui imposâmes silence. Nous furetâmes par-tout pour chercher des provisions, qui étoient la seule chose que nous voulions : nous trouvâmes heureusement une bonne partie d'un chevreau pendu derrière une natte au bout de la chambre. Dans le même tems arriva une femme avec deux petits enfans, c'étoit une fille de ce vieillard qui pouvoit avoir vingt-cinq ans. Glanlepze la lia aussi à côté de son père; pour les enfans nous les laissâmes en liberté. Elle nous dit, après l'avoir questionée, que le vieillard étoit son père, & que son mari ayant tué un chevreau ce matin, étoit allé en porter une partie à sa sœur : qu'ils n'avoient point ou très-peu de bled; & que si nous voulions de quoi manger, il y avoit un pot de terre dans lequel nous pouvions faire cuire du chevreau, si nous le jugions à propos.

Voyant que c'étoit tout ce qu'on pouvoit avoir, nous allions faire notre paquet, lorsqu'un mulet vint à propos mettre le nez à la porte. Glanlepze s'en saisit aussi-tôt, & me disant de décrocher la natte & le restant du chevreau, il prit une corde qu'il attacha au col du mulet, & posant la natte sur son dos, nous y empaquetâmes la chair de chevreau avec une petite calebasse remplie de bled, & mîmes le pot de terre par-dessus. A chaque chose que nous chargions, Glanlepze s'écrioit, il n'y a point de mal de piller l'ennemi. Cela fait, nous nous éloignâmes.

Les suites de cette aventure me donnèrent plus d'appréhension que je n'en avois eu jusqu'alors : car, disois-je, si le mari de cette femme revient bientôt, ou qu'elle & son père puissent se délier, ils enverront tout le village après nous, & nous sommes perdus. Glanlepze se moquoit de mes craintes, en m'assurant qu'en moins d'une heure nous sortirions d'Angola ; que le roi de Congo étoit en guerre avec eux pour soutenir le roi de Loango dont il étoit sujet ; & que ceux d'Angola n'osoient sortir des frontières de ce côté-là, parce qu'il y avoit sur notre route un village du Congo bien plus considérable, qui ne manqueroit pas de s'assembler & de les tailler en pièces, en cas qu'ils en approchassent en nombre : qu'enfin, quoique la guerre se fît près de la mer, & que les frontières fussent assez tranquilles, tout le pays seroit en allarme au moindre mouvement, & que nous nous retirerions en sûreté par les bois.

Nous marchâmes donc en diligence le reste
du

du jour le long d'un rideau qui formoit un long bois, où nous pouvions nous retirer en cas de besoin. J'étois continuellement aux aguets : mais ne voyant & n'entendant rien qui pût nous nuire, & d'ailleurs la pente du terrein nous faisant espérer d'arriver bientôt dans quelque plaine ou vallon, où nous trouverions sans doute de l'eau pour nous, & de la pâture pour le mulet, nous ne voulûmes faire halte & nous arrêter que quand nous serions au bas de la montagne : nous y arrivâmes une demi-heure après, & rencontrant un ruisseau d'une eau bien claire, nous résolûmes d'y passer la nuit. Nous attachâmes donc notre mulet par la corde à un pieu enfoncé dans terre ; & comme il n'auroit pas eu suffisamment de pâture jusqu'au lendemain, nous coupâmes de longues bandes de la natte, par le conseil de Glanlepze, & après les avoir bien trempées dans l'eau, nous en fîmes une longue corde telle qu'il nous la falloit. Ensuite ayant ramassé chacun un fagot de branches sèches dans le bois, j'allumai du feu avec mon couteau & un caillou sur du bois pourri ; nous mîmes bouillir un bon morceau de chevreau dans le pot de terre : c'étoit bien le meilleur repas que nous eussions fait depuis plus de trois mois ; nous nous couchâmes ensuite & dormîmes tranquillement jusqu'au lendemain.

Dès la pointe du jour nous emballâmes nos équipages, & remplissant d'eau notre calebasse, nous chargeâmes le mulet, & poursuivîmes gaiement notre route ce jour-là & les jours suivans.

Un jour vers le midi, nous eûmes une aventure qui me chagrina fort, & m'ôta presque toute espérance de pouvoir continuer la route. Nous rencontrâmes une grande rivière, dont j'ai oublié le nom, de près d'une lieue de large, & qui étoit remplie, du moins sur les bords, de grands arbres tombés des montagnes, & que les torrens y avoient entraînés. Glanlepze me dit qu'il falloit la traverser. Sa vue seule me fit frémir ; je lui dis que, s'il pouvoit la passer, je n'empêchois pas qu'il ne raccourcît son chemin pour aller voir sa famille ; mais que pour moi, j'aimois mieux prendre le chemin le plus long par les bois, que de passer la riviere pour me noyer. Ha ! ha ! repliqua Glanlepze, vous ne savez donc pas nager ? Non, lui dis-je, pour mon malheur. Eh bien, repliqua-t-il, ne vous inquiétez pas, mon ami, je vous la ferai traverser. Alors il me dit de couper une brassée des plus grands roseaux qui croissoient sur le bord, tandis qu'il en arracheroit une autre où il étoit, & de les lui apporter. Ce côté de la rivière alloit en pente douce, de sorte qu'il n'y avoit pas beaucoup d'eau où étoient ces roseaux, & ils étoient fort serrés. J'avançai quelques pas pour couper les plus longs; & enfonçant jusqu'aux genoux dans l'eau & la boue, à chaque pas il me falloit lever les pieds fort haut pour les débarrasser des racines qui étoient entrelacées. Je crus avoir marché sur le tronc d'un de ces arbres dont j'ai déja dit qu'il y avoit beaucoup aux environs; & levant l'autre pied pour le poser aussi sur cet arbre prétendu, je sentis qu'il remuoit en même tems que moi; je jettai un grand cri. Glanlepze n'étoit pas loin; devinant tout d'un coup ce que c'étoit, il me cria de m'éloigner & de courir sur le rivage à droite. Je ne savois ce qu'il vouloit dire; cependant je suivis son conseil, & je gagnai le bord; puis, regardant derrière moi, je vis dans les roseaux une agitation qui avançoit peu-à-peu vers le bord de mon côté. J'en fus fort effrayé, & je courus à Glanlepze, qui m'apprit alors le danger dont j'étois échappé, & que ce que j'avois pris pour un arbre, étoit un crocodile.

Au seul nom d'un animal si dangereux, tout mon sang se glaça dans mes veines. Il n'eut pas plutôt fini de parler, que j'apperçus en effet ce monstre hideux. Glanlepze courut mettre en sûreté le mulet; ensuite prenant la corde dont il avoit été attaché, & la liant aux deux bouts d'un tronçon de grosse branche d'arbre qu'il trouva par terre, il marcha tranquillement vers le crocodile; & commençant vers la queue, & passant une jambe d'un côté & l'autre d'un autre, il s'avançoit toujours, proportionnant son pas à la marche de l'animal, jusqu'à ce qu'il eût gagné jusqu'aux jambes de devant; alors, avec la corde qu'il tenoit en main, il laissa pendre la branche devant le nez de l'animal, qu'il en frappoit de tems en tems. Le crocodile ouvrit une gueule assez grande pour engloutir le mulet tout entier; alors il lui tira avec force la branche entre les mâchoires & jusqu'au gosier, de manière qu'il ne pouvoit plus faire usage de ses dents, ni fermer la gueule. Quand il le tint dans cet état, il jetta un bout de la corde sous la mâchoire inférieure du crocodile, qui rampoit toujours en avant, & la reprit de l'autre côté par-dessous le ventre proche la jambe de devant; il fit la même chose avec l'autre bout de la corde; puis prenant les deux bouts, il les lia fortement sur le dos de l'animal: ce qui lui assujettit le bâillon dans la gueule. Après

Les hommes volans. Tom. 22. pag. 53.

Il lui creva avec le couteau les deux yeux.

C.P. Marollier Del.   L. Croutelle Sculp.

cette opération, Glanlepze me cria de lui apporter mon couteau. Je m'étois toujours tenu assez éloigné, & je tremblois d'approcher, parce que le crocodile avoit la tête tournée de mon côté; cependant, faisant le tour pour gagner le derrière de la bête, & observant les moindres de ses mouvemens, j'avançai jusqu'à une certaine distance, d'où je jettai le couteau à Glanlepze, qui le ramassa : il s'étoit toujours tenu derrière les pieds de devant du crocodile; & se penchant en avant, il lui creva avec le couteau les deux yeux, & sautant de dessus son dos, il vint à moi en courant. Pierre, me dit-il, l'affaire est faite. En vérité, lui répondis-je, je n'en ferois pas autant pour tout le royaume de Congo. Bon, bon, Pierre, répliqua-t-il, il n'y a rien dont un homme ne puisse venir à bout avec de la résolution, pourvu qu'il ait bien combiné le pour & le contre, les obstacles & les moyens: ce que vous m'avez vu faire tout-à-l'heure, n'est qu'une bagatelle; je connois parfaitement cet animal & moi-même, je sai jusqu'où va sa force & la mienne. Je n'ai fait qu'employer les moyens de surmonter la sienne; mais continua-t-il, tous ces raisonnemens ne nous porteront pas de l'autre côté de la rivière. Venez, les roseaux que j'ai arrachés seront suffisans, car il ne faut pas surcharger le mulet. Comment, dis-je, est-ce que le mulet les portera ? Non, me répondit il, ce seront eux qui vous porteront. Mais, répliquai-je, je ne pourrai jamais me tenir dessus. Je ne vous lâcherai pas, dit-il, n'ayez pas peur ; coupez un bâton fort & de la longueur de ces roseaux. Ma foi, lui dis je, je n'entends rien à tout cela, & je ne vois pas encore comment je pourrai passer la rivière, à moins que je ne monte sur le mulet avec ces roseaux ; & que le bâton me serve à me conduire. Il faut avouer, dit-il, que vous savez bien deviner ! Alors prenant une brassée de roseaux & les étendant par terre : maintenant, dit-il, mettez le bâton sur ces roseaux, liez-les par les deux bouts ; puis couchez-vous dessus en travers. Cela fait, Glanlepze prenant encore une brassée de roseaux qu'il avoit réservée, me la mit sur le dos, & la lia avec les autres tout auprès de mes épaules & par les deux bouts. Allons, me dit-il alors, levez-vous ; c'étoit tout ce que je pouvois faire. Ma figure plaisante fit rire Glanlepze. Je le priai de ne point badiner & mettre en danger ma vie pour une plaisanterie, je n'entrevoyois point encore à quoi tout cela aboutiroit. Ne craignez rien, me dit-il, allez à la rivière, & attendez-moi sur le bord. Alors amenant le mulet, il me lia environ à trois pieds de distance de sa queue, & prenant en main la corde, il conduisit le mulet & moi dans l'eau. Nous n'étions pas encore bien loin, que mon guide commença à nager, ensuite le mulet; j'avois alors de l'eau jusqu'au menton, je comptois à chaque instant que j'allois me noyer; cependant après avoir été si avant, je n'osois crier. Je perdis terre; les roseaux commençant à me porter, je m'arrangeai dessus, & ils me soutinrent avec toute la facilité imaginable. Ainsi mon guide nous conduisit si adroitement à travers les arbres, que nous arrivâmes sans accident de l'autre côté de la rivière.

Nous nous trouvâmes alors dans un pays bas, uni & agréable: la chair de notre chevreau se passoit déja, tant par la chaleur du soleil, que par celle du dos du mulet. Cependant nous comptions encore pouvoir faire un bon repas dessus, avant qu'elle fût tout-à-fait gâtée. Ainsi après avoir marché une bonne lieue, nous nous logeâmes sur une hauteur, après avoir lié le mulet dans un vallon à quelque distance de nous, où il étoit aussi-bien pour pâturer, que nous à l'endroit que nous avions choisi.

D iv

Après avoir soupé, nous cherchions, en nous promenant, un endroit commode pour y passer la nuit, lorsque nous entendîmes dans un petit bosquet sur notre droite, un bruit & une espèce de rugissement qui sembloit s'approcher de nous. Glanlepze qui étoit sur ses gardes, se leva tout à propos, & apperçut à quarante pas une lionne & son petit qui venoient à nous, attirés sans doute par l'odeur de notre chevreau, qui sentoit très-fort. Il sauta d'abord du côté opposé à celui où étoit le chevreau, & se mit à remuer vivement le feu, qui étant de bois sec, éleva bien des étincelles autour de nous. Ces animaux approchant toujours à petits pas, rencontrèrent les côtes & autres os du chevreau, dont nous avions déja enlevé la chair : ils s'en saisirent ; nous les entendîmes bientôt craquer sous leurs dents. Alors Glanlepze prit de chaque main un tison enflammé, & s'avança vers eux ; ils en furent si épouvantés, qu'ils s'enfuirent avec précipitation & regagnèrent le bois.

Le lieu que nous avions choisi étoit si commode, qu'il nous fâchoit beaucoup de le quitter ; mais toutes réflexions faites, nous jugeâmes à propos de nous éloigner. Car ces animaux ayant laissé les os, nous devions nous attendre à une autre visite si nous restions,

& il n'y avoit point de repos à espérer. D'ailleurs, nous aurions bien pu perdre notre mulet. Ainsi nous allâmes nous établir une lieue plus loin, où nous reposâmes avec tranquillité.

J'ai souvent été étonné en songeant à l'inconséquence de l'esprit humain. Je vous ai raconté les pensées qui m'étoient venues sur la prière dans mon voyage à Bristol, les avantages que j'en avois retirés, & combien j'étois convaincu alors de sa nécessité : on penseroit naturellement qu'il ne m'en falloit pas davantage pour me faire persister dans les mêmes résolutions. Cependant il n'est que trop vrai que, malgré les embarras que j'avois essuyés, les inconvéniens que j'avois surmontés, & les dangers de mourir de faim sur mer, ou d'être égorgé pour servir de nourriture à mes camarades, dans des temps où j'avois le plus de besoin d'implorer l'assistance divine, je n'avois pas pensé une seule fois à prier Dieu, ni à le remercier de ma délivrance, jusqu'au moment que la lionne se fut retirée. Je sentis alors un mouvement qui me pressoit de rendre graces à Dieu de m'avoir sauvé d'un si grand péril, & je le fis avec autant de ferveur que l'autre fois.

Sans entrer dans le détail des petits accidens de notre voyage, qui dura deux mois & plus, ni des moyens que nous prenions pour avoir des vivres, je passe tout d'un coup à notre arrivée à Quamis. Je dirai seulement que souvent nous étions obligés de faire de grands détours, & qu'une fois nous fûmes arrêtés tout court par une coupûre que mon guide eut au pied: cette blessure s'envenima, & me fit presque désespérer de sa vie; cependant à force de la sucer, & d'y appliquer par son avis des feuilles mâchées pour la rafraîchir, il se trouva en état de monter sur le mulet, & même de marcher à pied de tems à autre.

Nous arrivâmes donc à Quamis, petit endroit sur la rivière du même nom, où Glanlepze avoit une petite habitation; c'étoit là qu'il avoit laissé sa femme & cinq enfans, quand il étoit parti pour aller à la guerre. Nous arrivâmes près du village sur le déclin du jour; & comme il fait noir dans ces pays aussitôt le coucher du soleil, il étoit nuit fermée quand nous y entrâmes. Nous ne rencontrâmes personne: j'allai par ordre de Glanlepze droit à sa porte, où je frappai deux ou trois coups avec mon bâton. Une femme toute nue étant venue m'ouvrir, je lui demandai dans sa langue si elle connoissoit Glanlepze. Elle me répondit en soupirant qu'elle l'avoit connu autrefois. Où est-il, lui demandai-je ? Hélas ! me dit-elle, je crois qu'il est avec ses ancêtres, car c'étoit le plus grand guerrier du monde : mais s'il n'est pas mort, il est sans doute en captivité. (Or il faut que vous sachiez que Glanlepze vouloit, avant de se montrer, savoir comment sa femme avoit pris sa mort ou son esclavage : & c'étoit lui qui m'avoit dicté les questions qu'on vient de voir.) Eh bien, lui dis-je, je vous en apporte des nouvelles ; il n'y a pas long-temps que je l'ai quitté, & je viens de sa part. Quoi ! mon cher Glanlepze est vivant, me dit-elle, en se jettant à mon cou, & m'étouffant presque de ses caresses ? Oui, lui répondis-je ; mais j'ai bien d'autres choses à vous dire. Alors, ayant allumé une lampe, elle ne vit pas plutôt que j'étois un blanc, qu'elle eut honte de sa nudité, & s'éloignant un instant pour mettre quelques vêtemens, elle revint à moi. Je lui répétai encore que son mari étoit vivant, & en bonne santé, mais qu'il lui falloit de l'argent pour sa rançon, & qu'il m'envoyoit savoir d'elle si elle ne pourroit pas lui en procurer. Hélas ! me dit-elle, j'ai eu bien de la peine à vivre avec ma famille depuis qu'il est parti : je n'ai rien dont je puisse faire de l'argent, si ce n'est de mes cinq enfans : comme nous sommes dans la saison de la vente des esclaves, je verrai ce que j'en pourrai tirer ; si cela ne suffit pas je me vendrai moi-même, & je lui ferai tenir l'argent, pourvu qu'il m'en fasse savoir les moyens.

Glanlepze, qui n'avoit pas perdu un mot de notre conversation, voyant des preuves aussi fortes de l'affection de sa femme, ne put y tenir plus long-tems ; il entra avec transport, & la prit dans ses bras, en s'écriant : non, ma chère Zulica, je suis libre, tu n'auras pas besoin de te vendre, ni tes enfans : j'aurois mieux aimé mourir dans l'esclavage, que de payer si cher ma liberté. Mais je suis satisfait ; mes propres oreilles m'ont assuré de la tendresse de Zulica. Alors répandant tous les deux des larmes de joie, ils se tinrent embrassés si étroitement & si long-tems, que je crus devoir les laisser libres : je sortis & ne rentrai que quand Glanlepze me rappella, c'est-à-dire, une bonne demi-heure après. J'admirai pendant ce temps l'amour & la constance de ces bonnes gens. Ah ! me disois-je à moi-même en soupirant, que notre fuite a rendu heureux Glanlepze & sa femme ! Quelle félicité mutuelle ! Est-ce donc qu'il rapporte de grands trésors de la guerre ? Non, il est revenu tout nud. Est-ce qu'ayant échappé à la pauvreté & à l'esclavage, il retrouve sa femme dans une maison opulente ? Rien de tout cela. D'où peut donc venir cet excès de joie & de satisfaction réciproque ? En avons-nous éprouvé une semblable Patty & moi ? Hélas ! non, mon orgueil s'y opposoit. Mais à quoi ont abouti mes voyages, mes travaux, les dangers que j'ai courus ? Est-ce là le moyen de faire fortune & de gagner du bien ? Non, tout au contraire. Je n'ai pas pu me résoudre à travailler pour Patty & mes enfants, dans un pays où j'étois connu ; mais en suis-je mieux, pour travailler ici où je ne le suis-je pas, où je n'ai personne pour m'aider ? Chez moi, j'aurois été du moins au milieu de mes amis, qui peut-être m'auroient secouru. Je me suis donc trompé bien grossièrement ; je n'ai parcouru tant de milliers de lieues & essuyé tant de périls, que pour connoître à la fin que j'aurois été plus heureux chez moi. Je n'ai fait que doubler ma misère. Un peu de prudence m'auroit convaincu, que cédant aux circonstances fâcheuses où j'étois, je devois prendre quelque moyen louable pour en sortir. Que me proposois-je ? D'éviter un travail journalier & une servitude volontaire dans mon pays. N'ai-je pas trouvé tout cela ici ? Voulois-je fuir la pauvreté & le mépris ? J'y suis plongé jusqu'au cou. Après tout, si je retournois chez moi nud & pauvre, comme Glanlepze, auprès d'une femme aussi nue & aussi pauvre que moi, la trouverois-je prête à mourir de joie dans mes bras, & disposée à se faire esclave, elle & ses enfans, pour moi ? Je n'ose m'en flatter.

Telles étoient les réflexions qui m'agitoient, lorsque Glanlepze vint me rappeller. Je trouvai sa femme qui nous préparoit à souper à sa façon, mais avec cet air de satisfaction qui donne un nouvel éclat à l'innocence.

Le bruit que nous avions fait avoit réveillé les enfans, qui, nuds comme la main & noirs comme jayet, sortirent de derrière un rideau au bout de la chambre. Le père n'avoit fait jusqu'alors que demander de leurs nouvelles ; en les voyant, la joie le fit tomber dans un accès qui approchoit de la folie. Il les caressoit pêle-mêle, baisoit tantôt l'un, tantôt l'autre. L'aîné avoit déja quatorze ans : cependant aucun ne le reconnut, tant une absence de sept ans avoit fait de changement dans leur mémoire. Plus je voyois leurs caresses, plus je songeois à Patty & à ses enfans. Mon esprit avoit toujours été tellement absorbé par les malheurs, que ces chères idées étoient presqu'effacées; cette scène touchante les renouvella, & les grava profondément dans mon imagination.

CHAPITRE VIII.

Comment l'auteur passe son tems avec Glanlepze: il fait connoissance avec quelques prisonniers anglois, qui projettent de s'évader. Il se joint à eux. Ils s'emparent d'un vaisseau portugais, & se mettent en mer. L'eau leur manque. Ils jettent l'ancre près d'une île déserte, & envoyent la chaloupe à terre pour faire aiguade. Ils perdent leur ancre dans une tempête, & l'auteur avec un nommé Adams sont chassés en mer, & arrivent miraculeusement à un rocher. Adams est noyé. Etat déplorable de l'auteur.

GLANLEPZE & sa femme avoient pris pour moi une véritable amitié; je passai deux ans avec eux dans une assez grande tranquillité, du moins quant au corps. Ma principale occupation étoit d'accompagner mon patron, & de cultiver un champ où nous avions semé du grain & autres choses nécessaires à l'entretien d'une famille. Nous allions à la pêche une ou deux fois la semaine, & quelquefois à la chasse. Tels étoient nos travaux ordinaires: car pour les courses qui se font dans ce pays contre les ennemis, à dessein de faire des esclaves pour les vendre & en tirer de l'argent; Glanlepze & moi qui avions tâté de de l'esclavage, nous ne pouvions nous résoudre à y prendre part.

Je vivois donc assez à l'aise à l'extérieur; mais mon cœur soupiroit après l'Angleterre. Ce desir empoisonnoit la douceur de ma situation, & le peu d'apparence de le remplir augmentoit de jour en jour mes inquiétudes. Enfin, ayant entendu dire qu'il y avoit des matelots européens détenus dans un fort portugais à deux lieues de Quamis, je résolus d'aller les voir dans l'espérance d'y trouver quelques Anglois, & d'apprendre des nouvelles de mon pays natal. J'y rencontrai effectivement deux Hollandois qui avoient servi en Angleterre plusieurs années en qualité de matelots, trois Ecossois, un Irlandois & cinq Anglois. Ils me dirent qu'un vaisseau portugais s'étoit emparé de leur navire, comme prise hollandoise, sous prétexte du commerce de contrebande. Le capitaine étoit Hollandois, quoiqu'il parlât bien anglois, qu'il fût à la solde de l'Angleterre & dans un vaisseau anglois: aussi prétendit-on que c'étoit un trafiquant hollandois:

hollandois : l'on saisit son vaisseau dans le port, & les prisonniers qui s'y trouvoient. Le capitaine étoit à terre pour lors avec une partie de son monde ; mais comme on menaçoit de les mettre tous aux fers, si on pouvoit les attraper, ils furent obligés de se cacher, & de gagner par terre un comptoir anglois pour y chercher de la protection, & se faire rendre le vaisseau & la cargaison, n'osant les réclamer ouvertement au milieu de tant d'ennemis, à moins que d'être bien soutenus. Il y avoit deux mois que le vaisseau avoit été confisqué & vendu, & l'équipage mis en prison. J'allai les voir une ou deux fois par semaine pendant un mois. Cette attention m'acquit leur confiance, de sorte qu'ils conversoient très-librement avec moi. Entr'autres discours, ils me dirent un jour qu'un de leurs camarades qui étoit parti avec le capitaine, étant tombé malade en chemin, avoit été obligé de revenir ; qu'on ne le soupçonnoit point d'être des leurs, parce qu'il parloit bien le portugais ; que ce camarade venoit souvent les visiter, & qu'ils l'attendoient le soir même. L'envie de le voir me fit rester plus long-temps ; en effet il arriva une heure après. Quand il fut assis, il demanda tout bas qui j'étois, & si on pouvoit se fier à moi. Sur ce qu'on lui dit que j'étois du pays de Cornouaille, & qu'il pouvoit parler librement, il regarda bien de tous côtés si personne ne pouvoit nous entendre, & parla en ces termes : Mes enfans, prenez courage, j'ai bonne espérance. Soyez hommes, & votre situation changera bientôt. Je ne savois à quoi tendoit ce début. Comme je parle bon portugais, continua-t-il, & que j'ai passé plusieurs années sur des vaisseaux de cette nation, je me suis mêlé parmi eux, & sur-tout avec l'équipage de Delcruz, le vaisseau qui nous a pris : ce vaisseau est déchargé en partie, & il prend d'autres marchandises pour un voyage qu'il va faire : je me suis informé de sa force, & je sai qu'il n'y a guère plus de trois hommes & deux mousses qui y couchent. Je suis engagé avec le capitaine, & je dois me rendre à bord demain. On ne peut pas s'y tromper; il y a deux ou trois chaloupes amarrées à la ruelle auprès de l'église. Ainsi, mes enfans, si vous pouvez vous échapper de votre prison la nuit d'après demain, & vous rendre aussitôt au vaisseau, je serai prêt à vous y recevoir; nous l'emmenerons à la place de celui qu'on nous a pris. Il n'y a point de bâtimens prêts pour venir après nous.

Les prisonniers écoutèrent attentivement ce discours. D'abord la difficulté de l'entreprise

& la crainte d'être traités plus durement s'ils échouoient, leur fit secouer la tête, & proposer bien des objections; enfin ils jurèrent tous de tenter l'aventure au temps marqué. Le matelot s'en alla préparer tout pour les recevoir. Quand il fut parti, j'examinai sérieusement son projet, & je ne le trouvai pas si difficile qu'il m'avoit paru d'abord, pourvu que les prisonniers pussent s'échapper adroitement. Ainsi, avant de les quitter, je leur dis que j'approuvois leur dessein, & qu'étant de même pays qu'eux, j'étois résolu, s'ils le vouloient, de courir les mêmes risques. Ils en parurent charmés & m'embrassèrent tous; nous convînmes donc du moment, & je promis de me trouver sur le bord de l'eau, & de tenir les chaloupes toutes prêtes.

Leur prison étoit un fort que les Portugais avoient abandonné, après en avoir construit un autre à une portée de canon plus bas, de l'autre côté de la rivière. Les murs en étoient trop épais pour être abattus par des hommes nuds; on avoit soin de bien enfermer les prisonniers toutes les nuits; deux sentinelles qui veilloient dans une pièce extérieure, étoient relevés par un corps de garde placé dans le corps du bâtiment.

Le moment attendu arriva. Un peu avant

minuit, comme on l'avoit concerté, un des prisonniers s'écria qu'il étoit grillé, qu'il se sentoit tout en feu. Les deux sentinelles étoient endormies; mais le premier qui s'éveilla vint à la porte voir ce que c'étoit; le prisonnier criant toujours, *je suis en feu*, les autres prièrent le sentinelle de leur apporter une potée d'eau, parce qu'ils ne savoient que lui faire.

Ce bon garçon, sans réveiller son camarade, apporta de l'eau, & comme il y avoit une lampe dans la chambre de la garde, il ouvrit la porte. Les prisonniers le saisirent par les bras, & menaçant de le poignarder s'il faisoit du bruit, lui lièrent les mains par derrière & les deux pieds ensemble; puis ajustant de même l'autre qui venoit de s'éveiller, & leur ôtant à tous les deux leurs fusils & leurs épées, ils sautèrent comme ils purent par dessus les murs du fort, & ne tardèrent pas à me joindre. J'avois tenu les chaloupes toutes prêtes, & je les attendois avec impatience : ainsi nous y entrâmes & gagnâmes le vaisseau où nous fûmes très bien reçus de notre compagnon.

Celui-ci, comme nouveau matelot, avoit porté à bord du vin de Madère, & régalé les camarades si amplement, qu'il les avoit endormis à force de boire. La précaution étoit bonne; ainsi ne craignant pas d'être troublés ni interrompus, nous embarquâmes les chaloupes, & travaillâmes pour mettre à la voile. Heureusement le vent se trouva si favorable, que le lendemain à onze heures nous étions hors de vue de terre ; nous envoyâmes les hommes & les mousses à la dérive dans une des chaloupes vers l'embouchure de la rivière.

La première chose que nous fimes après nous être éloignés de terre, fut de consulter quelle route nous tiendrions. Le vaisseau ayant une bonne cargaison de marchandises de Portugal & d'autres du pays, les uns furent d'avis d'aller directement aux Indes, d'y vendre le vaisseau & la cargaison, & de retourner à bord de quelque vaisseau anglois. Cette proposition fut rejettée ; nous craignions qu'on ne donnât avis de notre évasion le long de la côte, & nous savions qu'il n'y avoit aucun quartier à espérer des Portugais, si nous tombions entre leurs mains. D'ailleurs, nous n'avions pas assez de monde. D'autres vouloient que nous allassions droit en Angleterre. Pour moi, je leur dis que les avis étant partagés, & n'y ayant point de tems à perdre, nous ferions bien de tirer au sud, jusqu'à ce que nous fussions hors de danger d'être poursuivis ; qu'ensuite quelque route que nous prissions, nous pourrions nous tirer d'affaire en évitant les côtes.

Mon avis fut du goût de toute la bande; nous forçâmes de voiles & voguâmes au sud pendant plusieurs jours. Nous fîmes ensuite la visite des provisions, & trouvâmes assez de farine, beaucoup de poisson & de viandes salées; mais peu de bois, & tout au plus un demi-tonneau d'eau, ce qui nous affligea fort. Aucun de nous n'avoit d'expérience dans la navigation; à peine savions-nous la manœuvre ordinaire; & n'ayant à bord aucune carte pour nous diriger vers la terre la plus proche, nous étions fort embarrassés. On diminua la ration d'eau. Il nous falloit de toute nécessité faire aiguade: mais où? c'étoit la difficulté; car nous étions absolument déterminés à ne point aborder sur les côtes d'Afrique.

Dans cette perplexité les opinions étant partagées, (car nous étions sans capitaine) nous allâmes tantôt à l'est, tantôt à l'ouest, pendant près de neuf jours. Enfin, nous découvrîmes au sud-ouest, comme un petit nuage bleuâtre; nous espérâmes que ce pouvoit être la terre, & nous y dirigeâmes notre route. En approchant de plus en plus, nous trouvâmes que c'étoit effectivement la terre, ou du moins une île. N'en connoissant pas le nom, ni si elle étoit habitée, nous la côtoyâmes pendant deux jours, sans découvrir personne, & la côte étant rompuë, nous jettâmes l'ancre à la distance d'environ une demi-lieue, & envoyâmes dix d'entre nous dans la meilleure de nos chaloupes avec des tonneaux pour y faire de l'eau & du bois. La chaloupe revint le soir avec six hommes & nos tonneaux remplis : les quatre autres étoient restés à terre, afin de couper du bois pour le lendemain. En effet la chaloupe s'y rendit dès le matin, fit deux voyages avant la nuit, & rapporta de l'eau & du bois. On continua la même opération les deux ou trois jours suivans. Enfin, le sixième jour la chaloupe alla encore pour chercher du bois, & il ne resta à bord que moi & un nommé Adams.

A peine la chaloupe étoit-elle arrivée à l'île pour ce dernier voyage, qu'il s'éleva avant le soleil couché, une tempête accompagnée de vents, de tonnerres, d'éclairs & de grêles ; je n'en avois jamais vu de si violente. Notre cable se brisa près de l'ancre, & le vent nous chassa au sud quart à l'ouest ; nous n'avions pas la force de maintenir le vaisseau contre le vent ; ainsi nous fûmes obligés de lui céder & d'aller à la dérive. Notre unique espérance étoit que la tempête se dissiperoit ; mais elle dura plusieurs jours avec la même violence, & nous n'eûmes Adams & moi aucun repos pendant tout ce tems ; car l'un ou l'autre étoit forcé, & quelquefois tous les deux, de tenir le vaisseau droit au vent, sans quoi il eût été renversé. La tempête se calma insensiblement, & nous ignorions en quelle partie du monde nous étions.

J'étois bien fâché de n'avoir pas avec moi un meilleur matelot ; car Adams & moi n'ayant encore fait qu'un voyage, nous ne savions pas prendre la latitude, & même nous connoissions à peine l'usage le plus commun de la boussole. Ainsi n'ayant plus d'espérance de retourner à l'île, ni de rejoindre nos compagnons, quelle manœuvre faire ? de quel côté aller ? Quand nous aurions sçu où nous étions, le moyen de pouvoir, à deux que nous étions, conduire le vaisseau où nous aurions voulu, ni même de regagner l'Ile, à moins qu'un vent aussi violent que le précédent ne nous y portât de lui-même.

Tandis que nous étions dans cet embarras, je remarquai que la mer étoit calme & unie, & que cependant le vaisseau sembloit aller aussi vîte qu'auparavant. Je crus que cela venoit de la vîtesse qu'il avoit acquise pendant la tempête, ou des courans qui s'étoient formés de ce côté par la violence des vents. Ainsi, nous tranquillisant à cet égard, nous espérâmes que tout iroit bien : ne nous attendant plus à revoir nos compagnons, nous ne sangeâmes qu'à croiser de notre mieux, pour voir si nous ne rencontrerions pas quelque vaisseau qui pût nous recevoir.

Quand nous eûmes vogué quelque tems de cette manière, sans savoir où, Adams me cria, qu'il découvroit terre. Mon cœur tressaillit de joie à cette nouvelle, & je conclus que le courant qui sembloit nous entraîner avec tant de vîtesse, portoit sans doute vers quelques îles ou rivières voisines. Je n'étois pas moins étonné que le vaisseau fît tant de chemin. Plus nous approchions de la terre qu'on découvroit alors visiblement, plus le vaisseau alloit vîte, quoiqu'il ne fît pas une haleine de vent. A peine eûmes-nous le tems de penser à ce phénomène extraordinaire, que nous vîmes que ce que nous avions pris pour la terre, étoit un rocher très-élevé, à l'approche duquel le mouvement du vaisseau augmentoit de plus en plus. Nos forces ne pouvoient suffire pour tourner le gouvernail d'un autre côté : cela nous fit craindre que bientôt notre vaisseau ne s'y brisât; en moins d'une demi-heure, je crus bien que mes craintes s'alloient vérifier. Le pauvre Adams dit qu'il vouloit essayer, quand le vaisseau heurteroit, de sauter dessus le rocher, s'il pouvoit; pour cet effet il courut à la proue. Pour moi, que le danger effrayoit fort, je courus me renfermer sous l'écoutille, résolu de périr avec le vaisseau. A peine fûmes-nous séparés, que je sentis un choc très-violent: Il me sembla que le rocher s'étoit détaché par la violence du coup, & que notre vaisseau en avoit été mis en pièces: ainsi je ne m'attendois plus à revoir la lumière.

Je demeurai près d'une bonne demi-heure dans cette appréhension, comptant que le vaisseau se remplissoit d'eau, & qu'il alloit couler à fond : mais ne sentant aucun mouvement, point de bruit, & ne voyant point l'eau monter, je m'enhardis à sortir de ma retraite, & me glissai sur le pont en tremblant, comme si l'ennemi y eût été. Je n'y vis que confusion. Le rocher formoit une voûte au-dessus du vaisseau à plus de trente pieds de hauteur; le mât de misaine étoit brisé & tombé à la mer; la vergue du grand mât emportée avec une bonne partie du mât même, & presque tout ce qui étoit sur le pont étoit dérangé de sa place. Ce coup d'œil me causa une surprise étonnante. J'appellai Adams, en qui j'espérois du moins trouver quelque consolation ; mais je ne fus pas long-tems à me convaincre qu'il avoit péri.

CHAPITRE IX.

Wilkins veut se détruire lui-même : réflexion à ce sujet. Etrange aventure à fond de cale. Sa surprise. Il ne peut pas grimper sur le rocher. Sa méthode pour adoucir l'eau. Il se met en mer dans la chaloupe à plusieurs reprises, & prend beaucoup de poisson. Il est presque renversé par une anguille.

CET événement me jetta dans une confusion d'idées qui dura long-tems. Quand j'eus un peu repris mes sens, je voulus voir si la carcasse du vaisseau n'avoit point souffert : après une recherche exacte, je trouvai seulement que le vaisseau étoit entré dans une crevasse du rocher qui formoit une espèce de voûte, & y étoit resté attaché si ferme, que le mouvement de l'eau ne pouvoit le faire remuer, quoiqu'en sondant je ne trouvasse point de fond.

Ce fut alors qu'Adams me parut heureux d'être délivré d'une extrémité si terrible ; je souhaitois mille fois d'être à sa place : j'eus même quelque envie de le suivre : mais la nature a naturellement tant d'horreur de sa destruction, dans quelque position qu'on se trouve, que je ne tardai pas à changer d'idée. Un retour sur mes aventures offrit un vaste champ à mes réflexions : elles me rappellèrent un dieu puissant, qui permet que ses créatures soient quelquefois exposées à des dangers pressans, & qui, quand elles sont sur le point de périr, leur tend une main secourable pour les en tirer. Rempli de cette idée, je me jettai à genoux, & m'humiliant devant lui avec un esprit de résignation à sa volonté, je le conjurai d'opérer ma délivrance, ou de me soutenir dans cette extrémité. Je me trouvai bientôt plus tranquille : ainsi ayant mangé un biscuit & bu quelques verres d'eau, je m'assis sur le tillac, où, faute de pouvoir travailler à améliorer ma situation, je me livrai aux réflexions suivantes.

Hélas ! me dis-je, que vais-je faire ici ? J'y suis, malgré moi, destiné comme les rats à dévorer des provisions, & à périr de faim quand elles seront consommées. A quoi ai-je servi dans ce monde, si ce n'est à être l'objet de la vengeance divine, & à prouver jusqu'à quel état déplorable la nature humaine peut être réduite : car y a-t-il rien de si malheureux que moi ? Mais aussi, me demandai-je, qu'as-tu fait depuis que tu es né ? En effet, je ne pus guère mieux répondre à cette question qu'à la précédente : si je ne dois compter que les actions raisonnables, le nombre en est bien petit : car enfin, voilà à quoi se réduit mon histoire. J'ai passé mes seize premières années à me moquer de ma mère : pendant les trois suivantes elle a eu son tour. J'ai fait la folie de me donner une femme & deux enfans avant l'âge de vingt ans. L'année d'après j'ai connu par expérience les misères de l'esclavage. J'en ai employé deux autres à porter envie à mon bienfaiteur, & j'ai senti que le même bonheur n'étoit pas fait pour moi. Cette année-ci n'est pas encore finie : je ne sai si j'en aurai beaucoup d'autres, où je les passerai, ni ce qu'elles produiront ; il faudroit plus de tête que je n'en ai pour le deviner; mon état actuel ne m'annonce que misère & calamité. Cependant voyons un peu en quoi consiste ce malheur au fond. Je suis fixé seul ici à la vérité, mais, pour le bien que j'ai jamais fait, & les avantages que j'ai eus ailleurs, ne suis-je pas aussi-bien ici qu'en tout autre endroit ? Les vivres ne me manquent point, je n'ai rien à craindre d'un ennemi injuste ou cruel. Tant que le vaisseau restera dans son entier, & que les provisions dureront, je n'ai pas lieu de me plaindre. Pourquoi donc irois-je m'affliger ou m'effrayer d'un avenir que j'ignore? Ce que mon imagination me présente de terrible, n'arrivera peut-être jamais. Ma délivrance, à la vérité, est difficile; mais elle n'est pas impossible. Que sai-je si l'avenir ne me réserve pas un sort aussi différent de ma situation présente, que celle-ci l'est des espérances dont je me flattois il y a quelque tems? Après tout, ne puis-je pas trouver une mort naturelle ici comme ailleurs? Dieu veut sans doute me conduire par le chemin de l'affliction au repentir de mes fautes, en détruisant ces affections sensuelles qui m'ont empêché jusqu'à présent de l'aimer & de le servir: il faut donc me soumettre à sa volonté, & espérer en sa miséricorde.

Ces pensées me tranquillisèrent, & me rendirent peu-à-peu ma solitude supportable. Je me promenai dans le vaisseau, dont j'étois alors maître & propriétaire, & je m'occupai à chercher comment il étoit attaché au rocher: mais ma recherche fut inutile. Je battis le fusil & descendis dans le fond de cale, pour faire la revue générale de tout ce qui y étoit.

J'y trouvai une grande quantité de longues

barres de fer deſtinées à trafiquer avec les Noirs. Je remarquai que toutes touchoient par un bout à la proue, & je penſai que cela venoit du choc violent qu'elles avoient reçu quand le vaiſſeau heurta contre le rocher. Je voulus en prendre une petite barre qui débordoit des autres, & la mettre ſur le tas ; je ne l'eus pas plutôt ſoulevée qu'elle me gliſſa des mains, & alla frapper contre la tête du vaiſſeau avec tant de force & de bruit, que je crus qu'elle avoit percé la planche.

Je m'arrêtai pour voir s'il n'y avoit point de dommage, & je courus ſur le pont : mes cheveux ſe dreſſerent de frayeur, & je crus que quelqu'eſprit malin me jouoit ce tour pour m'épouvanter.

Je fus pluſieurs jours ſans oſer redeſcendre à fond de cale, quoique tous mes vivres y fuſſent : cette idée qui me rouloit toujours par la tête, m'ôtoit le repos ; & je craignois que tout ceci ne fût le préſage de quelque accident tragique.

Huit jours après, voulant changer d'habillement, je mis une paire de ſouliers neufs que je trouvai à bord, & ôtant une de mes boucles de fer, je la poſai ſur un bout du mât briſé qui me ſervoit de ſiége : quelle fut ma surprise, de voir cette boucle s'aller attacher d'elle-même au rocher? Je crus que le diable l'avoit emportée. Je posai plusieurs autres choses au même endroit ; rien ne branla, jusqu'à ce que j'y mis l'autre boucle qui s'échappa comme la première, pour s'aller coller au rocher.

Je songeai quelque tems à ce phénomène; & ne pouvant en imaginer la cause, j'implorai l'assistance de dieu. Enfin, la raison l'emportant sur mes craintes folles, je commençai à croire que tout ceci pouvoit avoir quelque cause naturelle, & je fus curieux de la découvrir. Pour cet effet, je fis beaucoup d'expériences pour essayer quelles étoient les choses qui couroient au rocher, & celles qui ne remuoient pas. J'allai dans la chambre du capitaine, & ouvrant une armoire dont la clef étoit à la serrure, j'en tirai une pipe, une bouteille, un livre, une cuillère d'argent, une tasse à caffé, &c. Je les mis successive-près du rocher : rien ne s'y attacha. Tandis que j'étois ainsi occupé, la clef de l'armoire que j'avois passée à mon doigt tomba ; dès qu'elle m'eut échappé, elle courut se coller au rocher. J'essayai encore plusieurs morceaux de fer avec le même succès : tout cela joint à ce que l'aiguille de ma boussole pointoit
aussi

aussi vers le rocher, me fit penser qu'il contenoit une grande quantité d'aiman, ou qu'il étoit même tout d'aiman, & que la charge de fer avoit été cause de la course violente du vaisseau comme on l'a vu ci-devant.

Cette découverte me tranquillisa du côté des esprits; j'eus une meilleure nuit que les précédentes; & mes craintes étant évanouies, je passai assez bien le tems dans ma solitude, avec laquelle je me familiarisois peu-à-peu.

J'avois souvent désiré de grimper sur le haut de mon rocher; mais il étoit si uni dans certains endroits, & si escarpé dans d'autres, que l'impossibilité visible d'en venir à bout m'avoit empêché de l'entreprendre.

Depuis trois mois que j'étois dans le vaisseau, j'avois vu les jours se raccourcir par degrés, jusqu'à ce qu'ayant perdu de vue le soleil pendant quelque tems, ils devinrent tout-à-fait sombres; c'est-à-dire, qu'il n'y avoit plus de différence marquée entre le jour & la nuit: cependant il ne faisoit pas si obscur, que je ne pusse voir assez bien autour de moi sur le tillac.

Ce qui m'inquiétoit le plus, étoit mon eau; j'en avois en abondance, mais elle étoit devenue si mauvaise, que j'avois peine à en boire; il n'y avoit pas moyen d'en avoir de

Tome I. F

meilleure. Il tomboit de tems à autre de la neige, & j'en profitois; mais cela ne me suffisoit pas. N'ayant rien de mieux à faire, je mis deux tonneaux défoncés sur le pont, & tirant de l'eau du fond de cale, j'en remplis un, & la laissai reposer vingt-quatre heures; ensuite je la versai dans l'autre, & je la transvasois tous les jours. Je trouvai qu'en y incorporant ainsi un air nouveau, si je ne lui rendois pas son premier goût, elle étoit du moins plus supportable qu'auparavant. Je suivis constamment cette méthode pour l'eau que je buvois, tant que je restai dans le vaisseau.

J'essuyai ensuite des mauvais tems, & le froid augmentant, je me mis à fureter dans le vaisseau plus exactement que je n'avois fait encore, & ouvrant un petit cabinet sous le pont, j'y trouvai une bonne provision d'eau-de-vie, beaucoup de bouteilles, & quelques petits barils de vin de Madère & d'autres liqueurs. Après avoir pris un peu de l'une & de l'autre, je fermai la porte, & ne poussai pas alors plus loin ma recherche.

Le lendemain j'examinai mes provisions, & voyant qu'une partie de la viande salée étoit presqu'à sec, je fis de nouvelle saumure que je jettai par-dessus, & la renfermai. Je trouvai aussi ce jour-là plusieurs fromages encaissés dans du plomb; j'en entamai un, sur lequel je dînai: j'aurois de la peine à dire si ce fut de jour ou de nuit que je fis ce repas. Je rencontrai beaucoup de caisses bien garnies; & entr'autres une ou deux remplies d'outils, qui me furent d'un grand secours quelques années après, quoique je ne m'attendisse pas en les trouvant, qu'ils dussent jamais m'être d'aucune utilité.

C'est ainsi que je passai mon tems jusqu'au retour du grand jour, qui me donna bien de la joie. Je m'étois souvent flatté pendant la saison obscure, qu'il passoit des vaisseaux près de moi, & que je jouirois encore une fois de la société des hommes. Au peu de clarté qu'il faisoit, je croyois avoir vu de grands corps se mouvoir à une certaine distance, & sur-tout lorsque la lumière avoit commencé à reparoître; mais quoique j'eusse crié de toutes mes forces pour me faire entendre, & même tiré mon fusil, on ne m'avoit jamais répondu.

Je m'apperçus au retour de la lumière que les jours augmentoient dans la même proportion qu'ils avoient diminué; ce fut une consolation pour moi. Je résolus de lancer à l'eau ma petite chaloupe, & de côtoyer l'île (car je croyois que c'en étoit une) pour voir elle étoit habitée, & par qui: je me déterminai aussi à faire quelques lignes pour pêcher, à porter mon fusil pour chasser, en cas que je trouvasse un lieu pour débarquer. Quoique depuis mon arrivée je n'eusse pas vu un être vivant, si ce n'est mon chat, & des insectes dont j'avois apperçu quantité dans l'eau & dans l'air avant la saison obscure, & qui commençoient à reparoître, je ne pouvois me persuader qu'il ne s'y rencontrât pas des bêtes & des oiseaux.

En mettant ma chaloupe à la mer, je trouvai qu'elle faisoit eau; je la laissai remplir, & rester dans cet état huit ou dix jours pour faire renfler le bois: puis m'y glissant le long, du côté du vaisseau, je la vuidai entièrement & je la trouvai en état de servir. J'y embarquai mon fusil, des lignes, une bouteille d'eau-de-vie, une valise pour me servir de siège, avec un peu d'eau & des provisions pour une semaine. Je me mis en mer, après avoir pris toutes les observations nécessaires pour regagner mon vaisseau, en cas d'accident, quoique bien résolu de ne pas quitter de vue le rocher, sans y être contraint.

Je n'avois pas encore ramé long-tems, que je crus voir à une lieue de distance sur ma droite, une île vers laquelle je voulus diriger ma course, la mer étant fort calme ; mais en approchant, je trouvai que c'étoit un gros glaçon de plus d'une demi-lieue de longueur, & qui s'élevoit bien de vingt toises au-dessus de l'eau. Quand j'eus apperçu mon erreur, je regagnai le rocher le plus vîte que je pus, & parcourus une partie de sa circonférence : quoique je l'eusse côtoyé deux ou trois lieues, il me parut aussi escarpé par tout. A l'égard de l'île prétendue, je conclus que ce que j'avois pris précédemment pour des vaisseaux, étoient aussi de grands morceaux de glace qui flottoient.

J'essayai ensuite mes lignes : j'en attachai plusieurs longues au côté de ma chaloupe, & j'y mis de plusieurs sortes d'amorces : je ne pris qu'un seul poisson à peu près semblable à une merluche, & du poids de quatre livres. J'en accommodai une partie pour souper après mon retour au vaisseau, & il se trouva fort bon.

Le lendemain je fis un petit voyage de l'autre côté du vaisseau, dans l'intention de pêcher, mais je ne pris rien. Je formai le dessein alors d'avitailler ma chaloupe, & de me préparer pour une croisière de deux ou trois jours ; je crus pouvoir l'entreprendre d'autant plus sûrement, que je n'avois point

F iij

vu la mer agitée depuis mon arrivée. J'entendois souvent souffler les vents au-dessus de ma tête ; mais ils venoient du côté de terre, & ne troubloient point l'eau dans le voisinage du rocher. Je pris la même route que la première fois, comptant employer trois jours à aller & autant pour le retour, & résolu, s'il étoit possible, d'aller toujours la sonde en main. Pour cet effet j'avois préparé une longue ligne, au bout de laquelle j'avois attaché un gros boulet entortillé de linge ; mais je ne trouvai de fond que le soir du second jour. Le lendemain matin j'avois trente brasses d'eau, ensuite j'en eus vingt, puis seize. Mais dans mes deux voyages, je ne vis point de diminution dans la hauteur ni dans la roideur du rocher.

Je tendis mes lignes à environ quatorze brasses d'eau, & les laissai pendant une ou deux heures, au bout desquelles sentant de dessus mon siége plusieurs secousses, je fus assuré qu'il y avoit quelque chose de pris. Je tirai donc mes lignes les unes après les autres, & j'amenai d'abord une anguille de six pieds de longueur, aussi grosse que ma cuisse, qui avoit la tête, le cou & les nageoires rouges comme de l'écarlate, & le corps aussi blanc que la neige. Elle étoit si forte dans reau & si pesante, que j'eus peine à la tirer dans ma chaloupe, mais j'en eus encore plus pour la tuer; car, quoique je lui eusse coupé la tête dès qu'elle fut à bord, avec une hache que j'avois portée pour couper du bois, en cas que je trouvasse un endroit pour débarquer, elle pensa plusieurs fois me casser les jambes & me renverser à la mer, avant qu'elle fût morte tout-à-fait; & je n'en vins à bout qu'en lui coupant la queue, & même le corps en plusieurs tronçons. Je pris ensuite un poisson de l'épaisseur d'une tanche, d'une autre couleur, & beaucoup plus gros. J'en pêchai encore plusieurs autres longs & plats, jusqu'à m'en lasser; alors je repris la route de mon vaisseau, où j'arrivai le troisième jour.

Pendant tout ce tems, je ne tirai qu'un seul coup de fusil, en revenant, sur un animal qui s'avança sur la pointe du rocher. Je le tirai à balle, de crainte que le petit plomb ne portât pas assez loin. Cet animal blessé à mort fit un saut & roula le long du rocher tout auprès de moi; il étoit à peu près semblable à nos lapins, & du même poil, mais il avoit les oreilles plus courtes, la queue plus longue, & de la corne aux pieds comme un chevreau.

De retour au vaisseau, je déchargeai ma

cargaison, & j'allumai du feu pour faire ma cuisine; je ne savois par où commencer. Je voulois d'abord faire griller mon lapin, & mettre un peu de poisson à l'étuvée; comme j'étois fatigué, je gardai la viande pour le lendemain, & fis bouillir de deux ou trois sortes de poisson, pour essayer lequel valoit mieux. La plupart m'étoient inconnus; je mis cuire aussi un tronçon de mon anguille, pour le manger dans le cas où les autres ne seroient pas de mon goût. Ensuite je fis la sauce avec de l'huile, & je me mis à table, aussi satisfait qu'un roi. Ces différens mets me parurent tous si bons, que quoique l'anguille fût excellente, je préférai les petits poissons pour le moment, & laissai le reste de l'anguille ainsi que les autres poissons jusqu'au lendemain, que je les salai pour un autre tems.

J'employai alors une semaine entière chez moi à fureter encore dans mon vaisseau: j'ouvris une caisse de vin de Madère qui prenoit l'eau, & je consommai le reste de mon poisson & de ma viande, qui étant un peu avancés quand je les salai, ne se seroient peut-être pas si bien conservés que mes anciennes provisions. J'ajoutai aussi à mon régal un peu de pain frais, & j'adoucis par la méthode qu'on a vue ci-dessus, une plus grande quantité d'eau ; puis ayant fini d'arranger mes affaires domestiques, je projettai un nouveau voyage.

CHAPITRE X.

Wilkins embarque des provisions abondamment, & va faire le tour du rocher. Après trois semaines de voyage, il est attiré sous le rocher dans une caverne où il vogue cinq semaines. Description de cette caverne. Ses réflexions & ses embarras. Il arrive enfin dans un grand lac, & débarque dans le beau pays de Graundevolet.

J'avois envie depuis long-tems de visiter l'autre côté du rocher ; car, disois-je en moi-même, peut-être y trouverai-je quelque endroit pour débarquer, même une habitation convenable : je résolus donc d'essayer d'en faire le tour. Incertain du tems qu'il me faudroit pour ce voyage, je songeai à me munir de provisions, d'instrumens de toute espèce, & des ustensiles nécessaires, pour me garantir le mieux que je pourrois de tous accidens. Ainsi je tirai du fond de cale une grande caisse, & la descendant dans ma chaloupe, je la remplis d'une pacotille de vin, d'eau-de-vie, de pain, d'huile & autres choses semblables, suffisante pour un long voyage. Je pris aussi un grand tonneau que je remplis d'eau, & une bonne quantité de sel, pour accommoder le poisson que je pêcherois en chemin. Je portai à bord deux fusils, deux paires de pistolets & d'autres armes, avec des munitions à proportion, de plus une ou deux haches, une scie, pour couper du bois, & enfin les outils qui pouvoient me servir en cas de débarquement. J'ajoutai à tout cela une vieille voile, pour mettre mes provisions & mon artillerie à couvert des mauvais tems. Ensuite ayant fermé l'écoutille & serré tout ce que l'humidité auroit pu gâter dans le vaisseau, je partis pour mon expédition, & me mettant encore une fois entre les bras de la providence, je pris la même route qu'à mon premier voyage.

Je n'allois pas extrêmement vite ; m'arrêtant souvent pour pêcher, je prenois beaucoup de poisson, que je salois & faisois sécher de mon mieux. Pendant trois semaines & plus, je ne vis autre chose que le même rocher toujours escarpé, & point d'endroit pour débarquer. Il me restoit si peu d'espérance à cet égard, que je fus presque tenté de retourner; après une mûre délibération, je résolus d'aller encore quelques jours. Je n'eus pas avancé un jour de plus, qu'aux approches de la nuit j'entendis un grand bruit, comme d'une chute d'eau. Je me proposai d'attendre au lendemain pour voir ce que c'étoit ; mais le courant m'attirant insensiblement, je me trouvai bientôt au milieu. Pour lors toutes mes forces ne suffirent pas pour arrêter la chaloupe ; je me vis en un instant englouti sous une arcade basse, où sans la précaution que j'eus de me coucher à plat, j'aurois sans doute été brisé en pièces, ou jetté à la mer ; je n'avois de clarté que ce qu'il en falloit pour appercevoir le danger. Je sentis ma chaloupe tomber avec une vîtesse incroyable dans un précipice, où elle fit deux ou trois pirouettes sur elle-même : l'eau s'élançoit contre le rocher avec un bruit horrible.

Je m'attendois à chaque instant de voir ma chaloupe brisée, & moi-même englouti dans les eaux ; je fus long-tems sans oser regarder le danger où j'étois. Enfin, l'agitation de l'eau étant diminuée, & peu-à-peu le courant devenu plus tranquille, j'eus le courage de lever la tête ; mais figurez-vous de quelle horreur je fus saisi, en me trouvant dans l'obscurité la plus noire, & sans la moindre apparence de clarté.

Cependant sentant ma chaloupe voguer aisément, je me mis à mon séant pour battre le fusil; si j'avois eu de la frayeur auparavant, ce fut bien autre chose, quand je vis au-dessus de ma tête une voûte immense dont je n'appercevois pas le bout. Le courant de l'eau avoit communément quinze toises de largeur, & un peu moins dans d'autres endroits. Heureusement j'avois apporté ma boëte à fusil; car quoique j'eusse échappé jusques-là, j'aurois péri infailliblement dans les lieux plus étroits, & conséquemment plus rapides : il y avoit au rocher des cavités & des pointes qui formoient des sinuosités, & où l'eau alloit avec tant de violence, que si je n'eusse eu de la clarté pour conduire ma chaloupe & la tenir toujours au milieu du courant, je m'y serois brisé cent fois.

Heureusement encore j'étois bien fourni de provisions, & j'avois pris avec moi deux bouteilles d'huile; sans cela j'aurois assurément péri, soit de faim pendant cinq semaines que je fus dans cette caverne, soit faute de clarté que l'huile me procura, & sans laquelle toutes mes autres provisions ne m'auroient été d'aucune utilité. J'étois obligé de tenir toujours ma lampe allumée : ainsi ne sachant pas combien je resterois de tems dans cet état, supposé que j'en sortisse jamais, je ménageois mon huile avec le plus grand soin ; malgré cela, elle diminua, & fut presque entièrement usée dans un peu plus de la moitié du tems que je restai sous cette voûte.

J'avois coupé une bande de ma chemise pour faire une mèche, afin de brûler le reste de mon huile dans une tabatière de cuivre qui me servoit de lampe : je me livrai à des pensées mélancoliques sur les suites auxquelles j'allois être exposé, faute de ma lumière qui alloit finir. Me voici, disois-je, comme un criminel condamné qui connoît le jour & le moment de son supplice, & qui meurt mille fois en imagination, en attendant l'instant fatal qu'il redoute, & qui doit cependant le délivrer de toute autre crainte. Ma dernière mèche brûle ; mon huile est toute usée ; à chaque moment je crains de heurter contre le rocher, & d'être suffoqué dans les eaux ; en ce moment je réfléchis sur mon état déplorable, & c'est peut-être pour la dernière fois ; ma lampe va s'éteindre ; je vais recevoir le coup de grace, & finir ma vie & mes chagrins. Cruel instant, viens, je n'aspire plus qu'après toi !

Ces réflexions m'abattirent tellement, que j'eus recours à ma bouteille d'eau-de-vie pour me remettre un peu. J'étois prêt à en goûter, quand il me vint dans l'idée que cela ne feroit que redoubler ma soif, & qu'il valoit mieux prendre un peu de vin blanc de Madère. Ainsi remettant la bouteille d'eau-de-vie dans la caisse, j'en tirai une autre que je prenois pour du vin de Madère, & je la portai à ma bouche avec empressement. La première gorgée me rafraîchit & me remit bien mieux que toutes les autres liqueurs que j'aurois pu prendre. Hélas! m'écriai-je en tressaillant de joie, c'est de l'huile. Je la posai par terre avec un plaisir inexprimable; & examinant les autres bouteilles que j'avois cru du vin blanc de Madère, j'en trouvai encore dans le nombre deux autres pleine d'huile. Voilà, me dis-je, la grace qu'on annonce au criminel au moment du supplice : est-il possible qu'un homme dans ma situation ait tant souffert, faute d'un peu d'huile ?

Après les premiers transports de ma joie, je rentrai un peu en moi-même ; & songeant aux soins que la providence prend de ses créatures, je me rappellai avec transport, que souvent elle vient les sauver du plus profond désespoir, dans des momens où toute la prudence, la sagesse & la prévoyance ne leur laisse entrevoir aucun moyen de délivrance. J'apperçus un enchaînement de circonstances qui avoient amené ma situation présente, & je fus forcé de reconnoître que le ciel veilloit sur moi & sur mes affaires. Je sentis que la bonté de dieu m'avoit conduit jusqu'alors; & que se manifestant en ce moment d'une façon si particulière, en dissipant les ténèbres où j'étois englouti, elle me donnoit lieu d'espérer qu'il avoit dessein d'opérer mon entière délivrance, & de me tirer de cet abîme effrayant pour me mettre à portée de le louer encore à la clarté du jour.

Cette suite de réflexions me conduisit au bout de cinq semaines (autant que j'en pus juger par des observations sur ma lampe) à un lac prodigieux bordé d'une prairie d'environ un quart de lieue de largeur, & garnie de la plus belle verdure. Cette prairie étoit flanquée d'un bois en amphithéatre à-peu-près de même étendue, au-dessus duquel s'élevoit par derrière un rocher nud d'une hauteur immense.

CHAPITRE XI.

Sa joie en débarquant. Description du lieu; il n'est point habité. Wilkins manque d'eau. Il s'établit dans une grotte. Il trouve de l'eau, visite le pays, & porte ses provisions dans sa grotte.

Il est impossible d'exprimer la joie dont je fus saisi en voyant la clarté du jour. Je débarquai le plutôt que je pus après ma sortie de la caverne; & me jettant à genoux pour remercier dieu de ma délivrance, je lui demandai son secours dans tout ce qui pourroit m'arriver à l'avenir, & sur-tout la grace de mourir dans ma patrie.

Je déchargeai ensuite ma chaloupe, & la tirai à sec sur le rivage, puis la retournant sens dessus-dessous, je m'en servis pour couvrir mes armes & mon bagage; enfin, je m'assis pour contempler le lieu, & pris sur l'herbe le plus délicieux repas de ma vie.

J'allai me promener dans la prairie vers le bois, mon fusil à la main, une paire de pistolets à la ceinture, & mon sabre au côté. Quand je fus prêt d'entrer dans le bois, je
regardai

regardai derrière moi, & parcourant des yeux la plaine; est-il possible, m'écriai-je, que tant d'art (je ne croyois pas alors que tout cela fût naturel) ait été employé ici, sans qu'il s'y trouve d'habitans ! Je ne vois ni bâtimens, ni châteaux, ni huttes, ni même aucune créature vivante : assurément ce lieu n'a pas été fait pour rien.

Je marchai long-tems dans le bois, & j'avois dessein d'aller plus loin, tant je le trouvois beau; cependant je crus devoir me contenter pour le présent de chercher une retraite sûre afin d'y passer la nuit : quelqu'agréable que fût ce lieu, je ne voulois pas m'y laisser surprendre par l'obscurité qui étoit prochaine.

L'entrée du bois étoit garnie d'arbrisseaux à fleurs très-agréables, séparés par touffes à telle distance les uns des autres, que l'on pouvoit passer aisément entr'eux : on voyoit par derrière des arbres sans nombre un peu plus grands, qui, par leur forme & la différence de leur verdure, formoient le plus beau coup d'œil du monde. Chacun d'eux étoit assez éloigné des autres pour étendre ses branches & faire croître les fruits les plus délicieux; & l'on n'y rencontroit pas un buisson, une épine, ni une bruyère. Par derrière & tou-

Tome I. G

jours sur un terrein plus élevé, croissoit un nombre infini de grands arbres, beaucoup plus gros que les premiers, entremêlés d'un peu de taillis qui alloit en s'épaississant à mesure que l'on avançoit. Je me pratiquai un chemin à travers ce taillis jusqu'au rocher, qui s'élevoit aussi perpendiculairement qu'une muraille ordinaire, & qui n'avoit que de tems en tems quelques inégalités & des crevasses. Je remarquai par tout une certaine distance entre le taillis & le rocher, assez large pour y passer une charrette; & je crus en effet qu'on l'avoit pratiquée exprès.

Je me promenai long-tems dans cette route; mais j'avois eu la précaution d'attacher à l'endroit par où j'y étois entré, un lambeau de la doublure de mon habit, pour pouvoir le reconnoître à mon retour : quoique j'eusse dessein de revenir avec la nuit, je trouvai tant de plaisir à cette promenade, & à considérer une petite grotte que la nature avoit formée dans le rocher, que le jour baissa sans que je m'en apperçusse : ainsi je résolus de ne retourner à la chaloupe que le lendemain matin, & de prendre mon logement pour cette nuit dans la grotte.

Je coupai donc avec mon sabre un fagot de broussailles suffisant pour en boucher l'entrée, & m'y étant couché, je dormis aussi profondément que si j'eusse été dans mon vaisseau. Depuis l'instant que j'étois entré dans le gouffre, je n'avois pas pris une heure de repos de suite. Je n'aurois jamais pu résister à cette fatigue, s'il m'eût fallu travailler ; mais n'ayant autre chose à faire qu'à tenir ma chaloupe dans le milieu du courant, je m'étois accoutumé à voguer les yeux presque fermés, avec autant de facilité qu'en ont les voituriers à conduire leur charrette sur une route tout en sommeillant.

Le lendemain matin je m'éveillai bien rafraîchi ; & au moyen de mon chiffon, je retrouvai aisément le chemin qui conduisoit à ma chaloupe. Je la soulevai pour en tirer du pain & du fromage, que je mangeai de très-bon appétit ; & m'étant étendu sur le bord du lac dont l'eau étoit aussi claire que du cristal, je voulus y étancher ma soif, sans songer que ce lac venoit de la mer. La première gorgée que je bus, pensa m'empoisonner. Ce fut pour moi un fort grand embarras, car mon tonneau étoit presque vuide. En effet, de retour à la chaloupe, j'en tirai le peu d'eau qui me restoit, & je le bus tout d'un trait, tant j'étois altéré.

Cependant je ne désespérois pas d'en trouver de nouvelle : j'avois ressenti si souvent les effets de la providence, & ses opérations étoient si bien gravées dans mon ame, que, quoique le grand lac d'eau salée fût environné d'un rocher ou barrière de pierre impénétrable, j'étois convaincu que, plutôt de me laisser périr faute d'eau, cette même providence feroit naître tout d'un coup un ruisseau d'eau fraîche pour me sauver la vie.

Rempli de cette idée, je voyageai tranquillement près de deux lieues le long du lac : quelquefois j'entrois dans le bois pour m'y promener ; de sorte que je fis presque la moitié du tour du lac qui étoit de figure ovale. J'eus envie alors de me rapprocher de mon logement, de crainte d'être surpris de la nuit : mais considérant que j'étois venu chercher de l'eau, & que j'en trouverois peut-être en faisant le tour du lac, j'aimai mieux me choisir un nouveau gîte pour cette nuit, que de retourner. Je n'avois besoin de rien, ayant eu la précaution d'emporter avec moi le restant de mon dîner. Sur la fin du jour j'eus envie de manger ; mais songeant que la faim ne me pressoit pas, & que si je mangeois, je sentirois peut-être de la soif sans avoir de quoi la satisfaire, je jugeai à propos pour cette fois de me coucher sans souper.

Le lendemain je me remis en route pour aller chercher de l'eau, & je comptois achever ce jour-là le tour du lac : je l'avois bien côtoyé deux bonnes lieues, lorsque j'apperçus à quelque distance de moi un petit enfoncement où la pelouse me parut coupée depuis le bois jusqu'au lac : j'y courus aussitôt, j'y apperçus une belle source d'eau fraîche, qui, distillant de plusieurs petites crevasses dans le rocher, formoit un ruisseau qui traversoit la prairie, & alloit se jetter dans le lac.

Après avoir remercié dieu de cette faveur, je me couchai par terre, & j'en bus de bon cœur ; puis m'étant assis sur le bord, je fis un repas de ce que j'avois apporté, & je bus encore. J'avois bien au moins les trois quarts de la circonférence du lac à parcourir pour retourner à ma chaloupe, ne soupçonnant pas qu'il y eût de passage au-dessus de l'embouchure de la caverne par où j'étois arrivé ; & je voyois avec chagrin que si j'étois obligé de me servir habituellement de cette eau, il faudroit me résoudre à faire beaucoup de chemin pour l'aller chercher, ou fixer mon habitation dans son voisinage. J'allois m'en retourner, occupé de ces idées inquiétantes, lorsqu'il me vint tout d'un coup dans l'esprit que si je pouvois passer par-dessus l'embouchure de la caverne, je n'aurois pas plus d'une lieue de ma grotte au ruisseau. Je songeai donc, que ne pouvant arriver chez moi le soir même, à moins que de trouver ce passage, le pis aller seroit de perdre ma peine & de me trouver au même endroit où j'étois; au lieu que si je pouvois passer, je racourcirois de beaucoup mon chemin. Je résolus de m'assurer si la chose étoit praticable, & de me précautionner auparavant, en choisissant près du ruisseau un endroit pour passer la nuit, dans le cas où je ne réussirois pas.

J'allai donc visiter le bois, & ne trouvant point d'endroit commode, je retournai boire encore au ruisseau, bien déterminé à ne pas quitter ce côté du lac jusqu'au lendemain. Comme j'avois encore du tems devant moi, je fis plus d'une demi-lieue pour examiner l'entrée de la caverne, & je fus agréablement surpris de voir précisément au-dessus une grande arche de pierre, comme une espèce de pont que l'on auroit taillé dans le rocher. Cette découverte me réjouit beaucoup; car après l'avoir traversée, je trouvai un chemin par lequel j'arrivai à ma chaloupe avant la nuit.

Je me rendis à ma grotte pour la troisième nuit depuis que j'étois dans cet endroit délicieux. Le lendemain dès le matin je lançai ma chaloupe à l'eau, & prenant avec moi mon tonneau & une espèce de seau pour puiser, je ramai jusqu'au ruisseau, où ayant rempli mon tonneau, je rapportai encore à ma grotte mon seau & un chaudron de cuivre remplis d'eau. Ce chaudron n'étoit pas une petite ressource pour moi ; car espérant dans mon dernier voyage de rencontrer quelque terre où je pourrois débarquer, je l'avois mis dans la chaloupe pour y faire cuire du poisson : quoique les choses n'eussent pas tourné comme je l'avois imaginé, mon chaudron se trouva le plus utile de tous mes meubles.

Ayant pris connoissance de tout le tour du lac, & trouvé une communication entre ma grotte & le ruisseau, je commençai à songer à mon établissement. Pour cet effet, je me mis à transporter à la grotte tout ce que j'avois : à force de travail, tout fut fait en peu de jours, à l'exception de mes deux grandes caisses & de mon tonneau que je ne savois comment transporter. Ce dernier étoit le plus essentiel ; j'eus plusieurs fois envie de le bien boucher & de le rouler jusqu'à ma grotte : cependant, comme il y avoit beaucoup à monter à travers le bois avant que d'arriver, & que d'ailleurs je craignois qu'il ne se défonçât, ce qui eût été pour moi une perte irréparable, je jugeai qu'il m'étoit impossible d'en venir à bout par mes propres forces, & je fus obligé de remettre ces deux articles à une autre fois, quand j'y aurois réfléchi plus mûrement.

CHAPITRE XII.

Description de la grotte. L'auteur y ajoute une chambre. Il fabrique une petite charrette, & une espèce de petit bassin pour y mettre sa chaloupe. Il va chercher des provisions. Description de diverses plantes & fruits ; il en rapporte une voiture de différentes espèces chez lui, & les éprouve. Grand embarras. Il fait de bon pain ; ne voit jamais le soleil.

AYANT fixé tout-à-fait mon choix sur la grotte pour y faire ma principale demeure, il est bon que j'en donne la description. Cette grotte, éloignée d'environ un quart de lieue du lac, étoit pratiquée dans le rocher qui environnoit le bois. L'entrée n'avoit que deux pieds de large & près de neuf de haut, & depuis la hauteur de sept pieds jusqu'au haut elle se terminoit en pointe. Le dedans avoit quinze pieds de longueur sur cinq de largeur. Comme j'étois obligé de me coucher dans sa longueur, il y en avoit six pieds du fond d'occupés uniquement par mon lit, & il ne restoit à côté qu'un passage pour y aborder. Le reste de la longueur servoit d'abord pour mon âtre que je plaçai au côté de la porte le plus enfoncé : mes provisions & autres meubles remplissoient tellement tout le reste, que je trouvois à peine un passage commode pour gagner mon lit.

On a vu ci-devant que j'avois mis dans ma chaloupe une caisse pour me servir de siège : en l'ouvrant j'y trouvai un matelas, quelques chemises, des souliers, des bas, & d'autres meubles ; une petite cassette remplie de bouteilles de liqueur & quelques instrumens de chirurgie. J'emportai le tout à la grotte avec une bonne quantité de poisson salé.

Mon habitation se trouva surchargée de meubles. Comme je ne voulois ni la quitter, ni rien laisser exposé aux injures du tems, je cherchai les moyens d'agrandir mon logement. Ne pouvant élargir la grotte même, il me vint dans l'esprit de construire une autre chambre au dehors. Cette idée me plut si fort, que je m'y arrêtai, & dès le lendemain je travaillai à en former le plan, & j'en traçai même les fondemens.

J'ai déja dit qu'il y avoit entre le bois & le rocher un espace suffisant pour passer une charrette. Ayant à bâtir pour la vie, du moins je l'imaginois ainsi, cette largeur ne me parut pas suffisante pour mon nouvel appartement. Ainsi je résolus de prendre un peu sur le bois. J'examinai quels étoient les arbres à une certaine distance de la grotte, qui pourroient servir dans l'état où ils étoient à former les montans de la porte ; je trouvai qu'en en coupant trois des plus proches, je remplirois mon dessein. Il y en avoit plusieurs autres à environ vingt pieds de la grotte placés parallelement au rocher, & si heureusement pour mon projet, qu'ils pouvoient me tenir lieu de murailles & de fortifications extérieures. Je pris ma hache pour couper les plus voisins. J'allois mettre la main à cet ouvrage, quand une autre idée qui me vint me fit changer de résolution.

Conformément à ce nouveau plan, je fixai la hauteur que je voulois donner au plancher, & je sciai les arbres les plus proches à cette hauteur. Je laissai subsister les troncs pour servir de colonnes, tant pour l'utilité que pour l'ornement de l'édifice ; & je les taillai en pointe par le haut, afin qu'ils puſſent porter des eſpèces de ſolives en travers pour former le toit. Enfin, je travaillai fortement à cet ouvrage : en un mois tout mon bois ſe trouva coupé dans les longueurs qu'il falloit ; mais je fus fort embarraſſé pour placer les pièces de bois néceſſaires pour mes murs & les montans de ma porte. Je n'avois ni bêche ni pioche, & le terrein étoit auſſi dur que du caillou. Je vis alors que le plus difficile reſtoit à faire : cependant j'allai en avant, & ayant imaginé de couper la tête des arbres à l'endroit où ils commencent à pouſſer des branches qui ſe ſéparent de la tige, j'en poſai un tout droit contre le rocher ; enſuite je plaçai une de mes ſolives par un bout ſur le haut de cet arbre, & de l'autre bout ſur un arbre vis-à-vis, dont j'avois auſſi coupé le ſommet : je fis la même opération de l'autre côté ; après quoi je poſai un nombre ſuffiſant de ſolives en travers, que j'attachai toutes enſemble avec l'écorce des jeunes arbres que j'avois coupée en longueur, ce qui me réuſſit aſſez bien. Je continuai ainſi à travailler, juſqu'à ce que le toit fût aſſez ſolide, pour n'avoir pas à craindre que les différentes pièces s'en dérangeaſſent. J'étendis enſuite par-deſſus de petites branches ſur leſquelles je plaçai du gazon fort épais ; puis je

formai la couverture avec des feuilles assez
semblables à celles du palmier, mais un peu
moins larges & beaucoup plus épaisses ; de
sorte que la surface en étoit aussi unie que la
main, & tellement disposée en pente douce
de tous côtés, que la pluie couloit par-dessus.

Ayant ainsi couvert mon bâtiment, il fallut
travailler à finir, & fermer les murs de
clôture : la carcasse en étoit faite de perches
placées en travers comme un treillage, &
liées ensemble. Pour remplir les vuides, j'y
entrelaçai des rejettons de taillis les plus longs
& les plus plians que je pus trouver, & ne
laissai qu'une ouverture d'un côté pour servir
de porte, laquelle étoit formée par deux tiges
d'un arbre dont le tronc se partageoit à deux
pieds de terre, & qui dans le reste de sa
hauteur croissoit comme si c'eût été deux
arbres voisins l'un de l'autre ; ce qui fit à
l'entrée de mon appartement comme une espèce
de perron. Cela fait, je détrempai de la terre
au bord du lac, & la mêlant avec de la vase
que j'en tirai, je l'appliquai comme un en-
duit sur mes murailles de la manière suivante.
Je la partageai en boules de la grosseur d'un
ballon : j'appliquai ces boules les unes près
des autres sur mon treillage, & en appuyant
fortement dessus avec les mains, j'en faisois

passer une partie à travers les intervalles, & alors j'unissois les deux côtés du mur avec le dos de ma scie de l'épaisseur d'environ cinq ou six pouces : par ce moyen j'eus autour de mon nouvel appartement une muraille d'un pied d'épaisseur. Cette opération me coûta beaucoup de tems & de travail. J'avois plus d'un quart de lieue à faire du lac à la grotte, & je ne pouvois porter que fort peu de mortier à la fois, à cause de sa pesanteur. Il fallut en passer par là, faute d'avoir plus près de la terre propre à cet ouvrage & de l'eau pour la détremper. A la fin mon bâtiment se trouva achevé, il n'y manquoit plus qu'une porte ; pour la faire, je fus forcé de prendre le couvercle de mon coffre que j'aurois bien voulu ne pas employer à cet usage ; mais je n'avois rien autre chose pour y suppléer ; d'ailleurs j'y trouvai l'avantage, que les gonds étoient tout placés.

Ce fut alors que je commençai à jouir d'une nouvelle habitation, comme seigneur & maître absolu du pays ; car je n'avois encore vu, depuis mon arrivée, ni hommes, ni bêtes, si ce n'est dans les arbres quelques animaux semblables à nos écureuils, & quelques rats d'eau autour du lac : cependant il y avoit dans les bois & sur le lac plusieurs espèces d'oiseaux finguliers, que je n'avois jamais rencontrés ailleurs.

Ce qui m'inquiétoit le plus maintenant, étoit de trouver un moyen de placer mon eau plus proche de moi que le lac. Je n'avois pas de plus petit vafe que mon tonneau, qui tenoit plus de quatre-vingt pintes, & c'eût été pour moi un travail infupportable de le monter jufqu'à ma grotte. Voici donc ce que j'imaginai. Je vous ai dit que j'avois pris le deffus de mon coffre pour faire une porte à mon antichambre; car c'eft ainfi que je l'appellois : je réfolus d'en faire fervir le corps à un ufage tout différent de celui auquel il avoit été deftiné. J'allai au lac où j'avois laiffé ce coffre ; j'en fciai les deux bouts & les côtés jufqu'à trois pouces du fond, puis ayant arrondi les deux bouts du mieux que je pus, j'en formai deux roues, & avec un des côtés, deux autres ; je les perçai par le milieu avec un fer chaud ; & fabriquant deux effieux de bois, je les attachai au fond de la caiffe avec les clous que j'en avois tirés ; j'y ajuftai mes roues. Cette machine me coûta bien du travail, mais j'en fus affez fatisfait. J'aurois fouhaité d'avoir une bête pour la traîner, ne fût-ce même qu'un âne ; mais il fallut me réfoudre à le faire moi-même, faute d'autre fecours. Je fabriquai donc, avec mes lignes à pêcher, une corde grosse & forte pour m'aider à traîner ma voiture ; & quand tout fut prêt, je remplis d'eau mon tonneau, je le chargeai & l'amenai à ma grotte avec une facilité qui me charma. Ce premier essai ayant si bien réussi, je n'eus pas plutôt déchargé mon tonneau, que je retournai au lac avec ma charrette, ou plutôt mon traîneau, & j'en rapportai mon autre caisse que j'avois laissée entière.

Je n'avois plus maintenant près du lac, que ma chaloupe, & j'eus presque envie d'essayer de l'apporter ; mais, songeant qu'elle m'étoit souvent nécessaire pour aller chercher de l'eau, dont j'usois plus abondamment qu'auparavant, tant pour boire que pour d'autres usages, je rejettai cette idée, & me contentai de chercher un bassin commode à l'abri du vent & des mauvais tems pour la conserver. Ainsi quelque tems après ayant trouvé un endroit marécageux, garni d'une espèce de longs roseaux, j'y construisis un bassin séparé du lac, à l'aide d'une espèce de pêle que je fabriquai avec une planche.

Ma chaloupe & tous mes meubles étant en sûreté, j'examinai mes provisions, & je vis qu'elles me manqueroient bientôt, si je ne trouvois moyen d'y suppléer : car, quoique j'en eusse pris en abondance en partant du vaisseau,

& que je les eusse épargnées autant qu'il m'avoit été possible, j'aurois été obligé bien plutôt à chercher de la nourriture, sans la grande quantité de poisson que je pris, & que je salai avant que d'entrer dans la caverne. Je jugeai donc qu'il étoit prudent de ne pas attendre que les vivres me manquassent tout-à-fait pour en chercher de nouveaux.

Dans cette résolution, je m'équipai comme la première fois, & pris avec moi mes outils & mes armes. Au lieu de cotoyer le lac, j'allai le long du bois, où je trouvai quantité de fruits si différens des nôtres & de tous ceux que j'avois vus, que j'eus peine à me déterminer à y goûter. Je remarquai parmi les buissons beaucoup de fruits (ou comme on voudra les appeller), qui croissent comme une corne de bélier, fort pointus auprès de la branche où ils sont attachés, & garnis tout autour d'anneaux ou cercles les uns sur les autres, qui vont en s'élargissant jusqu'à la grosseur du poing; après quoi ils diminuent peu-à-peu, & se terminent encore en pointe à l'autre extrémité. Tous ces cercles ou anneaux étendus en longueur avoient bien au moins trois pieds. J'examinai attentivement cette plante singulière; elle avoit une écorce ou croûte que je ne pus pas rompre avec la main : je la fendis avec mon

mon couteau, & il en sortit près d'une chopine de liqueur laiteuse, dont je trouvai le goût aussi doux que celui du miel. Cependant je ne pus me résoudre à faire plus que d'en goûter. Je trouvai ensuite sur de grands arbres plusieurs sortes de fruits semblables à des poires ou des coings : la plupart étant durs & d'un goût désagréable, je perdis toute espérance de ce côté.

A une lieue de ma grotte, je rencontrai un grand espace de terrein garni d'une plante basse formée d'une seule tige ligneuse, de six pouces de hauteur, d'où sortoit une tête ronde, d'un pied de diamètre, tout-à-fait plate, épaisse d'un pouce, & précisément semblable à un fromage à la crême posé sur son bord. Ces plantes croissent si serrées les unes contre les autres, que quoique les tiges en soient assez fortes pour ne rompre ni même plier que difficilement, le vent frappant contre ces têtes larges, les oblige à se toucher, ce qui forme un son musical très-agréable.

J'admirai quelque tems cet arbrisseau, & en ayant coupé un fruit, je trouvai qu'il pesoit près de deux livres. Son écorce ou enveloppe étoit dure, unie, & le dedans rempli d'une pulpe fibreuse & très-blanche. Je fis plusieurs autres essais de fruits, de racines, d'herbes & autres choses que je pus rencontrer ; mais j'en

Tome I.   H

tirai peu de satisfaction, par la crainte que j'avois de leur mauvaise qualité. Je m'en retournai donc en réfléchissant sur tout ce que j'avois vu, bien résolu d'amener ma voiture la première fois, & d'emporter chez moi une charge de ces différentes espèces de plantes, pour en essayer plus à loisir. Ma charrette étant plate & n'ayant point de côtés, je vis bien qu'elle porteroit peu de chose, & même que ce que je pourrois y charger tomberoit à la moindre secousse. Ainsi je fis du feu, & devins forgeron : je rompis avec beaucoup de peine une grosse clef, & l'ayant fait rougir, je la façonnai peu-à-peu comme une espèce de poinçon, dont je me servis pour percer des trous autour du fond de ma charrette, où j'enfonçai des bâtons de deux pieds de hauteur, que j'avois pointés exprès par le bout.

Ma charrette étant par ce moyen en état de porter une charge, je la traînai au bois, & coupant une petite quantité de chaque espèce d'herbes & de fruits que je pus trouver, & que je liai séparément, je revins le soir bien chargé, & tins conseil avec moi-même sur l'usage que je pourrois tirer de chacune.

J'ai déja dit que parmi mes meubles, j'avois un chaudron de cuivre qui tenoit environ quatre pintes ; je le mis sur le feu avec de l'eau, & fis bouillir tour-à-tour un peu de chaque espèce de mes denrées, que j'avois soin de remuer avec un bâton, & de visiter de tems en tems pour tâter si elles étoient cuites: mais de plus de vingt plantes que j'essayai, je n'en trouvai qu'une de mangeable; toutes les autres devenoient dures, fibreuses & insipides en cuisant. La seule que j'ai exceptée, étoit une plante dont les feuilles étoient rondes, épaisses & lanugineuses, qui s'attendrissoit en cuisant, & avoit le même goût que nos épinards. C'est pourquoi j'en conservai quelques feuilles pour la reconnoître, & je lui donnai le nom de cette herbe.

Je commençai ensuite l'essai de mes fruits par sept ou huit sortes différentes, qui ressembloient à des poires & à des coings; mais je trouvai qu'on n'en pouvoit rien faire, la plupart étant aussi durs & âcres au goût après la cuisson qu'auparavant. Enfin je fis bouillir ensemble de mes cornes de bélier & de mes fromages à la crème. En goûtant des derniers, je les trouvai si aqueux & si insipides, que je les rejettai comme inutiles. J'entamai l'autre, & j'en trouvai le jus si agréable, que j'en bus deux ou trois gorgées, après quoi je la rejettai dans le chaudron.

Après avoir fini l'examen de mes différentes plantes exotiques, j'eus envie de les examiner de nouveau quand elles seroient refroidies ; mais il n'y eut que les épinards dont je pus faire usage. J'essayai aussi plusieurs sortes de fruits à noyau & de noix ; presque tous étoient sans goût. Enfin je recommençai la visite des fruits, il ne s'en trouva que deux espèces dont je pus tirer quelque chose : je choisis les meilleurs, & je jettai les autres. Cette opération m'occupa une journée entière. Je débarrassai ma maison de tout ce qui n'étoit propre à rien, & je retournai examiner mon fromage qui étoit refroidi. Je le trouvai si sec & si dur, que je ne pus pas y mordre : j'allois le jetter aussi hors de ma grotte, en disant, va-t-en, fruit maudit (car j'avois pris l'habitude de prononcer tout haut ce que je pensois) ; cependant je m'arrêtai ; &, ne pouvant l'entamer avec les dents, je voulus essayer ce que mon couteau y pourroit faire. En effet, je commençai par la pointe, car je n'en avois fait cuire qu'un quartier. L'écorce étoit devenue si dure & si cassante, que le couteau n'y put entrer. En glissant dessus, il en détacha un peu d'une poudre fort blanche. Je vis alors qu'il étoit possible de le raper en poudre, à l'écorce près ; c'est pourquoi je le mis à part pour l'essayer encore une autre fois.

Pendant cette opération, la corne de bélier

étoit toujours sur le feu dans le chaudron; l'entendant bouillonner, & voyant qu'il n'y avoit plus qu'un peu de liqueur, je l'ôtai de dessus le feu, de crainte que le chaudron ne brûlât au fond, & je restai plus de deux heures sans y faire d'autre attention. De retour à ma grotte, je voulus laver le chaudron; j'eus de la peine à détacher la corne de bélier, qui tenoit au fond : en la tirant, elle emporta avec elle une substance glutineuse noirâtre, qui filoit comme de la gomme. J'en fus étonné, & je crus que c'étoit l'écorce de la corne de bélier qui étoit fondue : j'en mis un peu sur ma langue ; c'étoit la meilleure cassonade que j'eusse jamais goûtée.

Cette nouvelle découverte me fit plaisir ; je détachai tout ce qu'il y avoit de bon, que je mis près de ma grotte sur une grande feuille d'arbre, longue de deux pieds, & large à proportion, pour empêcher que cette liqueur ne coulât & ne se perdît en l'ôtant du chaudron. J'y trouvai un petit morceau du fromage, qui, sans doute, s'étoit détaché en le remuant : comme il étoit amolli, je le portai à ma bouche : c'étoit, peut-être, le morceau le plus agréable & le plus délicat. Cet heureux hasard m'engagea à essayer encore les meilleures de mes poires. Ainsi ayant rincé mon chaudron avec un peu d'eau, j'y fis cuire deux des meilleures poires coupées par quartiers, avec un peu de ma cassonade : cela me fit aussi un excellent manger.

Ayant si bien réussi, je résolus de faire encore un voyage avec ma charrette : pour cet effet, je pris la route du pont de pierre, pour voir ce que produisoit l'autre côté du lac. En marchant dans le bois, je rencontrai entr'autres choses beaucoup de grandes gourdes, qui, grimpant le long des arbres, portoient leurs fruits à vingt ou trente pieds de terre. J'en coupai un grand nombre de différentes formes, qui, avec quelques sortes d'herbes & de fruits nouveaux, firent toute ma récolte de ce jour-là. Je vous avouerai que j'eus bien de la peine à les conduire chez moi, car, arrivé au pont de pierre, je le trouvai si haut, joint à ce que le chemin en étoit plus rude que la pelouse ou la terre, que je ne pus passer. Je craignois d'ailleurs de rompre mes roues ou de faire sauter mes essieux. C'est pourquoi il me fallut décharger & porter toute ma pacotille à bras de l'autre côté du pont : cela fait, j'y traînai ma voiture sans crainte, mais pourtant avec précaution ; & ayant rechargé de nouveau, j'arrivai chez moi à bon port.

Je fus bien aise de l'acquisition que j'avois

faite ce jour-là. Maintenant, me disois-je, j'aurai plusieurs ustensiles nécessaires. Ainsi je passai les deux jours suivans à vuider mes gourdes. L'écorce m'en paroissant foible & pliante, j'allumai du feu, &, après les avoir mises sécher à une distance raisonnable, je sortis pour aller faire quelqu'autre chose ; mais, arrivé au logis pour examiner si mes gourdes étoient sèches, je me trouvai bien loin de mes espérances ; elles étoient toutes déjettées, & avoient perdu leur forme : j'en eus du chagrin ; cependant, en coupant les côtés, je vis que quelques-unes pourroient encore me servir, parce que le fond en étoit bon. Hé bien ! me dis-je alors, si j'ai perdu mes gourdes, j'ai gagné de l'expérience ; je les ferai sécher la première fois toutes entières, &, après en avoir durci l'écorce, j'essayerai de les vuider. Cette idée me plut si fort, que, dès le lendemain matin, j'allai avec ma charrette en chercher une autre charge, & je l'amenai à ma grotte avec les mêmes attentions que la veille, pour passer sur le pont. Ces gourdes séchées avec précautions se trouvèrent propres à divers usages, & j'en fis des plats, des bouteilles, des assiettes & autres vases.

Ensuite je fis provision de cornes de bélier ; j'en remplis un grand nombre de mes gourdes, ainsi que de la cassonade que j'en tirai. Je fis bouillir & sécher pareillement une grande quantité de mes fromages, que je suspendis pour m'en servir au besoin ; car depuis quelque tems j'en faisois du pain, en les réduisant en farine, que je pétrissois avec de la cassonade & de l'eau. Ce pain étoit si doux & si nourrissant, que j'aurois pu me passer de toute autre nourriture : cependant je le perfectionnai encore par la suite, en mêlant avec ma farine une petite quantité du suc laiteux de mes cornes de bélier, & le faisant cuire à mon âtre, en le couvrant de cendres. Cette liqueur, loin d'ôter au pain rien de sa douceur & de sa délicatesse, le rendoit beaucoup plus léger que n'auroit pu faire la cassonade seule.

Je ne craignis plus alors de mourir de faim; bien au contraire, je trouvois de jour en jour quelques mets nouveaux à ajouter à mes repas, tant pour le nécessaire que pour l'agrément de ma table, & j'étois fort satisfait de ma condition présente. La seule chose que j'avois à faire, étoit de me précautionner contre les maladies & la saison obscure. Les jours, qui diminuoient fort, m'avertissoient que cette dernière étoit prête à arriver. En effet, depuis six mois que j'étois entré dans la caverne, je n'avois point vu le soleil, quoiqu'il y eût peu de nuages, & encore moins de pluie ; le jour le plus clair reſsembloit tout-au-plus au crépuſcule d'un jour d'été d'Angleterre. Dans le premier tems, je ne remarquois preſqu'aucune différence entre le jour & la nuit ; ce que je puis appeller nuit, ou moindre clarté, étoit plus long que le jour ; & cette diminution arrivant peu-à-peu, je ſentois que bientôt il y auroit une obſcurité totale, telle que je l'avois éprouvée l'année précédente dans mon vaiſſeau.

CHAPITRE XIII.

L'auteur fait un magaſin pour lui ſervir dans la ſaiſon obſcure. Il entend des voix. Penſées à ce ſujet. Il ſe perſuade que c'eſt un ſonge. Il les entend encore : il ſe détermine à voir ſi quelqu'un habite dans le rocher, & ſe convainc qu'il n'y a perſonne. Réflexion ſur ce qu'il a vu. Il trouve une herbe qui reſsemble à de la ficelle ; il en fait un filet pour pêcher, & prend un monſtre : ſa deſcription. Il en fait de l'huile.

MA grotte étant bien fournie de toutes ſortes de proviſions d'hiver, j'attendis patiemment l'obſcurité totale ; je ſortois peu ; &, renfermé chez moi, je me précautionnai contre la rigueur du froid. Pour cet effet, je ramaſſai une grande quantité de roseaux ; &, après les avoir fait sécher, j'en étendis une bonne épaisseur dans ma chambre à coucher, & mis mon matelas par-dessus. Ensuite je me fis un double drap avec la voile que j'avois apportée pour couvrir mes effets ; &, cousant ensemble plusieurs des habits que je trouvai dans la caisse, j'en composai une couverture, de manière que j'étois couché assez commodément pour passer les longues nuits de l'hiver.

Un jour ou une nuit (car je ne sais lequel des deux) j'entendis clairement le son de plusieurs voix humaines, & quoique j'en distinguasse aisément les articulations, je n'en comprenois pas le moindre mot. Ces voix me paroissoient différentes de ce que j'avois jamais entendu ; elles avoient quelque chose de plus doux & de plus sonore. Je me levai fort étonné, je m'habillai, & pris mon sabre & mon fusil que j'avois soin de tenir toujours chargé. Dans cet équipage, j'allai dans mon antichambre, où j'entendis plus distinctement ces voix, qui peu-à-peu diminuèrent insensiblement. Après avoir fait le guet pendant quelque tems, n'entendant plus rien, je retournai dans ma grotte, & me jettai sur mon lit. J'eus envie de tenir la porte de mon antichambre ouverte, mais j'avoue que j'avois peur ; d'ailleurs, quand je l'eusse fait, il ne m'eût pas été possible de rien découvrir de loin, à cause de l'épaisseur du bois qui m'environnoit.

Cet événement singulier me fit naître mille imaginations. Je ne pouvois concevoir qu'il y eût dans mon royaume (car c'est ainsi que je l'appellois), d'autre créature que moi, & que je n'eusse jamais découvert aucune trace de leur habitation. D'un autre côté, quoique j'eusse parcouru tout le lac, n'ayant point fait le tour du bois auprès du rocher, il pouvoit s'y trouver d'autres grottes telles que la mienne. Je songeai que peut-être il y avoit quelque caverne aussi spacieuse que celle qui m'avoit amené dans le lac, & qu'enfin ce beau pays pouvoit être peuplé, quoique je ne m'en fusse point apperçu. Mais, me disois-je, s'il y avoit des habitans, resteroient-ils renfermés dans leurs tanières pendant le jour comme des bêtes sauvages, & ne sortiroient-ils que la nuit pour chercher leur proie ? Si cela est, ils me rencontreront, & tôt ou tard je ne manquerai pas de devenir leur pâture. Cette pensée me rendit plus sédentaire : je ne sortois presque plus que pour aller chercher de l'eau ou du bois. A la fin, n'entendant plus ces voix, & ne voyant plus personne, je me tranquillisai, & j'en vins à me persuader que c'étoit une illusion pure sans réalité. Quelquefois même, quoique je fusse certain d'être bien éveillé, quand je les avois entendus, je me figurois m'être levé en dormant, après avoir rêvé de voix; & je me rappellois différentes histoires qu'on m'avoit racontées dans mon enfance, de gens qui marchent en dormant, & des effets surprenans qui en résultent. A force de m'entretenir dans ces idées, toute l'impression que ces voix avoient faite sur moi s'évanouit.

J'avois joui à peine huit jours de cette tranquilité, que mes craintes se renouvellèrent en entendant les mêmes voix deux fois dans la même nuit, & seulement pendant quelques instans. Ce qui me faisoit plus de peine, étoit qu'à en juger par la foiblesse du son, elles étoient à une telle distance, que quand j'aurois ouvert ma porte, je n'aurois pu rien voir à travers les arbres, & je ne voulois point sortir du bois. Mais aussi je me proposai, en cas que ces voix approchassent de ma grotte, d'ouvrir ma porte, de voir ce que c'étoit, & de me mettre en défense, quoiqu'il en pût arriver: car, me disois-je, l'entrée de ma grotte est si étroite & si haute, qu'il ne peut s'y présenter qu'un homme à la fois. Si ce sont des sauvages, je puis aisément en dépêcher une vingtaine avant qu'ils se rendent maîtres de ma personne;

si, au contraire, ce sont des créatures sensibles & compatissantes, ce seroit un grand bonheur pour moi de faire société avec elles. J'avois ainsi formé mon plan; mais ayant été long-tems sans rien entendre, j'eus honte de mes frayeurs, & je redevins tranquille.

La clarté revenant, ramena aussi mes travaux. Je recommençai mes occupations ordinaires, & j'étois fortement tenté de parcourir toute la circonférence de mon domaine; je me disois à moi-même: il peut y avoir dans le rocher un passage pour aller dans quelqu'autre pays, d'où venoient les gens que j'ai entendus. Sitôt donc que les jours approchèrent de leur plus grande longueur, je me préparai pour ce voyage. J'avois si bien vécu chez moi depuis mon établissement dans ce pays, que je ne voulus pas m'en tenir à ce que je pourrois trouver dans le bois pour subsister, qui me coûteroit bien du tems à chercher, & peut-être ne seroit pas de mon goût. Ainsi je résolus de porter des provisions pour tout le tems que dureroit mon voyage. Quoique j'eusse fait le tour du lieu en deux jours, je sentis que j'aurois un chemin beaucoup plus long, & peut-être moins commode, en prenant le long du rocher: d'ailleurs, me ressouvenant de mon voyage en Afrique avec Glanlepze, & de l'embarras que nous avions eu à porter des fruits pour notre subsistance, je songeai donc à mettre ma provision de pain, de nourriture, & sur-tout de fruits sur ma charrette, & à la traîner avec moi.

Après m'être pourvu ainsi, je partis avec joie, & je fis ma route avec assez de facilité, quoiqu'en certains endroits je fusse obligé de me frayer un passage avec la hache, tant le chemin étoit garni de broussailles. Je visitai exactement le rocher de toutes parts le long de ma route; je n'y vis aucun passage, si ce n'est une ouverture dans laquelle j'entrai, & qui, au bout de quinze toises de longueur sur trois pieds de largeur, étoit terminée par le rocher solide.

Après avoir voyagé quelques jours, & fait mes observations sur les différentes plantes & les arbres que je rencontrois, je me trouvai un peu affoibli: j'eus envie de prendre pour mon souper du jus de corne de bélier: j'en coupai une, mais, en l'ouvrant, je n'y trouvai qu'une pulpe visqueuse d'un mauvais goût. Je supposai qu'elle étoit encore trop jeune pour donner un suc laiteux, d'autant plus que, quand j'en avois coupé l'année dernière, c'étoit trois mois plus tard. Ainsi en appercevant sur un autre arbrisseau une qui, à sa couleur plus foncée, me parut avoir passé l'hiver, je l'entamai, & la trouvai pleine de lait; je voulus la porter à ma bouche: ce lait étoit aussi sûr que le meilleur vinaigre. Comment! me dis-je alors, voilà de quoi faire mes sauces. Il me vint dans l'idée de préparer des gourdes pour y mettre du vinaigre, & m'en servir pendant l'hiver.

A force de marcher, j'étois presque arrivé à mon ruisseau, lorsque j'entrai dans un terrein tout couvert d'herbes entrelassées les unes dans les autres. Mes roues s'y embarrassèrent de telle sorte, qu'elles ne pouvoient plus avancer ni reculer. Je ne pouvois moi-même les débarrasser avec les mains; c'étoit comme autant de cordes qui arrêtoient ma voiture: il fallut employer la hache pour me faire un chemin à travers.

De ma vie je n'avois vu de plantes si longues ni si fortes que cette herbe; elle n'étoit pas plus grosse qu'une petite ficelle, & j'en arrachois des bouts de plus de cinquante pieds de long, encore étoient-ils cassés, de sorte qu'ils pouvoient bien en avoir le double. Ces filets étoient tellement tortillés ensemble, qu'il falloit bien de la patience pour les séparer. Ce qui m'étonna le plus, c'est que les brins qui paroissoient foibles & même pourris, se trouvoient être les plus forts. En examinant de près cette plante, je la trouvai composée d'un nombre infini de petits filets tortillés en ligne spirale précisément comme une corde. Je pensai aussitôt que cette herbe pourroit me tenir lieu de ficelle, faute de laquelle je m'étois souvent trouvé fort embarrassé, & je formai le dessein d'en emporter une charge à ma grotte. A la vérité, la difficulté d'en amasser beaucoup dans l'état où je la voulois, m'inquiétoit un peu : car, disois-je, si j'en coupe avec ma hache, comme j'avois eu envie de le faire d'abord, je n'aurai que de petites longueurs qui me seront inutiles : si, au contraire, j'en veux amasser de bien longs, il me faudra beaucoup de tems & de peine. En réfléchissant de quelle utilité cette herbe me seroit, j'essayai ce que j'en pourrois faire. Je me mis à l'ouvrage sur le champ, & coupant un brin près de la racine, je dégageai ce fil précisément comme un homme qui détordroit une corde. Quand j'en eus une longueur suffisante, je le coupai ; & recommençant la même opération, je parvins, en trois heures de tems bien employées, à en préparer une charge complette dans les longueurs qu'il me falloit. Cette tâche faite, je remplis d'eau ma gourde ; & ayant visité le reste du rocher, je m'en retournai chez moi par-dessus le pont de pierre.

Ce

Ce voyage, quoique long & fatiguant, me donna beaucoup de satisfaction. Persuadé que je n'avois dans mon domaine ni rivaux, ni ennemis à craindre, je me tranquillisai par l'impossibilité de venir dans le pays, à moins que ce ne fût par le même passage que moi; auquel cas, j'étois sûr qu'on ne pourroit jamais en sortir : je me raillai moi-même de mes idées sur ces voix, que je regardois comme une imagination creuse.

Le lendemain, je considérai ma charge d'herbe à ficelle; j'en séparai les brins suivant leurs longueurs. J'en trouvai plusieurs de quarante à cinquante pieds, & je me proposai d'en amasser encore un bon nombre pour en composer un filet, afin de pêcher dans le lac; &, deux jours après, j'en allai chercher une autre charge. Alors, je choisis un endroit uni sur la pelouse; & ayant préparé beaucoup de chevilles de bois courtes, j'étendis une ligne de ficelle d'environ dix pieds de long, que j'attachai par chaque bout à une cheville; j'enfonçai une rangée de chevilles le long de cette ligne, à un pouce de distance les unes des autres : ensuite je formai une autre ligne semblable & parallèle à quarante pieds de distance de la première, où j'enfonçai pareillement des chevilles pour répondre à celles de la première

Tome I. I

rangée. Alors, attachant d'une cheville à la cheville correspondante de l'autre ligne, une longueur de ma ficelle; & faisant la même opération à toutes les chevilles, mon ouvrage se trouva semblable aux cordes d'un clavecin. Ensuite, enfonçant des chevilles de la même manière dans toute la longueur des deux longues lignes extérieures, j'attachai d'une cheville à l'autre des ficelles plus courtes, qui traversoient les longues lignes, de sorte que mon ouvrage ressembloit aux carreaux d'une raquette. Puis, ayant assujetti les angles de chacun de ces carrés avec de petits bouts de la même herbe, que je liai fortement, je me trouvai avoir un filet complet, large de dix pieds, & long de quarante.

Quand j'eus achevé cet ouvrage, j'entortillai plusieurs pierres dans des chiffons, que j'attachai au bas pour le faire enfoncer dans l'eau; & je liai à sa partie supérieure de petites gourdes sèches pour la faire surnager. Pour lors il me prit envie d'aller pêcher, & je portai mon filet dans ma chaloupe à cette intention. Après deux ou trois essais, dans lesquels je pris quelques petits poissons noirâtres sans écailles, je vis que mon filet ne pouvoit pas me servir, faute de longueur, & je le laissai dans la chaloupe, résolu de l'allonger au plutôt. De retour à ma grotte, je soupai de ma pêche, & me mis aussi-tôt à examiner les moyens de suivre mon entreprise avec plus de succès.

Je me pourvus donc d'une autre provision de ficelle, & j'en formai une portion de filet de même hauteur, que je joignis à la première ; & l'attachant par un bout sur le bord du lac avec une perche que j'avois enfoncée exprès, je me mis dans ma chaloupe avec le filet, & embrassai une espace d'eau en rond, puis revenant à terre, je tirai mon filet hors de l'eau par les deux bouts. Je vis qu'il étoit maintenant en bon état, & que j'avois trouvé la bonne façon de m'en servir ; car en cinq coups je pris environ seize poissons de trois ou quatre espèces différentes, & entr'autres un coquillage à peu près semblable à une écrevisse, quoique sans grosses pattes, & avec une queue petite & courte. Cette singularité, jointe à ce qu'il avoit le corps aussi long qu'une écrevisse, me fit penser qu'il ne nageoit point en arrière comme elle ; ses pattes plus courtes & plus fortes étoient toutes disposées en devant, & sa queue servoit à empêcher par son mouvement la partie de derrière de traîner, comme j'eus lieu de le remarquer, lorsqu'il fut sur la terre, qu'il frappoit souvent avec sa queue courte. Me trouvant riche en provifions, j'en mangeai une partie fraîche, & je salai le reste : par l'événement, mon écrevisse se trouva un manger délicieux.

Voyant donc que je pouvois avoir du poisson, je n'eus point de cesse que mon filet ne fût encore agrandi : car quoiqu'il fût suffisant pour ce qui me falloit de poisson, j'avois remarqué que, même après l'avoir allongé, je ne pouvois embrasser qu'un petit espace d'eau. Je me mis donc à l'ouvrage, & en peu de tems je parvins à en doubler les dimensions. J'eus envie alors de l'aller essayer auprès de l'embouchure de mon ruisseau : ainsi le prenant avec moi, la première fois que j'eus besoin de faire provision d'eau, je l'attachai à ma perche au côté droit du ruisseau, & je fis un long circuit jusqu'au côté gauche ; puis joignant les deux bouts, je voulus le tirer dans le canal du ruisseau. Quand j'eus amené les deux tiers du filet, je sentis une résistance qui m'étonna ; j'avois peine à ne pas céder à la force qui tiroit contre moi ; je fus obligé de m'asseoir, & cramponant mes pieds, je tirai si fort, qu'à la fin je l'emportai, & j'amenai à terre un monstre hideux. Je fus prêt à me sauver dès que je l'apperçus ; mais considérant que l'animal, quel qu'il fût, étant embarrassé dans mon filet, ne pourroit pas faire autant de résistance sur terre que dans l'eau, je traînai le filet aussi loin du ruisseau que mes forces le permirent ; puis courant chercher mon fusil dans la chaloupe, je retournai examiner ma prise. J'avoue que d'abord je n'eus pas assez de résolution pour approcher ; ensuite reprenant courage peu-à-peu, je la trouvai si singulièrement construite, qu'à peine en pouvois-je distinguer les parties. Alors prenant un des bouts du filet pour débarrasser l'animal, je vis la chose la plus surprenante ; il s'éleva tout droit de la hauteur d'environ trois pieds ; tout son corps étoit couvert de long poil noir, semblable à celui d'un ours, depuis la tête jusqu'aux pieds. Il avoit deux nageoires larges & longues, qui, quand il étoit droit, ressembloient à des bras, qu'il remuoit en cercle avec une vîtesse incroyable. J'en fus étonné d'abord ; mais je vis bientôt après que c'étoit le mouvement de ses nageoires qui le faisoit tenir droit : car quand elles cessoient de se mouvoir, il retomboit sur le ventre. Il avoit deux grands pieds, sur lesquels il se dressoit, mais il ne pouvoit pas courir, ce qui fit que je me hâtai moins de de le dépêcher. Après avoir resté environ quatre minutes sur ses pieds à se battre les flancs de ses nageoires, il retomba sur le ventre.

Persuadé qu'il ne pouvoit pas m'attaquer, je m'avançai un peu plus : à mon approche il se releva & agita ses nageoires comme auparavant. Ce fut alors qu'en le considérant de tous côtés, je vis qu'il n'avoit point de queue; que ses nageoires de derrière ou pieds assez semblables à ceux d'une grande grenouille, avoient au moins dix pouces de largeur & dix-huit de longueur, depuis le talon jusqu'au bout des doigts; & que ses jambes étoient si courtes, que quand il se dressoit, ses cuisses posoient par terre : son ventre me parut large & d'une couleur cendrée, aussi-bien que sa poitrine. Ses yeux petits & bleus, plus ovales que ronds, avoient une grande tache noire dans le milieu. Il avoit un long museau comme un ours, & armé de grandes dents. Après l'avoir examiné vivant près d'une demi-heure, je le fis relever encore & lui tirai un coup de fusil. Il jetta un grand cri ou hurlement, & tomba mort.

J'eus alors le tems de visiter le reste de ma capture; & retournant mon filet, j'y trouvai quelques poissons que je connoissois déja; quelques autres d'une forme plus plate, & une petite masse de chair informe. Cette dernière me parut être le frai de celui que je venois de tuer.

Je crus qu'il me faudroit couper ce grand animal par morceaux pour le mettre dans la chaloupe, tant il étoit pesant. Après avoir embarqué le reste, je tirai celui-ci à bord avec assez de peine ; puis ayant rempli mon tonneau, je repris le chemin de ma maison. Arrivé à terre, je fus obligé d'aller chercher mon chariot pour conduire à ma grotte mon poisson-bête ; car c'est ainsi que je le nommai. J'eus d'abord envie d'en goûter, & en cas que sa chair me semblât bonne, de saler ou sécher le reste. Ainsi l'ayant écorché & vuidé, j'en fis griller un morceau : la graisse qui en découloit s'enflammoit, & sa chair se trouva si dure, que je n'en pus manger.

Je commençai alors à regreter la peine que j'avois prise inutilement ; dans l'effort que j'avois été obligé de faire, mon filet s'étoit déchiré à deux ou trois endroits. J'étois prêt à jetter cet animal ; cependant étant accoutumé à réfléchir sur tout, je voulus l'examiner encore avant de le jetter, & je ne tardai pas à changer d'avis. Voilà, me dis-je, une peau bien chaude, qui, en la faisant sécher, pourra me faire un bon coussin. Il y avoit déja long-tems que je n'avois pas d'autre lumière que celle du jour ; voyant donc que la graisse qui étoit sortie en si grande quantité d'un petit morceau que j'avois fait rôtir, s'enflammoit aifément, ne pourrois-je pas, continuai-je, en le faifant bouillir, en tirer du fuif ou de l'huile ? Si j'en viens à bout, je n'aurai pas fi mal employé mon tems que je croyois.

J'y travaillai fur le champ (car je ne laiffois jamais réfroidir un projet dès qu'il étoit formé) j'en fis bouillir tant que mon chaudron put en tenir ; puis la laiffant refroidir, je trouvai que toute la graiffe s'étoit changée en une huile très bonne à brûler. Ce fuccès excita mon induftrie ; je continuai mon opération, & j'en tirai dix pintes d'huile qui me dédommagèrent bien de ma peine. Cet animal étant fortement imprimé dans mon imagination, y fit naître une idée nouvelle en fongeant aux cris qu'il avoit fait en mourant, je cherchai à me perfuader, & je parvins à croire que les voix que j'avois entendues pendant la faifon obfcure, venoient d'un nombre de ces animaux ou poiffons qui jouoient dans l'eau ou fur le bord du lac. Cette idée ne contribua pas peu à diffiper mes craintes.

CHAPITRE XIV.

L'auteur entend les voix pendant l'hiver, sort & voit un spectacle singulier sur le lac : il en est troublé. Songe. Soliloque. Il entend encore les voix. Quelque chose tombe brusquement sur sa maison : il trouve une femme qu'il croit morte ; il la fait revenir. Description de cette femme ; elle reste avec lui.

J'AVOIS passé l'été fort agréablement, quoique je n'eusse pas encore vu le soleil : je m'étois occupé à l'ouvrage que je viens de décrire ; j'avois pris encore deux poissons bêtes qui m'avoient donné beaucoup d'huile : je m'étois fabriqué une cheminée dans mon antichambre, avec des briques faites de terre & de vase, & cuites dans mon âtre. J'avois pratiqué à un bout de cette chambre une fenêtre pour recevoir chez moi le peu de lumière qui venoit à travers des arbres, quand je ne voudrois pas ouvrir ma porte. J'avois fabriqué une lampe de terre pour brûler mon huile : enfin j'avois travaillé à amasser des provisions, tant fraîches que salées, pour tout l'hiver. Telles avoient été mes occupations dans la belle saison. A présent que l'hiver approchoit, & que les jours devenoient fort courts, ou plutôt qu'il n'y avoit plus qu'une espèce de crépuscule, je restois le plus souvent dans ma maison, moins cependant que l'hiver précédent, faute de lumière je passois presque tout mon tems à dormir ou à me tranquilliser; car à présent ma lampe restoit toujours allumée. Je me fis une couverture de lit avec deux peaux de poissons-bêtes, & une troisième servit à fabriquer un coussin pour m'asseoir; & je vous assure que ce coussin étoit bien doux & fort chaud. Tout cela me rendoit la vie agréable & même assez commode.

Quelqu'un dira peut-être, en lisant ceci: que vouloit-il donc de plus? En effet je fus content, tant que ma situation resta telle que je viens de la décrire: mais quelque-tems après, l'obscurité étant venue, les voix se firent entendre de nouveau, tantôt en petit nombre, tantôt beaucoup à la fois; mes craintes se renouvellèrent, & il me prit une mélancolie profonde. J'entrepris follement à diverses reprises de mettre la tête à la fenêtre, pour découvrir d'où partoient ces voix extraordinaires, quoique je sçusse fort bien qu'il faisoit trop sombre pour rien appercevoir.

En réfléchissant mieux, je demeurai convaincu que ces voix ne pouvoient pas venir des poissons-bêtes, comme je l'avois conjecturé d'abord : c'étoit plutôt de quelques créatures capables de sons articulés; mais de qui, & où étoient-elles ? C'est ce que je ne savois pas; & cette ignorance m'inquiétoit fort.

Un jour ou une nuit, car je ne sçai lequel des deux, j'entendis les voix très-distinctement; je me jettai à genoux, & ayant prié dieu avec ardeur de dissiper mes craintes, & de mettre fin à mon incertitude, je repris courage, & m'armant de mon fusil, de mes pistolets & d'un sabre, je sortis de la grotte, & m'avançai doucement dans le bois : je les entendis alors bien plus distinctement qu'auparavant, & il me fut aisé de découvrir de quel côté elles venoient. Je marchai en avant jusqu'à la bordure du bois, d'où je pouvois discerner le lac au brillant de l'eau. Je crus appercevoir une flotte de petites chaloupes qui en couvroient un grand espace, & qui n'étoient pas loin du pont. Cette vue me troubla étrangement, ne pouvant imaginer d'où elles venoient, ni où elles alloient; je supposai qu'il y avoit dans le lac quelque passage, autre que celui par lequel j'avois abordé en débouchant de la caverne, & qu'assurément c'étoit par là qu'elles étoient venues, de quelqu'endroit dont je n'avois encore aucune connoissance.

Tandis que je m'occupois de cette idée, j'entendis les gens de ces chaloupes rire & folatrer ensemble, sans pourtant rien distinguer de ce qu'ils disoient, à cause de leur éloignement. Je vis bientôt après toutes ces chaloupes (car je les supposois telles) se mouvoir & s'avancer du côté du pont. Dans un instant, quoique je fusse sûr qu'aucune chaloupe n'étoit entrée dans le passage, je vis sur la côte opposée du lac une multitude de gens qui tous marchoient vers le pont; & ce qui me parut le plus surprenant, c'est qu'il n'y avoit plus sur le lac la moindre apparence de chaloupes. Je fus alors plus consterné qu'auparavant : mon trouble augmenta encore bien davantage, quand je vis toute cette bande traverser le pont, comme pour venir de mon côté. Le courage m'abandonna, & j'étois prêt à fuir vers la grotte pour m'y cacher. Cependant les regardant encore une fois, je les vis tous s'élancer de dessus le pont les uns après les autres ; il me sembloit qu'il se jettoient dans l'eau, & bientôt ils s'élevèrent dans les airs comme des oiseaux : ils ne tardèrent pas à parcourir le lac, jouant & folatrant ensemble à une telle hauteur que je les perdis de vue. Je jettai les yeux vers le pont & sur le lac, il n'y avoit ni chaloupe, ni homme, & je n'entendis plus le moindre bruit.

Je retournai à ma grotte, l'esprit rempli de cette aventure surprenante, maudissant ma mauvaise fortune de m'avoir conduit dans un pays où je devois selon les apparences ignorer toujours ce qui se passoit autour de moi. Hélas! disois-je, si je suis dans une terre habitée par des esprits, comme je n'ai guère lieu d'en douter, qui pourra me garder contre eux? Je ne serai jamais sûr, pas même dans ma grotte. Le moyen de trouver quelque sûreté contre des êtres qui voguent sur l'eau sans bateau, qui volent dans les airs sans aîles, comme j'en viens d'être témoin, & qui d'un moment à l'autre peuvent se transporter partout où il leur plaît? Dans quel état misérable suis-je réduit? J'aurois été bien aise de trouver ici des habitans, & de pouvoir converser avec des hommes. N'y en ayant point, comme je l'ai supposé jusqu'ici, je me consolois en pensant que du moins je serois à l'abri des maux auxquels sont sujets les hommes vivant en société. Qui sçait maintenant ce qui peut m'arriver d'une heure à l'autre? Que sçai-je même si au moment que je parle & que je maudis mon sort, ces êtres ne connoissent pas mes pensées, & ne méditent pas une vengeance terrible contre moi, pour me punir de ce que ne les vois pas avec plaisir.

L'accablement de mes esprits m'invitant au repos, je me couchai, sans pouvoir fermer l'œil; rien ne soulageoit mes inquiétudes, pas même la confiance que j'avois mise dans la providence divine; & ce trouble n'étoit causé que par mon incertitude sur la réalité de ce que j'avois vu & entendu, & par le desir violent de connoître ces créatures qui venoient de s'envoler à mes yeux.

L'animal le plus féroce, le sauvage, le plus cruel qui seroit venu à ma rencontre, & m'auroit obligé de défendre ma vie, m'auroit donné beaucoup moins de trouble; ce qui l'augmentoit encore, étoit l'impossibilité apparente de voir finir mes craintes. Ne pouvant donc fermer l'œil, je pris le parti de me lever encore. Mais comment me fuir moi-même & me dérober à mes réflexions? Tous les efforts que je fis pour me procurer du repos, furent inutiles.

Au plus fort de mon chagrin, j'eus recours à la prière, & je n'en tirai pas peu de soulagement : je demandai à dieu d'écarter l'objet de mes craintes, ou du moins de résoudre mes doutes & de les faire tourner à mon avantage. Je me trouvai, ainsi que je l'avois déja éprouvé d'autres fois, beaucoup plus tranquille ; je conçus de meilleures espérances, & j'en vins presqu'au point de me croire hors de danger. Dans cet état je me recouchai & dormis d'un sommeil paisible, qui dura jusqu'à ce que je fus réveillé par le songe que voici.

Il me sembloit que j'étois à Cornouaille chez la tante de ma femme, & que m'informant d'elle & de mes enfans, cette bonne parente me disoit que tous avoient cessé de vivre depuis quelque tems, & que ma femme lui avoit recommandé en mourant de me dire qu'elle étoit allée au lac, où je pouvois compter de la trouver, & que nous y vivrions heureux ensemble. J'allois donc pour la voir, quand elle m'arrêta en chemin, en criant, où vas-tu si vîte, Pierre ? Je suis ta femme, ta chère Patty. Je ne l'aurois pas remise, tant elle étoit changée, sans le son de sa voix. En la regardant de plus près, elle me sembla la plus belle créature que j'eusse jamais vue. J'allois la prendre dans mes bras, lorsque le trouble de mes esprits m'éveilla.

Quand je fus levé, je restai chez moi, ne me souciant pas alors de sortir. Mon songe m'occupoit tout entier, & je n'avois que Patty dans la tête. Hélas ! m'écriai-je, que je serois heureux, si je pouvois la tenir dans cette solitude ! Que n'est-ce une réalité plutôt qu'un songe ! J'en étois cependant si frappé, que j'eus peine à m'empêcher de courir au lac pour voir si je la rencontrerois. A la fin rappellant ma raison, je connus ma folie, & je me tranquillisai. Cependant je m'écriai : quoi n'avoir personne avec qui converser ! Personne qui puisse m'aider, me consoler ! Quel état triste ! Je continuai ainsi à me plaindre tant que je me sentis fatigué. Alors j'entendis tout d'un coup les voix qui revenoient. Ecoutons, dis-je, les voilà encore. Eh bien j'y suis résolu, il faut me montrer, quoi qu'il en puisse arriver. Ce n'est point la solitude que je crains ; me voir environné de gens de toutes parts, sans savoir qui, est pour moi une situation mille fois pire que tout ce qu'ils pourroient me faire souffrir.

Pendant ce soliloque, les voix augmentèrent, & ensuite diminuèrent par degrès comme à l'ordinaire. Je me saisis de mon fusil, & j'allois sortir, pleinement déterminé à me montrer, lorsqu'il tomba quelque chose sur

le

le toit de mon antichambre ; tout l'édifice en fut ébranlé ; la frayeur me saisit ; j'entendis en même tems un grand cri ; & un mouvement qui se fit auprès de la porte de mon appartement, acheva de me troubler jusqu'au fond de l'ame. Cependant déterminé à voir ce que c'étoit, j'ouvris résolument ma porte & je sortis ; je ne vis personne ; tout étoit tranquille, & rien ne se présenta à moi que mes craintes. J'allai ensuite doucement au coin de mon bâtiment, & regardant par terre à la lueur de ma lampe qui étoit posée sur la fenêtre, je vis étendu à mes pieds quelque chose qui ressembloit à un homme. Qui êtes-vous ? m'écriai-je. Point de réponse. Le courage, les forces m'abandonnèrent, je restai quelque tems sur la place aussi immobile qu'une statue : enfin reprenant mes sens, le courage me revint ; j'allai chercher ma lampe, & à mon retour je vis cette même figure charmante, sous laquelle Patty m'avoit apparu en songe. Sans porter plus loin mes réflexions, je crus véritablement la voir devant moi ; d'abord je la crus sans vie. En regardant de tous côtés, car jusqu'alors je n'avois pas détourné mes yeux de dessus son visage, je trouvai qu'elle avoit autour de la tête une espèce de tresse, comme un ruban auquel étoient attachés & entortillés ses cheveux: elle me parut couverte d'une étoffe de soie mince, de couleur de chair; en essayant de la soulever, je lui sentis encore un reste de chaleur qui me fit penser qu'elle n'étoit pas morte. Je la pris donc dans mes bras, & marchai en arrière quelques pas; ma lampe se renversa. Je l'emportai avec moi dans ma grotte sans voir clair, & après l'avoir couchée sur mon lit, j'allai rechercher ma lampe.

Voilà une aventure bien singulière, disois-je. Comment Patty a-t-elle pu venir ici, habillée de soie & de baleine? Je ne pense pas que ce soient là les habillemens à la mode en Angleterre. Dans mon rêve elle étoit morte: aussi paroît-elle l'être. Quoi qu'il en soit, elle est encore chaude. Je ne saurois dire si c'est ici le lieu que l'on va habiter après la mort; car je vois qu'il y a du monde, quoique je ne le connoisse pas; à bon compte elle me paroît de chair & d'os. Si je puis parvenir à la faire revenir & à la posséder comme ma femme, ce sera toujours un agrément & une consolation pour moi. Sans doute elle ne seroit pas venue ici, si ce n'eût été pour mon bien.

Rempli de cette idée, je rentrai dans ma

grotte, & après en avoir fermé la porte, je rallumai ma lampe. Puis allant auprès de ma Patty, car je m'imaginois toujours que c'étoit elle, je crus lui voir remuer un peu les yeux. J'éloignai la lampe, de peur de lui incommoder la vue, si elle venoit à la tourner de ce côté; & faisant chauffer le dernier verre que j'avois réservé de mon vin de Madère, je le lui portai; elle étoit toujours sans mouvement. Je supposai alors que sa chute l'avoit blessée considérablement; je portai ma main sur son sein, & je sentis que son cœur battoit encore. J'en fus enchanté, & reprenant espérance, je trempai mon doigt dans le vin; j'en humectai ses lèvres deux ou trois fois, & je crus sentir qu'elle les ouvroit un peu. Je m'avisai d'aller prendre une cuillère à thé, & je m'en servis pour lui verser dans la bouche quelques gouttes de ce vin. Voyant qu'elle l'avoit avalé, je lui en donnai une seconde cuillerée, puis une troisième, jusqu'à ce qu'enfin elle reprit ses sens peu-à-peu, & se mit sur son séant. Tout cela se passoit à la lueur foible que fournissoit ma lampe d'un coin de ma chambre où je l'avois placée, comme j'ai déja dit, hors de la portée de sa vue.

Je lui fis alors diverses questions, comme

si c'eût été Patty, & qu'elle eût pu m'entendre. De son côté elle me parloit un langage auquel je ne connoissois rien, d'un ton vraiment sonore, & avec les plus doux accens que j'eusse jamais entendus. Je fus chagrin de ne pas comprendre ce qu'elle me disoit : cependant croyant qu'elle pourroit peut-être se lever & se tenir de bout, je voulus l'aider à sortir du lit. Quelle fut ma surprise en la touchant ! D'un côté il sembloit qu'elle fût encaissée dans de la baleine, & en même tems elle étoit aussi douce & aussi chaude que si elle eût été toute nue.

Je la pris dans mes bras, & la raportant dans mon antichambre, j'essayai d'entrer avec elle en conversation. Je vis bien qu'il falloit renoncer à son entretien, à moins que je n'apprisse sa langue, ou elle la mienne. Mon songe m'avoit tellement préoccupé l'esprit de Patty & de son changement, que je ne pouvois me persuader que l'objet présent à mes yeux ne fût pas elle ; cependant après un peu plus de réflexion, je sentois que Patty, quelque jolie qu'elle m'eût semblé, n'approchoit pas de cette belle créature.

Il est vraisemblable que les mêmes troubles nous agitoient l'un & l'autre ; & je ne doute pas qu'elle ne fût aussi surprise que moi, de la manière dont nous nous trouvions enfemble. Je lui offris de tout ce qu'il y avoit dans ma grotte, & que je crus propre à lui plaire elle en accepta plufieurs chofes avec reconnoiffance, à en juger par fes regards & fes geftes. Mais elle évitoit avec foin la lueur de ma lampe, & lui tournoit toujours le dos. J'en fis la remarque, & croyant qu'elle n'agiffoit ainfi que par modeftie, je ne voulus pas la gêner; j'avois attention moi-même de la placer de la manière qui lui étoit agréable, quoique je me privaffe par là de la vue d'un objet qui me plaifoit infiniment.

Après être reftés tous les deux affis quelque tems à jargonner fans nous entendre, elle fe leva & fit plufieurs tours dans mon appartement. Dans cette attitude, fes graces & fes mouvemens me charmèrent, tant fa taille étoit parfaite; mais la fingularité de fon habillement m'embarraffoit furieufement; je ne pouvois concevoir ce que c'étoit, ni comment elle s'en couvroit.

Nous foupâmes enfemble; je lui fervis tout ce que j'avois de meilleur. Quoique nous ne puffions pas nous entendre l'un l'autre, nous ne pûmes nous empêcher de parler chacun notre langage. Après le fouper je lui donnai quelques verres de liqueur qu'elle but avec plaisir; & par des gestes tout-à-fait intelligibles, elle me remercia de mes attentions. Quelque tems après lui montrant mon lit, je lui fis signe d'aller s'y coucher; elle parut allarmée de cette proposition, jusqu'à ce que je lui eusse fait entendre où je comptois coucher moi-même, en me montrant du doigt, & ensuite un autre lit. Dès qu'elle m'eût compris, elle se coucha sans façon. Pour moi je remis en place tout ce dont nous nous étions servi pour le souper: je couvris mon feu, & me couchai aussi. Car le moyen d'avoir aucun soupçon, ni d'appréhender aucun danger d'une créature aussi charmante ?

Je la traitai quelque tems avec tous les égards possibles, sans vouloir souffrir qu'elle fît la moindre chose de mon ouvrage. Il étoit bien incommode pour tous les deux d'avoir l'usage de la parole, & de ne pouvoir nous exprimer que par des signes. Je vis avec un plaisir véritable qu'elle se donnoit toutes les peines possibles pour apprendre à parler comme moi. A la vérité je n'étois point en reste, & je tâchois aussi de l'imiter en tout. Ce qui me surprit le plus dans les premiers tems, fut qu'elle ne marquât aucune inquiétude de se voir renfermée : car dans les commencemens je tenois ma porte toujours bien close, de crainte de la perdre, & je m'attendois qu'elle ne manqueroit pas de profiter de la première occasion pour s'enfuir & me quitter; je ne pensois guère alors qu'elle pût voler.

CHAPITRE XV.

Wilkins appréhende de perdre sa nouvelle maîtresse. Ils passent ensemble tout l'hiver, & commencent à apprendre la langue l'un de l'autre. Longue conversation entr'eux. Elle vole devant lui. Ils s'engagent à vivre ensemble comme mari & femme.

QUAND ma nouvelle maîtresse eut passé quinze jours avec moi, je m'apperçus que mon eau baissoit. L'idée de la quitter pour en aller faire provision m'inquiétoit, & je le lui fis entrevoir par une tristesse apparente. D'abord elle n'en pouvoit concevoir l'objet. Cependant me voyant troublé, elle conjectura que c'étoit mon inquiétude pour elle qui me rendoit si rêveur; elle me fit entendre par des gestes assez clairs que pouvois être tranquille, & qu'il ne lui arriveroit aucun mal en mon absence. Alors je la priai de mon mieux de ne point sortir avant mon retour. Sitôt qu'elle l'eut compris, elle s'assit les bras croisés & appuya sa tête contre la muraille, pour m'assurer par cette attitude qu'elle ne bougeroit point. Cependant comme j'avois auparavant attaché une corde en dehors de la porte, je l'accrochai par précaution à un arbre, de crainte d'accident, quoiqu'en effet elle n'eût pas le moindre dessein de s'en aller.

Je pris donc ma chaloupe, mon filet & mon tonneau, comme à l'ordinaire : j'avois envie de rapporter au logis du poisson frais pour dîner, & je réussis si bien, que j'en pêchai de quoi faire plusieurs repas, & même pour en garder. Je salai ce qui en restoit, & je trouvai qu'elle l'aimoit mieux salé de quelques jours, que frais, quoiqu'elle ne goûtât pas avec autant de plaisir celui qui étoit salé plus anciennement. Mon sel diminuoit aussi, quoique je l'eusse épargné tant que j'avois pu : j'étois résolu d'essayer à en faire d'autre, & en effet, j'en vins à bout l'été suivant.

Nous passâmes ainsi le reste de l'hiver ensemble jusqu'à ce que la saison devînt assez claire, pour que je pusse sortir un peu vers le milieu du jour : je n'appréhendois plus qu'elle me quittât; car si elle l'eût voulu, elle en eût bien trouvé mille occasions pour une, & elle ne l'avoit jamais tenté.

Il faut que je fasse ici sur notre conduite une observation qu'on aura peine à croire. C'est qu'étant de sexe différent, ayant chacun des desirs particuliers, enflammés d'amour l'un pour l'autre, sans que rien pût mettre obstacle à notre satisfaction, nous avions vécu seuls sous le même toit pendant cinq mois, conversant ensemble du matin au soir ; (car pendant ce tems elle avoit appris assez bien l'anglois, & moi sa langue) sans que je l'eusse jamais embrassée, ni que je lui eusse marqué d'autres desirs que ceux qu'une complaisance continuelle pour tout ce qu'elle souhaitoit, pouvoit lui faire entrevoir. Je puis certifier même que je ne savois pas encore que son habillement fût naturel, & non un ouvrage de l'art ; réellement je le croyois de soie : il est vrai que je ne l'avois jamais vu qu'à la lueur de ma lampe. Sa modestie & la douceur de sa conduite avec moi, m'avoient donné une telle appréhension de lui déplaire, que, quoique rien au monde ne fût plus propre à inspirer de la passion que ses charmes, je serois mort plutôt que de la saluer même, si je n'en avois eu un prétexte tout naturel.

Le tems étant devenu plus clair & les jours plus longs, je pris sur moi un jour de lui proposer une promenade jusqu'au lac. D'abord elle s'en excusa avec douceur sur ce qu'elle détestoit cette grande clarté du jour : puis regardant dehors, elle me dit que, pourvu que je ne sortisse pas du bois, elle m'y accompagneroit ; nous convînmes donc d'y aller faire un tour. J'avançai le premier fur le feuil de la porte, & le croyant trop élevé pour elle, je la pris dans mes bras pour la paffer de l'autre côté. En la tenant de cette maniere, je ne favois que penfer de fon habit, tant il me paroiffoit jufte & ferré. Quand je la vis dans le bois à un jour plus naturel & plus vrai que la lumière de ma lampe, je la priai de me dire de quelle étoffe de foie ou autre fon habit étoit fait ? Elle fourit, & me demanda fi celui que je portois fous ma jaquette, n'étoit pas de même ? Non vraiment, lui répondis-je, je n'ai autre chofe fous mes habits que ma peau. Que voulez-vous dire ? répliqua-t-elle, avec quelque aigreur. En effet j'ai toujours craint que ce vilain habit que vous portez, ne couvrît quelque chofe que vous ne voulez pas que l'on voye. N'êtes-vous pas un Glumm (1) ? Oui, belle créature, lui dis-je. (Quoiqu'elle me parlât dans ma langue, elle y mêloit toujours quelques mots de la fienne.) Hé bien, dit-elle, je crains que vous n'ayez été un méchant homme, & que vous ne foyez crashée (2) ; franchement j'en ferois défefpérée. Je fuis perfuadé, lui

---

(1) Un homme.
(2) Mutilé.

répondis-je, qu'aucun de nous n'est aussi parfait qu'il devroit l'être; je compte pourtant que mes crimes ne sont pas plus énormes que ceux des autres hommes. J'ai essuyé dans ma vie bien des traverses; mais la providence m'ayant enfin établi dans ce pays, d'où il y a apparence que je ne sortirai jamais, je ne regarde pas comme une de ses moindres faveurs, de m'avoir donné en vous la compagnie du plus excellent de ses ouvrages, & je lui en rendrai grace toute ma vie. Surprise de ce discours, elle répliqua : si vous ne cherchez pas à m'en imposer, & que réellement vous ne soyez pas crashée, pourquoi dites-vous que vous ne voyez pas jour à sortir jamais d'ici? N'avez-vous pas les mêmes voies que moi & tous les autres pour vous en aller? Je crains vraiment que vous ne soyez mutilé : autrement (continua-t-elle en maniant les pans de mon habit) vous ne porteriez pas cette couverture embarrassante : vous rougissez sans doute, de montrer sur votre habit naturel des preuves d'une mauvaise vie.

J'avois beau rêver, je n'appercevois aucun moyen de sortir de mon domaine; cependant, pensois-je, s'il n'y avoit pas quelque issue, elle ne parleroit pas si positivement. Quant à mon habit & à me montrer tout nud, cette idée me faisoit rougir; sans la honte qui me retenoit, je me ferois deshabillé pour la fatisfaire. Madame, lui dis-je, vous vous trompez ; j'ai parcouru tous les recoins de ce nouveau monde, je n'y ai point trouvé d'iffue, & même je fuis certain qu'il n'eft pas poffible de retourner par le même chemin que je fuis venu. Quoi, dit-elle, que voulez-vous dire, & quelle route pouvez-vous fouhaiter que celle par où vous êtes venu ? Si vous n'êtes pas crashée, l'air ne vous eft-il pas ouvert ? Ne pouvez-vous pas vous y promener comme les autres ? Je vous le répéte encore, monfieur, je crains que nous n'ayez été mutilé pour vos crimes ; quoique vos bontés pour moi m'engagent à vous aimer de tout mon cœur, fi je le croyois, je ne refterois pas un moment avec vous ; je ferois au défefpoir de vous quitter, mais je ne pourrois m'en difpenfer.

Je me trouvois dans un étrange embarras : qu'entendoit-elle par être mutilé ? Il me paffoit à ce fujet mille idées fingulières par la tête ; j'entendois affez bien le fens naturel de ce mot, mais je ne favois de quelle manière ni par quelle figure de difcours elle m'en faifoit l'application. Enfin voyant qu'elle me regardoit avec un peu de colère : madame, lui dis-je, ne vous fâchez point, je vous prie, daignez m'apprendre ce que vous voulez dire par le mot crashée, que vous répétez fi fouvent ; j'en ignore abfolument la signification. Monsieur, me dit-elle, répondez-moi d'abord : par où êtes-vous venu ici ? Madame, répliquai-je, il est aisé de vous satisfaire ; venez vous promener jusqu'au bord du bois, & je vous montrerai le passage. Non, me dit-elle, je connois parfaitement la chaîne de rochers qui environne ce pays. Sans y aller voir, la moindre description suffira pour m'apprendre duquel vous êtes descendu. Femme charmante, répondis-je, en vérité, je ne suis point descendu d'un rocher, & je ne voudrois pas l'entreprendre pour mille mondes, ma perte seroit inévitable. Monsieur, me dit-elle en colère, cela est faux, vous m'en imposez. Je vous déclare, madame, que ce que je vous dis est exactement vrai, jamais je n'ai approché du sommet d'aucun rocher d'ici autour : nous sommes près du bord du bois ; faisons encore quelques pas, & je vous montrerai par où je suis entré. Allons donc, dit-elle, maintenant que cette odieuse clarté est un peu diminuée, je veux bien vous y accompagner.

Quand nous eûmes avancé assez pour appercevoir le pont ; madame, lui dis-je, voyez-vous cette caverne par où la mer verse ses eaux dans le lac ? Eh bien, c'est par là que je suis entré. Cela n'est pas possible, dit-elle ; voilà encore un mensonge : je vois que vous me trompez, & que vous dites des choses incroyables : adieu donc; il faut que je vous quitte. Mais permettez que je vous fasse encore une question. Par quel moyen êtes-vous venu à travers cette caverne? Et pourquoi n'avez-vous pas passé par-dessus le rocher? Quoi donc, madame, lui répondis-je, pensez-vous que ma chaloupe & moi puissions voler? Venir par-dessus le rocher, dites-vous? Non, madame, je suis parti du grand océan; j'ai vogué dans ma chaloupe à travers de cette caverne, & je suis arrivé dans ce lac. Qu'entendez-vous par votre chaloupe? me dit-elle. Il semble que vous fassiez une distinction de vous & de votre chaloupe. Oui vraiment, madame, répliquai-je; car je crois que je suis de chair & d'os, au lieu que ma chaloupe est faite de bois. Oui-dà! dit-elle, & où est cette chaloupe faite de bois? sous votre habit? Mon dieu! lui répliquai-je, madame, j'ai craint jusqu'à présent que vous ne fussiez fâchée; je vois maintenant que vous voulez badiner. Quoi, porter une chaloupe sous mon habit? Non, madame, non, ma chaloupe est dans le lac. Encore des mensonges, dit-elle. Non, madame, tout ce que je vous ai dit est aussi vrai, qu'il est certain que ma chaloupe est dans le lac. Venez avec moi; vos yeux feront témoins de la sincérité de mes discours. Elle y consentit, parce qu'il faisoit noir, mais en m'avertissant que, si je ne lui tenois parole, je ne la reverrois plus.

Arrivés au lac auprès de mon bassin; eh bien, madame, lui dis-je, vous voyez maintenant par vous-même si je vous ai dit vrai ou non. Elle regarda bien ma chaloupe, & n'en avoit aucune idée. Voilà, ajoutai-je, cette chaloupe avec laquelle je suis parti du grand océan, j'ai passé dans ce lac à travers la caverne. Enfin je m'estimerai le plus heureux des mortels, si vous daignez y rester avec moi, m'aimer & me croire. Je vous promets de ne jamais vous tromper, & d'employer toute ma vie à votre service. Elle avoit encore de la peine à croire ce que je disois de ma chaloupe, jusqu'à ce que sautant dedans, je la poussai à l'eau, & je côtoyai le lac, tandis qu'elle marchoit vis-à-vis à terre. Enfin, elle parut si bien reconciliée avec moi & ma chaloupe, qu'elle voulut que je la prisse sur mon bord, ce que je fis aussi-tôt : nous nous promenâmes sur le lac; & en retournant à mon bassin, je lui appris comment je m'en servois pour aller chercher de l'eau, & l'amener vis-à-vis ma grotte.

Eh bien, me dit-elle, j'ai vogué, comme vous dites, bien des fois en ma vie, mais jamais dans une machine semblable. J'avoue que cela est bon, quand on a beaucoup de choses à transporter d'un lieu à un autre; mais aller se fatiguer ainsi avec une rame, quand on ne veut que se divertir, c'est, à mon avis, la folie la plus ridicule. Madame, lui répondis-je, comment voudriez-vous donc que je voguasse? Nous aurions beau nous mettre dans la chaloupe, elle ne nous transporteroit pas d'elle-même, si nous ne ramions avec force. Où avez-vous eu, dit-elle, cette machine que vous appellez une chaloupe? Oh madame, lui répondis-je, c'est une histoire trop longue & trop fâcheuse pour la commencer à présent; elle a été faite à plus de mille lieues d'ici, chez un peuple qui a la peau noire, & qui est tout-à-fait différent de nous. Quand je l'ai eue d'abord, je ne songeois guères à voir ce pays; je vous raconterai fidélement le tout quand nous serons de retour. En effet je commençois à souhaiter de tout mon cœur d'être à ma grotte; car il étoit nuit fermée, & étant sorti si loin sans mon fusil, tout ce que je voyois ou entendois me faisoit peur: je le fis sentir à ma compagne; mais appercevant que ce mouvement ne lui faisoit pas plaisir, je n'insistai pas davantage.

Je connus alors, & j'en fus étonné, que plus il faisoit nuit, plus elle étoit contente; la vue de ma chaloupe & notre promenade l'ayant mise en bonne humeur, je n'avois garde de la lui faire

faire perdre. Je lui dis que, si elle vouloit, nous descendrions à terre; & qu'après avoir resserré la chaloupe, je l'accompagnerois si long-tems qu'elle jugeroit à propos. En causant & nous promenant le long du lac, elle se mit à courir un peu devant moi, & s'y jetta. Je poussai aussi-tôt un grand cri qui la fit rire, & elle me dit de la suivre. Il faisoit si sombre, que je ne la voyois que confusément quand elle s'élança dans le lac: alors regardant de tous mes yeux, je ne vis qu'une petite chaloupe qui nageoit sur l'eau avec tant de vîtesse, que je la perdis de vue en un instant; je courus le long de la côte, de crainte de la perdre; un moment après je la trouvai venant au devant de moi, mais plus de chaloupe. Mon cher, me dit-elle en souriant, c'est ainsi que je vogue, moi : l'effroi que vous avez eu, me fait bien voir que vous ne connoissez pas cette manière ; & comme vous dites que vous venez d'un pays qui est à plusieurs mille lieues d'ici, il est bien possible que vous soyez fait différemment de moi : si cela est, le créateur nous a formés bien plus parfaits que vous : à vos discours que j'ai écoutés avec beaucoup d'attention, je soupçonne que vous n'êtes pas plus en état de voler que de voguer comme je fais. Non vraiment, ma belle, je ne le puis pas, je vous assure. Alors se plaçant sur le bord du lac à un endroit

Tome I. L

un peu élevé, elle prit son essor & s'envola de manière que je pouvois à peine la suivre des yeux.

J'en fus extrêmement surpris. Quoi, dis-je, après l'avoir perdue de vue, est-ce donc avec un phantôme que j'habite depuis si long-tems ! Il eût bien mieux valu pour moi ne l'avoir jamais vue, que de la perdre ainsi ! Mais qu'aurois-je pu espérer, quand elle seroit restée ? Il est clair maintenant que ce n'est point une créature humaine. Cependant, me disois-je, elle est de chair & d'os, je l'ai bien senti quand je l'ai transportée hors de la grotte. Cette réflexion ne dura pas long-tems, car en moins de dix minutes elle s'abattit devant moi sur ses pieds. Son retour me causa une joie inexprimable ; elle s'en apperçut bien, & m'a dit depuis qu'elle y avoit été fort sensible. En effet, tous ces événemens me causèrent une telle agitation dans l'ame, que j'étois comme un homme frappé de la foudre : je revins bientôt à moi, & la serrant dans mes bras avec tout l'amour & la passion que j'étois capable d'exprimer, & pour la première fois avec des desirs ; vous voilà donc revenue, lui dis-je, mon bel ange ? Vous rendez la vie à un homme qui ne peut être heureux qu'en vous adorant. Comment se peut-il qu'avec tant d'avantages sur moi, vous renonciez à tous les plaisirs pour lesquels la nature vous a formée; vous abandonniez vos amis & votre famille, pour accepter un asyle dans mes bras! Je vous fais don ici de tout ce qui est en ma disposition, mon amour & ma constance...... Allons, allons, me dit-elle, je vois que vous êtes un plus digne homme que je ne le soupçonnois; pardonnez la méfiance que j'ai eue, tant que j'ai ignoré vos perfections; maintenant je suis persuadée de tout ce que vous m'avez dit; & puisque vous paroissez avoir tant de plaisir avec moi, je vous promets de ne vous abandonner jamais, que la mort ou quelqu'autre accident aussi fatal ne vienne nous séparer. Partons, si vous voulez, retournons, aussi-bien je sens que l'obscurité vous fait peine, quoiqu'elle me plaise beaucoup à moi; car en me donnant le plaisir de vous contempler, elle dérobe à vos yeux ma rougeur.

C'est ainsi qu'en nous disant mille choses tendres, elle me donna la main, & nous regagnâmes la grotte où notre mariage fut consommé cette nuit, sans autre cérémonie qu'un engagement réciproque de vivre comme mari & femme. En effet ce consentement est l'essentiel du mariage, & nous n'étions pas à portée de faire d'autres cérémonies.

L ij

CHAPITRE XVI.

Embarras de l'auteur en s'en allant coucher avec sa nouvelle épouse. Elle répond à plusieurs questions qu'il lui fait, & éclaircit ses doutes au sujet des voix. Description des vols appellés swangeans.

L'ORAGE vient après le calme, comme le calme succède à la tempête. Après le souper, voulant laisser à mon épouse la liberté de se deshabiller toute seule, persuadé que cette attention lui seroit plus agréable, je me retirai dans l'antichambre, jusqu'à ce que je la crus couchée : ensuite ayant écarté ma lampe, j'avançai doucement près du lit, & je me plaçai à côté d'elle : mais en m'approchant davantage, il me parut qu'elle s'étoit couchée toute habillée. J'en fus un peu piqué, & je lui en demandai la cause. En effet, je ne pouvois toucher sa chair qu'au visage & aux mains. Elle fit un grand éclat de rire, & promenant sa main le long de mon côté nud, elle s'apperçut bientôt de la différence qu'elle avoit soupçonnée entre elle & moi. Elle me dit donc doucement, qu'elle, ni aucune personne qu'elle eût jamais vue, n'avoit d'autre habit que celui avec lequel on étoit né, & que l'on ne pouvoit le quitter qu'avec la vie. Ce discours me déplut fort, non que la chose me fît peine en elle-même, ou que je me sentisse aucun dégoût pour cette couverture, car elle étoit unie, chaude & plus douce que le velours ou le plus beau satin; mais parce que j'avois peur qu'elle n'en fût tellement enveloppée, que quoique j'eusse à mes côtés la plus aimable compagne, il ne me fût pas possible d'en tirer la satisfaction que mon amour me faisoit souhaiter.

Dans le fort de mon impatience, j'essayai plusieurs fois d'écarter cette couverture; mais mes efforts furent inutiles. Il faut pourtant, disois-je, qu'il y ait quelques moyens pour arriver au comble de mes desirs; autrement pourquoi auroit-elle été si réservée d'abord, & pourquoi maintenant qu'elle est ma femme, auroit-elle fait la moitié du chemin avec tant de complaisance? Dans tout autre tems j'aurois poussé mes réflexions plus loin, & j'aurois expliqué mes objections sur un fait aussi singulier, pour chercher à les éclaircir: mais plus pressé d'agir que de penser, je glissai ma main sur son estomac, pour trouver l'endroit où son habit étoit croisé ; (car elle étoit couchée de son long ;) je sentis plusieurs bords larges & plats, semblables à des brins de baleine placés sous sa couverture, & qui lui enveloppoient le corps ; je pensai que cela devoit être serré comme un corps, & cherchant le lacet par derrière, je vis que je m'étois trompé ; ce contre-tems me chagrinoit. Craignant de me fâcher tout-à-fait, elle rabattit toutes ces espèces de baleines le long de ses côtés, d'une manière si imperceptible, que je ne le sentis pas, quoique je fusse fort proche d'elle ; de sorte qu'en promenant de nouveau ma main sur son sein, je me vis sans aucun obstacle en possession du corps le plus charmant, qu'elle livra de bonne grace à mes embrassemens.

Je dormis profondément jusqu'au matin, & elle aussi ; mais en m'éveillant, je fus curieux de connoître quelle espèce d'être j'avois eu dans mes bras, de quelle nature étoit cet habit, que je n'avois pu déranger malgré mes efforts, & dont elle s'étoit débarassée en un clin d'œil, sans que je m'en apperçusse. Maintenant qu'elle est ma femme, pensai-je, elle me satisfera en toute chose, & ne refusera pas de contenter ma curiosité.

Jamais on n'a vu deux époux plus amoureux

& plus satisfaits. M'étant levé le premier, j'allumai du feu, & préparai pour le déjeûner une soupe de poisson, épaissie avec de mon fromage à la crême. Ensuite j'appellai ma femme, les yeux toujours tournés vers le lit, pour voir comment elle s'habille; mais ayant jetté de côté la couverture, elle se trouva toute habillée, & vint à moi. Je l'embrassai, & nous déjeûnâmes: après quoi je lui dis que j'espérois que tous les momens de notre vie seroient aussi heureux que ceux que nous venions de passer; elle me parut le désirer avec la même ardeur. Jusqu'à présent je n'ai pas osé vous demander votre nom, ajoutai-je; vous avez dû vous appercevoir par la manière dont je me suis conduit depuis que nous sommes ensemble, que j'ai eu pour vous une tendresse particulière, & une attention scrupuleuse de ne rien faire qui pût vous déplaire, jusqu'à présent j'ai supprimé bien des questions que j'avois à vous faire, & auxquelles je vous prierai de répondre. Elle me dit qu'étant ma femme, il étoit de son devoir de m'écouter & de me satisfaire en tout; qu'elle avoit autant d'intérêt que moi à ce qui me regardoit, & qu'elle iroit au-devant de ce qui pourroit m'obliger.

Après ce préambule de complimens (si

L iv

je dois les appeller ainsi, car ils partoient véritablement du cœur) je lui demandai son nom; car enfin, lui dis-je, je vous ai toujours appellée madame; dorénavant je vous nommerai ma chère, & si je savois votre vrai nom, je le joindrois avec cette tendre expression de mon amour. Vous saurez tout, & même vous connoîtrez ma famille dans une autre occasion ; mon nom n'est pas difficile à répéter, je me nomme Youwarky. Apprenez-moi maintenant le vôtre. Ma chère Youwarky, lui dis-je, mon nom étoit Pierre Wilkins, quand je l'ai entendu prononcer la derniere fois ; mais il y a si long-tems, que je l'ai presque oublié. J'ai encore une autre question à vous faire, à laquelle il faut que vous me fassiez le plaisir de répondre. Vous n'avez qu'à parler, mon cher Pierre. Eh bien, continuai-je, racontez-moi par quel accident vous étiez tombée sur le toît de mon habitation, lorsque je vous relevai, & si vous êtes du pays de dessus les rochers? Elle me répondit en souriant : vous me faites trop de questions à la fois. Mon pays est bien au-delà des rochers, à une grande distance de celui-ci; je vous en instruirai une autre fois plus à loisir, en vous parlant de ma famille, comme je vous l'ai déja promis : je ne sai comment je suis venue dans cette grotte ; mais je n'ai pas tardé à connoître que votre humanité vous avoit engagé à prendre soin de moi, après une chute terrible que j'ai faite, non du haut du rocher, comme vous le supposez, (car j'aurois été tuée infailliblement, & je n'aurois pas aujourd'hui le plaisir d'être avec vous) mais d'une distance bien moins considérable en l'air. Je vais vous dire comment cet accident m'arriva. Nous étions une bande de jeunes Gawris (1), qui avions fait la partie de venir autour de cet Arkoé (2) nous divertir dans un swangean (3), comme il est d'usage en certains tems de l'année. Nous badinons alors, & nous nous poursuivons les unes les autres, tantôt en nous élevant à une hauteur extraordinaire, tantôt en descendant d'une vîtesse surprenante jusqu'à toucher presque le sommet des arbres; ensuite nous remontons encore, & nous fuyons à tire d'aîles. Etant donc venue ici en partie de plaisir, une de mes camarades se mit à me poursuivre. Je m'élevai fort haut, après quoi je descendis fort vîte jusqu'au niveau des arbres, & elle après moi: comme je prenois mon essor pour remonter, elle me choqua rudement, & froissa si fort la partie supérieure de

---

(1) Fille volante.
(2) Etendue d'eau entourée d'un bois.
(3) Partie de vol.

mon Graundy (1), que je perdis l'équilibre. J'étois très proche du sommet des arbres ; ainsi avant de pouvoir me remettre, je baissai beaucoup & m'embarrassai dans des branches d'arbre, qui rendirent mon graundy inutile, de manière que je tombai avec violence ; je perdis connoissance, & sentis à peine la douleur de ma chute. Je ne puis vous dire si je criai ou non en tombant par terre ; si je le fis, il y a apparence que ma compagne étoit déja trop loin pour m'entendre, ou pour y prendre garde : en effet, dans la vîtesse de son vol elle peut bien ne m'avoir pas vu tomber. Pour ce qui regarde l'état où j'étois dans ce moment, & tout ce qui m'arriva après, c'est à vous-même à m'en faire l'histoire. Une chose à laquelle j'ai été bien sensible, & que je n'oublierai jamais, c'est que je dois la vie à vos soins & à votre bonté.

Je lui dis que pour cette partie de son histoire, elle la sauroit une autre fois. Mais, continuai-je, il y a quelque chose de si particulier dans ces vols ou swangeans, comme vous les appellez, qu'il faut que je vous fasse une question encore à ce sujet, & ce sera la dernière pour aujourd'hui. Dites-moi quelle est la nature de

---

(1) Couverture & ailes de peau avec laquelle volent les Glumms.

ce que vous nommez graundy, & qui a d'abord apporté tant d'obstacles à mes desirs ? Comment le met-on, & comment vous en servez-vous dans le swangean ?

Mon cher Pierre, me répondit-elle, je ne puis vous refuser ce que vous paroissez désirer avec tant de passion : si vous n'étiez pas mon Barkatt (1), je ne répondrois pas à la dernière de vos questions, elle me feroit rougir. Pour notre manière de voler, vous en avez vu un échantillon la nuit dernière, quoique peut-être il ne faisoit pas assez de clarté pour vous. Quant à la nature de mon Graundy, vous le voyez actuellement. Vous voulez, dites-vous, sçavoir comment on le met ; j'appréhende bien de ne pouvoir vous le faire comprendre, à moins de le déployer : pour lors ce ne sera plus un mystère. Pour ne point vous ennuyer, avez-vous envie que je me découvre ? Vous n'avez qu'à ordonner, vous serez obéi. Cette réponse m'embarrassa ; je ne savois si je devois insister ou abandonner ma question. Quoi, pensois-je, si ma curiosité alloit m'être fatale, ou que je vinsse à découvrir quelque défaut que je ne pusse pas supporter ensuite, je serois perdu. Elle attend mon commandement, dit-

_____

(1) Mari.

elle ; pourquoi cela ? Je n'en vois pas la raison. Que faire ? A la fin je lui demandai un peu résolument. Ma chère Youwarky, si je vous ordonne de le faire, votre réponse de façon ou d'autre est-elle capable de vous obliger à me quitter ; ou croyez-vous qu'après m'avoir satisfait, je vous en aimerois moins ? Elle vit que j'hésitois, & en appercevant la cause, elle en fut charmée, & s'écria : non, mon cher Pierre, rien au monde ne me séparera jamais de vous ; je vois que vous craignez de découvrir en moi quelque chose qui vous donne du dégoût. Je n'ai rien à appréhender de ce côté ; la seule chose qui m'a empêchée de vous satisfaire, est la répugnance de paroître devant vous dans un état peu modeste ; & je ne puis m'y déterminer que vous ne me l'ordonniez absolument.

Aimable Youwarky, lui dis-je, ne différez donc pas plus long-tems à remplir mes désirs ; & puisque vous voulez un ordre de moi, je vous le commande. A l'instant son graundy s'ouvrit, & me laissa voir tout son corps jusqu'à la ceinture : ce graundy étendu avoit bien six pieds de largeur. C'est ici que mon amour & ma curiosité se trouvèrent partagés. L'une attiroit mon attention sur le graundy ; l'autre arrêtoit mes yeux & mes pensées sur ce beau corps que je n'avois pas encore si bien vu. Quoique je ne voulusse pas la tenir trop longtems découverte, je ne pouvois quitter de vue un objet si charmant. Je regardai attentivement chaque partie que je découvrois, & ce qui lui servoit de couverture. Comme je donnerai une description entière du graundy dans un autre endroit plus convenable, je n'en parlerai pas davantage ici, & je me contenterai de dire, que quand j'en eus bien considéré la partie supérieure, elle le replia en un moment autour de son corps, d'une manière si juste & si serrée, que l'œil le plus clair-voyant n'en auroit point découvert les jointures.

En vérité, ma chère Youwarky, lui dis-je, vous aviez bien raison de dire que vous n'aviez pas peur de rien montrer qui me pût déplaire : si mon cœur étoit rempli d'amour pour vous, vous venez d'y allumer une ardente flamme que le tems ni rien au monde ne sera capable d'éteindre. Je conçois presque à présent comment vous volez, quoique je sois encore embarrassé de savoir comment vous étendez la partie inférieure du graundy, qui remonte & va se joindre à sa partie supérieure ; mais j'aime mieux le deviner moi-même par ce que j'en ai vu, que de faire rougir ces belles joues, qui ont naturellement d'assez vives couleurs. Alors courant à elle & la serrant dans mes bras, je lui prodiguai tous les noms charmans que ma tendresse me dictoit ; & je remis à une autre occasion les questions que j'avois encore à lui faire.

CHAPITRE XVII.

Youwarky ne peut souffrir le grand jour. Wilkins lui fait des lunettes pour soulager sa vue: description de ces lunettes.

Youwarky & moi, faute d'autre compagnie, conversions ensemble du matin au soir; je lui montrois l'Anglois, & elle m'enseignoit sa langue. Mais quelque complaisante qu'elle fût à tout autre égard, je ne pouvois lui persuader de m'accompagner au ruisseau, ni même d'aller jusqu'au lac pendant le jour. On étoit alors dans la saison claire, où conséquemment j'avois souvent besoin de sortir: elle s'excusoit de venir avec moi, sur ce que les gens de son pays ne paroissoient jamais dans mon île pendant les grands jours ; elle me dit qu'alors ils restoient chez eux, où la lumière étoit modérée & plus supportable, & que le canton où j'habitois n'en étoit jamais fréquenté pendant six mois de l'année, & que le reste du temps ils n'y venoient seulement qu'en parties de plaisir; qu'ainsi ce n'étoit pas la peine de former des habitations dans un lieu où on ne vouloit pas demeurer toujours. Elle ajouta que Normbdsgrsutt étoit le plus beau pays du monde, & la capitale d'un grand royaume, où la cour faisoit sa résidence. Je lui fis répéter ce nom deux ou trois fois; quelque soin qu'elle prît pour me le dicter, & moi pour le répéter, je ne pus jamais parvenir à prononcer cette maudite syllabe; car dans sa bouche ce n'en étoit qu'une. J'y renonçai donc, & la priai quand elle auroit occasion de parler de cette ville, de la nommer dorénavant Dooeptswangeanti, c'est-à-dire, terre de vol. Elle me le promit, mais elle ne pouvoit comprendre comment j'avois tant de peine à prononcer l'autre, tandis qu'elle le nommoit si couramment.

Je lui appris que la lumière étoit bien plus forte dans mon pays; que je ne l'avois jamais vue depuis mon arrivée à Graundevolet; (car c'est ainsi que mon domaine se nommoit.) Que tous les jours il rouloit sur nos têtes un gros globe de feu qui répandoit tant de chaleur, qu'on en étoit quelquefois presque grillé, & dont la lumière étoit telle, que l'œil ne pouvoit le regarder fixement sans risquer de devenir aveugle. Elle me répondit qu'elle étoit charmée de n'être pas née dans un pays si maudit, & qu'elle ne croyoit pas qu'il y en eût dans tout le monde un aussi bon que le sien. Ne voyant aucun avantage à combattre ces innocens préjugés, je ne jugeai pas à propos de la contrarier.

Youwarky s'étoit souvent plaint de la différence de notre vue, & de la peine qu'elle ressentoit de ne pouvoir sortir avec moi dans tous les tems. Son chagrin me donnoit à moi une grande inquiétude. Je ne crois pas à la vérité, lui-je, que ma vue puisse venir au même point que la vôtre; mais peut-être pourrai-je mettre la vôtre en état de supporter la plus forte lumière que j'aye encore vue dans ce pays. Cette idée me plaît fort, mon cher Pierre, répondit-elle, j'en suis enchantée; car je ne connois pas de peine égale à celle d'être obligée de rester à la maison quand vous sortez pour vos affaires, & je suis résolue, si vous voulez, de tenter votre expérience; je souhaite de tout mon cœur qu'elle réussisse; j'en doute pourtant.

Je me mis à l'ouvrage sur le champ. J'allai chercher dans mes vieux chiffons; par bonheur j'y trouvai un méchant crêpe de chapeau. Je l'essayai en le mettant devant mes yeux pendant la plus forte lumière du jour ; mais croyant qu'il ne l'obscurcissoit pas encore assez, je le doublai & je jugeai qu'il pourroit servir en cet état ; pour plus de sureté, je le pliai en trois, & le trouvant trop obscur pour découvrir aucun objet au travers avec mes yeux, je pensai qu'il pourroit convenir à ceux de Youwarky. Car je voulois faire quelque chose qui pût réussir tout d'un coup sans revenir à un second essai, pour ne pas la décourager en lui faisant croire la chose impraticable. Il ne me falloit plus maintenant qu'un moyen pour fixer mon crêpe, & je comptai en venir à bout aisément ; j'y trouvai plus de difficulté que je n'avois cru. J'eus envie d'abord de lier le crêpe sur ses yeux ; je l'essayai sur moi-même, & sentis qu'il étoit rude & me blessoit : je voulus ensuite l'attacher à une vieille forme de chapeau, dans laquelle je serrois mes hameçons & mes lignes à pêcher, & le laisser pendre sur ses yeux : ce moyen avoit trop d'inconvéniens ; car la machine lui auroit battu sur le visage pendant le vent, & loin de lui être utile, elle l'auroit fort incommodée en volant. Ainsi me trouvant plus embarrassé qu'auparavant, à la fin j'imaginai un moyen qui réussit très-bien. L'idée m'en vint de ce que j'avois vu à mon maître de penſion, & qu'il appelloit des yeux de bœuf, qu'il lioit autour de ſa tête pour conſerver ſa vue en liſant. Je fis mon inſtrument ſur le même plan, avec mon vieux chapeau, des morceaux de corne de bélier, & le crêpe dont je viens de parler.

Quand j'eus fini cet ouvrage, & après l'avoir eſſayé ſur moi-même, j'eus lieu de croire qu'il rempliroit mon deſſein, & je courus à Youwarky. Eh bien, ma chère, lui dis-je; voulez-vous venir au ruiſſeau ce matin? Il faut que j'y aille, car nous n'avons plus d'eau. Hélas! me dit-elle, en ſecouant la tête & les larmes aux yeux, je le voudrois bien. Attendez, voyons ſi le jour n'eſt pas trop grand. Non, ma belle, continuai-je, vous ne ſortirez que pour venir avec moi. En vérité, me repondit-elle, ſi cela ne me faiſoit pas mal à la tête & aux yeux, vous n'auriez pas la peine de me le dire deux fois. Eh bien, lui dis-je, ma chère Youwarky, je ſuis venu exprès pour vous emmener; & afin que vous n'en ſouffriez pas, tournez-vous, je viens vous appliquer le remède dont je vous ai parlé pour votre vue. Elle vouloit d'abord voir ce que c'étoit, je la priai d'attendre qu'elle eût eſſayé s'il pouvoit lui ſervit ou non. Je lui ajuſtai ma machine ſur la tête. Maintenant, lui dis-je, ſortons, & surtout prenez garde à l'effet que cela produira ſur vous ; dès l'inſtant que la lumière vous ſera mal, ne manquez pas de m'en avertir. Nous nous mîmes en route ſur le champ, & nous allâmes juſqu'au lac ſans qu'elle en fît la moindre plainte.

Quand nous y fûmes arrivées ; eh bien, ma chère Youwarky, lui dis-je, en l'embraſſant, que dites-vous de mon invention ? voyez-vous bien avec cela ? Oui, me répondit-elle, fort bien : mais, mon cher Pierre, vous avez pris l'avantage du crépuſcule pour me tromper ; & j'aurois bien mieux aimé reſter au logis, que de vous mettre dans le cas de revenir la nuit pour avoir ma compagnie. Je l'aſſurai que nous n'étions tout au plus qu'au milieu du jour, ce qui lui fit bien plaiſir ; & pour l'en convaincre, je déliai le cordon par derrière, elle vit que je ne lui en impoſois point. Quand je lui eus rajuſté de nouveau la machine, elle y porta les mains pour ſentir les différentes choſes dont elle étoit faite, & après m'en avoir marqué ſa ſurpriſe : mon cher Pierre, me dit-elle, c'eſt à préſent que vous pouvez dire véritablement que vous vous êtes embarraſſé d'une femme ; dès que je puis supporter si aisément le grand jour, je ne vous laisserai plus sortir seul.

Youwarki étant ainsi de bonne humeur, je lançai la chaloupe à l'eau ; nous allâmes au ruisseau remplir mon tonneau ; je jettai un ou deux coups de filet, & nous retournâmes. Toute la soirée elle ne parla que des lunettes ; (c'est ainsi que je les avois nommées) & de la pêche à laquelle elle avoit pris bien du plaisir : mais elle revenoit toujours aux lunettes. Elle les manioit, les retournoit de tous côtés, & ne finissoit point de les considérer ; elle me fit même à ce sujet plusieurs questions bien raisonnables ; par exemple, comment elles pouvoient produire cet effet sur ses yeux, & la mettre en état de regarder le grand jour sans en être blessée, & d'autres semblables. Le lendemain elle sortit seule avec ses lunettes pour les essayer encore : après quoi elle me tint parole ; car depuis elle ne vouloit plus me laisser sortir sans elle, & m'accompagnoit par tout avec plaisir.

CHAPITRE XVIII.

Youwarki devient enceinte. Provisions de Vilkins. Il n'y a ni bêtes ni poissons dans le pays de Youwarki. Elle entend des voix : ses raisons pour ne pas voir ceux de qui elles venoient. Elle accouche d'un fils : paroles aigres à cette occasion. Ils apperçoivent divers oiseaux ; en conservent les œufs. Manière dont Wilkins comptoit les tems.

Trois mois après notre mariage, Youwarky s'apperçut qu'elle étoit enceinte : j'en fus bien charmé ; car quoique j'eusse eu autrefois deux enfans de Patty, je n'avois jamais vu ni l'un ni l'autre ; ainsi je désirois fort d'être père. Je m'amusois quelquefois de mille idées chimériques ; par exemple si l'enfant auroit un Graundy ou non ? à qui de nous deux il ressembleroit le plus ? comment nous ferions pour nous passer de sage-femme ? comment nous pourrions élever l'enfant, faute de lait, en cas que Youwarky ne pût pas le nourrir ? A la vérité, j'avois tout le tems de me livrer à ces rêveries ; car ayant resserré nos provisions d'hiver, nous n'avions pas d'autre occupation que de passer le tems auprès d'un bon feu, à jaser, badiner ensemble, & faire la meilleure chère que nous pouvions : en effet, nous ne la faisions pas trop mauvaise; car nous avions le plus beau pain du monde, des poires de réserve, & toute sorte de poisson séché; de deux semaines l'une, nous mangions du poisson frais pendant trois ou quatre jours de suite; j'avois du vinaigre, & une certaine herbe mordicante qui me tenoit lieu de poivre; nous avions aussi des noix de plusieurs sortes: ainsi rien ne nous manquoit.

Vers ce tems-là, Youwarky vint un jour avec moi au ruisseau pour renouveller notre provision d'eau; & ayant jetté quelques coups de filet, je pris plusieurs poissons, dont quelques-uns m'étoient encore inconnus. Au retour nous nous occupâmes à en saler & préparer quelques-uns : je m'avisai de demander à Youwarky, comment on accommodoit le poisson dans son pays, & s'il y en avoit de bien des sortes? Elle me répondit qu'elle n'avoit jamais vu ni entendu parler de poisson, jusqu'au moment qu'elle étoit venue avec moi. Quoi! lui dis-je, point de poissons chez vous? Vous êtes donc privés d'un des mets les plus délicats? Vous ne vivez donc que de viande à Doorpt-swangeanti, lui dis-je? De la viande, me répondit-elle en riant, & de quoi ? Bon, répliquai-je, vous devez savoir mieux que moi, quels sont les animaux de votre pays. En Angleterre, où j'ai été élevé, nous avons des bœufs, des porcs, des moutons, des agneaux, des veaux; c'est ce qui fait nos repas ordinaires : ensuite nous avons des bêtes sauves, des lièvres, des lapins, on en sert sur les tables délicates, sans compter un nombre infini de volailles différentes, & du poisson tant qu'on en veut. Je n'ai jamais entendu parler de ma vie de toutes ces choses, me répondit Youwarky : on ne mange que des fruits & des herbes, & les mets qu'on en compose à Normbdsgrsutt. Vous prononcez encore ce vilain mot ? lui dis-je. Ah ! mon cher, reprit-elle vivement, je vous demande pardon. Eh bien, ni moi, ni qui que ce soit de ma connoissance, n'a jamais rien mangé de tout cela à Doorpt-swangeanti. Mais en vous voyant manger ce que vous appellez du poisson, je n'ai point eu de scrupule d'en manger aussi, & je le trouve fort bon, sur-tout celui qui est salé : jusqu'à mon arrivée ici, je n'avois jamais goûté non plus ce que vous appellez du sel. Je ne saurois donc concevoir, lui dis-je, quelle sorte de pays est le vôtre, ni comment vous y vivez tous. Ah ! me dit-elle, on n'y manque de rien, & je fouhaiterois que nous y fuffions, vous & moi...... J'appréhendai d'avoir trop parlé de fon pays : ainfi je changeai adroitement de converfation.

L'hiver ne fut pas plutôt arrivé, qu'un jour étant au lit avec Youwarky, j'entendis encore les voix. Quoiqu'elle m'eût parlé des gens de fon pays, & des parties de plaifir qu'ils viennent faire dans le nôtre, j'avoue que je fus un peu effrayé : je la réveillai. Dès qu'elles les eut entendues, elle s'écria ; oui vraiment, les voilà ; il y a dix contre un à parier que ma fœur eft de la bande, ou quelqu'un de notre famille. Ecoutons, je crois entendre fa voix. J'écoutai moi-même avec beaucoup d'attention ; & comme je favois déja une grande partie des mots de leur langue, je diftinguois les différens interlocuteurs, & je comprenois prefque tout ce qu'ils difoient.

Je voulus engager Youwarky à fortir & les aller appeller. Je ne le ferois pas pour tout au monde, me répondit-elle vivement : avez-vous envie de me perdre ? Quoique je n'aye point l'intention de vous quitter, je fuis groffe : s'ils alloient vouloir m'emmener par force, ils pourroient me bleffer, & me mettre en danger de perdre la vie, ou du moins de tuer mon enfant. Cette réflexion me parut si juste, que je n'insistai pas davantage ; je lui sçus bon gré de cette attention, & je l'en aimai dix fois plus qu'auparavant, si cela est possible.

L'été suivant elle me donna un Yawm (1) aussi blanc que l'albâtre. Cette pauvre femme accoucha sans les secours ordinaires, & cependant très-heureusement. Après lui avoir servi une soupe de poisson que je fis de mon mieux, & lui avoir donné un peu de liqueur, je n'eus rien de plus pressé que de voir si mon Yawm avoit le Graundy ou non : voyant qu'il en avoit un ; enfin, dis-je à Youwarky, vous m'avez donné un héritier légitime pour succéder à mes domaines. Personne ne lui disputera sûrement son titre, car il est des vôtres. Je lui tins ce discours avec autant de plaisir & de joie, que j'en eusse ressenti de ma vie, & je le faisois bien innocemment ; cependant la pauvre Youwarky fondit en larmes, & en prit un chagrin qui la rendoit inconsolable. Je lui demandai la raison de ses pleurs, & la conjurai de m'apprendre ce qui lui faisoit tant de peine ; ce fut inutilement. Enfin me voyant presque en colere, ce qui

---

(1) Enfant mâle.

étoit tout nouveau pour elle, elle me dit en sanglotant qu'elle étoit au défespoir que je soupçonnasse sa fidélité. Comme je n'en avois jamais eu l'idée, ce discours me surprit. Non, chère femme, lui dis-je, je n'ai jamais conçu le soupçon dont vous m'accusez, & je ne comprends pas ce que veut dire un pareil reproche. Je suis bien sûre du moins, répondit-elle, que vous n'en avez aucun sujet : cependant vous avez dit que ce pauvre enfant étoit un des nôtres; n'est-ce pas me faire entendre, que s'il eût été à vous, il auroit dû naître comme vous, c'est-à-dire sans graundy. Je ne saurois supporter cette idée; & si vous continuez à penser ainsi, c'en est fait de moi: ôtez-moi la vie tout d'un coup, plutôt que de me la rendre odieuse par de pareils reproches.

Je n'avois pas imaginé qu'on pût donner à ce que j'avois dit un si mauvais sens; cependant je fus au défespoir de m'être servi de pareils termes. Mais venant à confidérer qu'elle étoit la femme la plus fidelle & la plus attachée qu'il y eût sur la terre, & que le véritable amour est délicat sur tout ce qui peut sentir tant soit peu le mépris ou le reproche, même dans un sens forcé, j'attribuai ce ressentiment mal fondé à l'excès de sa tendresse;

je me jettai sur le lit, & baignant son visage de mes larmes, je l'assurai que je n'avois eu aucune idée qui pût favoriser le sens qu'elle donnoit à mes paroles, & je lui protestai que je n'aurois jamais le moindre sujet de jalousie. A force de l'assurer par les sermens les plus forts d'une confiance absolue en sa vertu, elle fut pleinement convaincue de son erreur, & avoua qu'elle avoit été trop prompte à m'accuser. De nouvelles protestations d'amour nous réconcilièrent sur le champ, & nous redevînmes aussi bons amis qu'auparavant.

Youwarky étant entièrement rétablie de ses couches, se trouva très-bonne nourrice, & mon petit Pedro (car c'est ainsi que je nommai mon fils) devint un enfant charmant; à un an il marchoit seul, & commençoit à parler à vingt mois. J'eus encore deux autres fils dans l'espace de trois ans. Youwarky les nourrit tous, & ils s'élevèrent très-bien.

Je ne parlerai pas de mille choses toutes ordinaires qui nous arrivèrent dans cet espace de tems. Aller à la pêche, faire de fréquens voyages au ruisseau pour avoir de l'eau, ramasser pendant l'été des provisions pour l'hiver, avoir soin de ma saline, voilà les travaux auxquels j'employois le tems, & je me trouvai en état de soutenir assez bien ma petite famille.

Dans le même espace de tems je découvris encore plusieurs mets nouveaux, très-bons à manger. J'ai déja dit ci-devant, que j'avois remarqué dans les mois de l'été quantité d'oiseaux autour du bois & du lac. Dès mon arrivée dans le pays, je leur avois tiré quelques coups de fusil à deux ou trois reprises, ce qui les avoit fait presque tous déserter de mes domaines ; ayant passé ensuite plus de trois ans sans les troubler, ils étoient revenus en aussi grande quantité qu'auparavant. La tranquillité dont je les avois laissé jouir m'avoit été très-avantageuse ; car leurs œufs fournissoient pour ma table un surcroît qui ne me manquoit jamais ; j'en mangeois de frais en été, & de salés en hiver.

C'étoit vers le mois d'octobre que ces oiseaux avoient coutume de venir ; le mois de novembre étoit le tems de leur ponte, & je trouvois alors leurs œufs dans les roseaux le long du lac, où j'en ramassois en quantité : il y en avoit aussi beaucoup dans les bois parmi les broussailles & dans les taillis. Je les servois sur ma table de différentes manières ; car j'avois appris à ma femme à en faire d'excellent boudin, en y mêlant de la farine de mes fromages à la crême, & un peu de jus de cornes de bélier : j'en mangeois aussi de bouillis ou grillés, & souvent j'en prenois pour faire la sauce de mon poisson. A l'égard des oiseaux mêmes, comme je ne les tuois plus depuis long-tems à coups de fusil, j'avois trouvé le moyen de les prendre avec des filets que je tendois entre les arbres; j'en attrapai même de plusieurs sortes avec des trébuchets, depuis la grosseur d'une grive jusqu'à celle d'un poulet d'inde. Comme je m'étendrai davantage sur cette matière, quand il sera question de ma basse-cour & de ma volaille, je n'en parlerai pas davantage ici.

On sera peut-être surpris que j'ai pu conserver assez précisément la suite des tems pour parler des mois en particulier. Je vous dirai donc qu'à mon arrivée d'Amérique, j'y étois fort exact : nous étions partis le quatorze novembre, je n'avois échoué près du rocher que le premier ou le second jour de février. Jusqu'alors mon compte étoit juste. Il n'en fut pas de même par la suite ; cependant, à quelque chose près, j'observai les dates, autant que je pus, jusqu'à ce que les jours diminuèrent au point de m'en empêcher.

Après ce tems, je me fis une année à ma mode. Je trouvai que la durée de l'obscurité, ou ce que je pouvois appeler nuit, dans le cours de vingt-quatre heures ou d'un jour plein, croîssoit pendant six mois; qu'ensuite elle décroissoit pendant un tems égal, & qu'alors la partie éclairée du jour avoit son tour comme dans les autres pays du monde, mais dans un ordre renversé; c'est-à-dire, que le décroissement de la lumière devenoit sensible vers le milieu de mars, & qu'il étoit à son plus haut point à la fin d'août ou de septembre; qu'au contraire, dans le reste de l'année les jours augmentoient jusqu'à la fin de février, où ils étoient à leur plus grande longueur. D'après cette observation, je divisai l'année en deux saisons, & je commençois l'hiver au milieu de mars, & l'été au milieu de septembre. Ainsi mon hiver comprenoit le printems & l'été de l'Europe, & mon été arrivoit pendant l'automne & l'hiver d'Angleterre.

Après avoir ainsi arrangé les tems, je ne m'embarrassai guère des jours ni des semaines; je ne comptois plus que par les saisons de l'été & de l'hiver; de sorte que je me suis rapporté assez juste quant à leurs révolutions, quoique je n'aye point fait registre du quantième des années, & qu'actuellement que j'écris, je ne sache pas précisément en quelle année nous sommes.

CHAPITRE XIX.

Embarras de Wilkins pour habiller Pedro son fils aîné. Conversation avec sa femme au sujet du vaisseau : elle y prend son essor. Réflexions tristes de l'auteur jusqu'à son retour. Ce qu'elle y fit, & ce qu'elle en rapporta. Elle habille ses enfans, & fait un second tour au vaisseau.

J'AI déja dit que mon fils Pedro avoit le graundy. Quand il fut devenu un peu grand, ce graundy se trouva trop petit, de sorte qu'il étoit visible que jamais il ne pourroit voler ; car à peine rejoignoit-il pardevant, au lieu qu'il auroit dû croiser jusque sur les côtés. Cette circonstance fit plaisir à Youwarky ; car quoi que j'eusse fait auparavant pour la dissuader, elle étoit sûre maintenant que je ne pourrois plus la soupçonner. Quoi qu'il en soit, le graundy de cet enfant n'étant pas un habillement suffisant pour lui, il falloit nécessairement songer à lui en donner un autre.

Je retournai toutes mes hardes sans rien trouver qui fût propre, ou du moins que je sçusse le moyen d'ajuster pour lui. J'avois fait à Youwarki la description de l'habillement des petits garçons de mon pays, elle s'en étoit formé une idée assez juste; mais nous n'avions point ce qu'il auroit fallu pour les travailler. Hélas! ma chère, lui dis-je, si j'étois né avec le graundy, je n'aurois pas besoin de me mettre l'esprit à la torture pour habiller mon fils. Qu'entendez-vous par là? répondit-elle. Hélas! ajoutai-je, j'aurois déja fait un tour à mon vaisseau (je lui avois raconté depuis long-tems mes aventures sur mer, jusqu'au moment où le vaisseau alla échouer contre le rocher d'aiman) & j'en aurois rapporté bien des choses dont vous ne pouvez avoir aucune idée, parce qu'on ne s'en sert point chez vous. Elle me parut curieuse de savoir comment un vaisseau étoit fait, & à quoi il pouvoit ressembler; comment une personne qui n'en avoit jamais vu, pourroit le connoître à la seule description; de quelle manière on y entroit; & quantité d'autres choses semblables. Ensuite elle me demanda ce que c'étoit que des aiguilles, & autres ustensiles dont je lui avois parlé en différens tems; dans quel endroit du vaisseau on les mettoit d'ordinaire. Pour satisfaire sa curiosité, voyant qu'elle prenoit plaisir à m'entendre, je répondis à toutes ses questions; j'étois bien éloigné alors de concevoir son intention.

Deux jours après, étant sorti pendant deux

ou

ou trois heures de la matinée pour aller couper du bois, je trouvai en arrivant le petit Pedro en pleurs qui s'égosilloit à force de crier, & son petit frère Tommy qui le tiroit & le traînoit sur le plancher pour le suivre. Le plus jeune qui étoit encore un petit enfant, dormoit profondément sur une des peaux de poisson-bête, dans un coin de la chambre. Je demandai à Pedro où étoit sa mère: le pauvre enfant ne put pas me dire autre chose, sinon, maman s'en est allée, maman est partie. Je m'étonnai où elle pouvoit être; car jusqu'alors je ne l'avois jamais trouvée absente. J'attendis patiemment jusqu'au soir: point de femme. Ce fut alors que je me livrai à mon inquiétude. Cependant mes enfans étant accablés de sommeil, je crus n'avoir rien de mieux à faire que de m'aller coucher & rester tranquille. Ainsi les ayant fait souper tous les trois, nous nous couchâmes: ils s'endormirent. Pour moi j'avois l'esprit trop inquiet pour fermer l'œil: il me passa dans la tête mille idées chimériques au sujet de ma femme. Tantôt je m'imaginois que ses compatriotes l'avoient emmenée; tantôt qu'elle s'en étoit allée volontairement pour faire la paix avec son père. Je ne pouvois m'arrêter à cette pensée, vu sa tendresse pour ses enfans & son amitié pour moi. J'étois sûr qu'elle ne voudroit pas m'abandonner du moins sans m'avertir. Mais hélas! disois-je, peut-être est-elle bien proche de moi; sans doute elle se sera trouvée mal, & n'aura pu regagner la maison, ou bien elle sera morte subitement dans le bois. Je restai long-tems dans cette perplexité sans trouver de raisons pour excuser une si longue absence. Eh bien, pensois-je, si elle est morte, ou qu'elle m'ait quitté, ce qui seroit aussi fâcheux, que vais-je faire de mes trois pauvres petits enfans? Encore s'ils étoient plus forts, ils pourroient me secourir & m'aider les uns les autres: mais à un âge aussi tendre, comment pourrai-je les élever sans la tendresse d'une mère? L'idée seule de les voir languir à mes yeux sans pouvoir les secourir, me feroit mourir de chagrin.

Ne pouvant ni dormir, ni rester couché, je me levai dans le dessein d'aller chercher Youwarky par tout le bois, & de l'appeler de tous côtés, afin que, si par hasard elle échappoit à ma vue, elle pût du moins m'entendre. Comme j'ouvrois la porte & que j'allois sortir, je fus agréablement surpris de la voir arriver avec quelque chose sur les bras. Ma chère Youwarki, lui dis-je, où avez-vous donc été? Que vous est-il arrivé pour rester si long-tems dehors? Nos pauvres enfans se désoloient de ne point vous voir, & moi j'étois inconsolable, & j'allois courir comme un fou pour vous chercher.

Youwarky fut toute confuse en pensant au chagrin qu'elle m'avoit donné & à mes enfans. Mon cher Pierre, me dit-elle en m'embrassant, pardonnez-moi, je vous prie, la seule chose que j'aye jamais faite pour vous offenser; ce sera, je l'espère, la dernière fois que je vous aurai donné sujet de vous plaindre de moi. Sortons un peu, & je vous raconterai plus au long l'histoire de mon absence. Vous souvenez-vous du plaisir que je pris l'autre jour à vous entendre parler du vaisseau? Oui vraiment je m'en souviens, lui répondis-je. Il faut que vous m'excusiez, répliqua-t-elle, je suis allé le voir. Cela n'est pas possible, répliquai-je; & en effet pour cette fois je crus qu'elle vouloit me tromper. Je vous assure, dit-elle, que j'y ai été; c'est une chose bien surprenante: si vous ne voulez pas m'en croire, j'en ai apporté la preuve; venez seulement jusqu'au bord du bois, vous en serez convaincu. Mais je vous prie, dis-je, qu'avez-vous là sur le bras? Je vous jure, répondit-elle, que je n'y pensois déja plus: tenez, ceci vous confirmera encore ce que je viens de dire. Je retournai le paquet sens dessus dessous, & le regardant de plus près: en effet, dis-je, cette veste ressemble parfaitement à une autre qui est dans une armoire de la chambre du capitaine.

Ne dites pas qu'elle lui reſſemble, répondit-elle, dites plutôt que c'eſt elle-même ; car je puis vous le certifier ; & ſi vous euſſiez été avec moi, nous aurions pu rapporter tant de choſes pour nous & pour nos enfans, que nous n'en aurions pas manqué quand nous vivrions cent ans : quoi qu'il en ſoit, j'ai laiſſé quelque choſe hors du bois, que vous pourrez apporter. Quand nous eûmes cauſé quelque tems, elle entendit remuer ſes enfans, les leva, & vouloit leur préparer à déjeûner comme elle avoit coutume de faire. Tenez, ma chère, lui dis-je, vous devez être fatiguée de votre voyage ; allez vous repoſer, & laiſſez-moi ce ſoin. Mon cher, répliqua-t-elle, vous croyez, à ce qu'il me paroît, que ce vol eſt fatiguant ? vous vous trompez ; j'ai plus fatigué à aller juſqu'au lac & revenir, que dans tout le reſte du voyage. Ah ! continua-t-elle, ſi vous aviez le graundy, vous vous repoſeriez en volant après le plus grand travail ; car les membres qui ſont en agitation en marchant, ſont tous en repos quand on vole ; & au contraire, ceux dont on ſe ſert pour voler, ſont en repos quand on marche ſur la terre. Toute la fatigue du vol n'eſt qu'en s'élevant de terre pour prendre ſon eſſor : quand une fois on eſt ſur le graundy & à une certaine hauteur, le reſte n'eſt qu'un jeu, une bagatelle. Il ne faut que songer à son chemin, & se tourner de ce côté là, le graundy vous y dirige aussi promptement, que les pieds vous obéissent sur la terre, sans que vous fassiez attention à tous les pas que vous faites. Cela n'exige point un travail comme votre chaloupe, pour vous faire avancer.

Après nous être un peu remis, nous nous promenâmes au bord du bois pour prendre la pacotille que ma femme avoit apportée du vaisseau. Je fus surpris de sa grosseur, & voyant au-dehors que c'étoient des habits, je les mis sur mon épaule avec bien de la peine & les portai au logis. Mais en l'ouvrant j'y trouvai des choses bien plus précieuses que je ne l'avois cru, car il y avoit un marteau, beaucoup de chevilles de fer & de clous, trois cuillières, environ cinq assiettes d'étain, quatre couteaux & une fourchette, une petite jatte à punche, de porcelaine, deux tasses à chocolat, un papier d'éguilles & plusieurs d'épingles, une certaine quantité de gros fil, une paire de souliers, & beaucoup d'autres choses qu'elle m'avoit entendu souhaiter, & dont je lui avois fait la description; sans compter de la toile & de l'étoffe de laine de plusieurs sortes, dont elle s'étoit servie pour empaqueter le reste : elle avoit aussi attaché par-dessus le paquet un grand

N iij

plat d'étain à potage. Tout cela étoit aussi proprement empaqueté que si elle eût été élevée à ce métier toute sa vie.

Quand j'eus visité ce paquet & que je l'eus soulevé : comment avez-vous pu faire, ma chère Youwarki, lui-dis-je, pour apporter tout cela ? Vous ne l'avez sûrement pas porté sur les bras. Non, me répondit-elle, sur mon dos. Comment, lui-dis-je, votre graundy a-t-il pu soutenir dans l'air le poids de votre corps & celui du paquet à une si grande hauteur que le sommet de ces rochers ? Mon cher, reprit-elle, vous regardez toujours l'élévation comme un obstacle à notre vol ; vous êtes dans l'erreur : vous m'avez dit souvent qu'il n'y a que les premiers coups dans un combat qui coûtent ; il en est de même en volant ; quand une fois on est arrivé en plein air, rien ne gêne plus. Ecoutez comment je m'y suis prise. J'ai grimpé à la partie la plus haute du vaisseau, où je pouvois me tenir de bout sur mes pieds ; j'y avois porté d'abord le paquet que vous voyez, puis le mettant sur mon dos auprès des épaules, je pris avec les deux mains les deux cordes qui y pendent, & étendant mon graundy, je m'élançai tout à plat dans l'air, la face tournée du côté de l'eau ; ensuite en deux ou trois bons coups de graundy, je fus hors de danger. Si j'eusse trouvé la charge trop lourde pour donner les deux ou trois premiers coups, je me serois aussi-tôt retournée sur le dos, j'aurois lâché le paquet, & j'aurois vogué dans mon graundy jusqu'au vaisseau, comme vous m'avez vu faire l'autre jour sur le lac. Mais, lui dis-je, il faut que vous ayez volé à une distance bien considérable pour arriver jusqu'au vaisseau ; car je me souviens d'avoir mis trois semaines pour aller du vaisseau jusqu'au gouffre, & autant que je puis l'estimer, j'ai resté près de cinq semaines sous le rocher à toujours voguer & très-vîte, avant que de déboucher dans le lac; de sorte qu'il doit y avoir extrêmement loin d'ici au vaisseau. Non, non, me dit-elle, votre vaisseau est derrière cette partie du rocher que vous voyez là bas, qui s'élève en deux pointes : à l'égard du rocher lui-même, il n'a pas plus de largeur que la longueur du lac : mais ce qui vous a rendu le passage si long & si ennuyeux, c'est une grande quantité de détours qui se rencontrent dans la caverne & où l'eau revient sur elle-même ; de sorte que vous auriez pu y rester jusqu'à présent à toujours tourner, si le courant de l'eau ne vous eût à la fin jetté heureusement dans le bon endroit pour en sortir : c'est, continua-t-elle, ce que j'ai entendu dire à quelques-uns de mes compatriotes qui ont volé par-dessus, mais qui n'ont jamais pu passer à travers.

Je voudrois de tout mon cœur, lui dis-je, être né dans ce pays; mais tel que je suis, sans l'amour que j'ai pour vous, je désirerois n'y avoir jamais abordé; car vous m'avouerez qu'il est bien triste de se voir l'être le plus inutile de toute l'espèce, par le seul défaut d'un graundy. Ne vous inquiétez point de cela, mon cher, répondit-elle; si vous êtes borné de ce côté, vous avez une femme qui hasardera tout pour vous. Vous possédez toute mon affection, & j'ai tant d'envie de vous plaire, qu'il me suffira de connoître vos desirs, je les exécuterai autant qu'il me sera possible. Pouvant agir par un autre, songez à vous en éviter la peine. A la vérité, continua-t-elle, je conçois que vous voudriez bien aller au vaisseau, & que cette envie vous tient encore plus depuis que vous savez qu'il est en sûreté. Il n'est pas en mon pouvoir de vous mettre en état de le faire; mais commandez à votre lieutenant d'y aller à votre place, je suis prête à vous obéir.

Ainsi finit notre conversation sur le vaisseau, du moins pour ce jour là; car elle ne me sortit pas de la mémoire. Depuis que ma femme y avoit fait un voyage, cette idée me tourmentoit plus que jamais, & je formois mille desirs inutiles.

Nous nous mîmes à examiner tout le paquet

pièce à pièce, & ayant trouvé plusieurs choses propres pour nos enfans, ma femme étoit impatiente de se mettre à l'ouvrage pour habiller Pedro de la manière qu'elle me l'avoit entendu dire; elle me tourmenta pour lui montrer l'usage des aiguilles, du fil & des autres choses qu'elle avoit apportées. Il faut convenir aussi qu'elle étoit bien docile; la moindre instruction lui suffisoit; elle surpassoit bientôt son maître; car que pouvois-je lui enseigner? qu'on fait passer le fil dans l'aiguille, & qu'en piquant cette aiguille dans deux doubles d'étoffe, on les attache ensemble avec le fil? à cela près, j'étois aussi ignorant qu'elle. Cependant en moins de tems qu'on auroit pu l'imaginer, elle eût habillé mon fils Pedro, & fait des espèces de robes aux deux plus petits. Alors nous voyant tous si braves, (car je m'étois avisé de mettre quelquefois par-dessous mon surtout la veste verte qu'elle m'avoit apportée) elle eut honte, à ce qu'elle me dit, de paroître nue en si belle compagnie, & voulut s'habiller aussi à notre façon, comme on le verra ci-après.

Youwarki sentant qu'il seroit avantageux de faire un nouveau voyage au vaisseau, & qu'elle en pourroit rapporter quantité de choses utiles, me pressoit souvent de l'y laisser aller. Je souhaitois aussi-bien qu'elle une autre pacotille;

mais je ne pouvois me résoudre à me séparer de ma chère compagne. Son unique envie étoit de me plaire, je le savois. Pour y parvenir, rien ne lui paroissoit difficile : mais, me disois-je, en moi-même, s'il lui arrivoit quelque accident, soit pour se charger trop, ou autrement, & que je vinsse à la perdre, tous les avantages du monde mis ensemble pourroient-ils jamais compenser une telle perte ? Cependant elle me pressa si fort, & m'assura avec tant de caresses qu'elle ne courroit aucun hasard, qu'à la fin je cédai à ses importunités : je lui permis donc d'aller au vaisseau, à des conditions qu'elle me promit d'observer. Premièrement j'insistois & je lui enjoignis de faire son voyage en tournant autour du rocher, & de parcourir le même trajet que j'avois fait avec ma chaloupe ; s'il étoit possible de trouver le gouffre que je lui dis, qu'elle ne pourroit manquer à cause du bruit que faisoit la chute de l'eau, je la priai de bien la remarquer, afin que je pusse connoître d'ici l'endroit où il étoit de l'autre côté. Ensuite je lui permis de parcourir tous les recoins du vaisseau comme elle voudroit, & en cas qu'elle y trouvât quelque chose de bon, de l'apporter, pourvu que le paquet n'excédât pas le quart de l'autre, tant pour la grosseur que pour le poids. Après s'être engagée à observer ponctuellement ces conditions, elle me dit de ne point m'impatienter, & qu'elle reviendroit le plutôt qu'elle pourroit. J'allai donc avec elle jusqu'au bord du bois, car je voulois la voir prendre son vol; après m'avoir embrassé, elle s'avança devant moi, ouvrit son graundy, & s'éleva dans les airs.

CHAPITRE XX.

L'auteur observe le vol de Youwarki. Description d'un Glumm avec le graundy : elle trouve le gouffre à peu de distance du vaisseau ; rapporte encore un paquet, dont elle se fait une robe, avec les instructions de son mari.

DEPUIS notre mariage j'avois toujours désiré de voir voler ma femme ; mais l'occasion ne s'en étoit jamais présentée aussi favorable qu'alors. C'étoit une chose qui méritoit bien toute mon attention. Je la priai donc de s'y disposer un peu lentement, afin de me donner le tems nécessaire pour la bien remarquer. Je vais en donner ici la description tout de suite, quoique les différentes observations qu'on va voir, ayent été faites à plusieurs reprises ; car il m'auroit été impossible de faire tout à la fois de justes remarques sur chaque chose, d'autant plus que je ne la voyois alors que par derrière.

Je vous ai dit ailleurs que Youwarki m'avoit déja fait voir son graundy ouvert & bien étendu depuis les épaules jusqu'à la ceinture ; comme c'étoit dans ma grotte & à la clarté de ma lampe, je ne l'avois pas pu considérer si bien qu'alors où les jours étoient dans toute leur clarté.

D'abord elle dressa en l'air deux longues branches ou côtes de baleine, comme je les appellois auparavant ; & en effet elles en avoient toutes les propriétés, la dureté, l'élasticité & la souplesse ; je ne crois pas qu'on puisse faire une comparaison plus juste. Ces deux côtes étoient jointes par derrière à la vertebre supérieure de l'épine du dos ; quand elles ne sont pas étendues, elles se couchent sur les épaules de chaque côté du col, & reviennent par devant en s'approchant, jusqu'à ce qu'elles se rencontrent à l'extrémité du bas ventre, où elles forment une espèce de pointe mais lorsqu'elles sont étendues, elles s'élèvent de toute leur longueur au-dessus des épaules, non pas en ligne perpendiculaire, mais un peu obliquement, & en dehors. L'espace qui les sépare est garni d'un tissu ou membrane très-douce, flexible & élastique, qui prend depuis le dos à la naissance de ces côtes jusque derrière la tête, & qui occupe plus de la moitié de la longueur des côtes. Cette membrane, quand le Graundy est fermé, tombe vers le milieu sur le col comme un mouchoir. Il y a encore deux autres côtes qui partent presque du même endroit que les précédentes, & qui, lorsqu'elles sont ouvertes, s'étendent horisontalement; mais elles sont moins longues que les autres. L'espace d'entre ces côtes & les premières est rempli par la même membrane, & au-dessous il y a un pli profond & lâche de cette membrane, de façon que pendant le vol, les bras peuvent être au-dessus ou au-dessous des côtes ; mais ils sont toujours au-dessus quand le graundy est fermé. Ces dernières côtes s'ajustent alors sous les supérieures, & tombent aussi avec elles par devant jusqu'à la ceinture, mais elles ne sont pas jointes avec les côtes de dessous. Il règne le long de l'épine du dos un cartilage large, plat & fort, auquel sont jointes plusieurs autres côtes semblables, qui toutes s'ouvrent horisontalement: la même membrane en remplit les intervalles; & elles sont jointes aux côtes de la personne, précisément à l'endroit où le plan du dos commence à prendre son contour vers la poitrine & le ventre. Quand ces côtes sont repliées, elles enveloppent le corps tout autour jusqu'à l'autre côté, en s'ajustant l'une sur l'autre. De la partie la plus basse de l'épine du dos sortent encore deux autres côtes, qui étant ouvertes s'étendent horisontalement & se joignent aux hanches; elles sont assez longues pour croiser sur le ventre jusqu'à la jointure qui est de l'autre côté. Depuis la jointure de la hanche, c'est-à-dire, à l'extrémité la plus haute de l'os de la hanche, est un cartilage flexible qui règne en dehors le long de la cuisse & de la jambe jusqu'à la cheville du pied. De ce cartilage sortent d'espace en espace plusieurs autres petites côtes horisontales quand elles sont ouvertes; mais qui étant fermées enveloppent la cuisse & la jambe, & retournent en dedans où elles recouvrent le cartilage; leurs intervalles sont pareillement remplis de la même membrane. Depuis les deux côtes qui joignent la partie inférieure de l'épine du dos, pend une espèce de tablier court, fort plissé, qui règne d'une hanche à l'autre, & qui descend au-dessous des fesses jusqu'aux jarrets. Ce tablier a aussi d'espace en espace de petites côtes fort déliées. Précisément au-dessus de la jointure inférieure de l'épine du dos & par-dessus le tablier, il y a deux autres longues branches, qui fermées se couchent le long du dos jusqu'aux épaules, où chaque côte a une espèce d'agraffe qui s'y accroche justement sous le pli des branches ou côtes supérieures, ce qui tient ces deux côtes applaties sur le dos dans la forme d'un V: les espaces intermédiaires sont aussi garnis de la membrane. Cette dernière pièce, pendant le vol, se détache des épaules, & tombe presque jusqu'à la cheville des deux pieds, où les deux agraffes s'accrochant le long de chaque jambe en dedans, la tiennent très-ferme: alors le tablier court par la force des côtes qui s'y trouvent, se replie entre les cuisses, & remonte par devant pour couvrir les parties naturelles & les aines, jusqu'au du bas ventre où il se termine. Les bras sont pareillement couverts depuis les épaules jusqu'au poignet, de la même membrane délicate attachée à des côtes d'une grandeur proportionnée, & qui sont jointes à un cartilage placé en dehors, de même qu'aux jambes.

On ne sauroit concevoir la différence qu'il y a entre ces côtes quand elles sont tendues & quand elles sont pliées. Pliées, elles sont aussi souples que la plus fine baleine, & encore plus. Etendues au contraire, elles sont aussi fortes & aussi dures que des os; elles vont toujours en diminuant depuis leurs racines, & sont plus ou moins larges, selon les lieux qu'elles occupent, & les fonctions auxquelles elles sont destinées, jusqu'à leur pointe qui est aussi fine qu'un cheveu. Je n'ai jamais rien vû de si élastique que la membrane qui les sépare. Quand elles sont fermées, cette membrane n'occupe pas plus d'espace que d'une côte à l'autre, & elle est aussi plate & aussi unie qu'il est possible; mais quand le graundy est ouvert, elle se dilate d'une manière surprenante.

Sitôt que Youwarky eut étendu tout son graundy, comme nous étions sur un terrein uni, elle fit quelques pas en avant, en se balançant d'abord d'un mouvement pesant, ce qui me donna de l'inquiétude : mais quand elle eut donné quelques coups de graundy, & commencé à s'élever un peu, elle fendit l'air comme un éclair, & en moins de rien elle fut sur le bord de la chaîne de rochers, où je la perdis de vue.

C'est la chose la plus surprenante du monde que d'observer l'expansion du graundy quand il est ouvert, & de le voir quand il est fermé (ce qui est l'affaire d'un moment.) si serré & si juste au corps, qu'un tailleur ne pourroit jamais en approcher : pour lors les différentes

côtes

côtes se trouvent tellement arrangées sur les membres, qu'au lieu de gâter la taille, comme on se l'imagineroit, elles donnent au corps & aux membres une tournure élégante : l'ajustement différent des côtes du graundy sur le corps & les membres ressemble assez à l'habit des guerriers romains avec leurs cottes de maille, & a l'air beaucoup plus noble qu'aucun habit que j'aie jamais vu ou imaginé.

Quoique ces peuples ressemblent beaucoup aux européens pour la grandeur & la taille, il y a pourtant cette différence qu'ils ont le corps plus large & plus plat; leurs membres, quoique longs & bien tournés, sont rarement aussi épais que les nôtres. C'est ce que j'ai remarqué dans presque tous ceux que j'ai vus, pendant le long séjour que j'ai fait chez eux dans la suite; mais ils ont la peau bien plus belle & plus blanche qu'on ne l'a en Angleterre.

Ma femme étant allée faire son second voyage, je retournai chez moi, & je ne quitta pas d'un instant mes enfans jusqu'à son retour. Trois jours après son départ, j'étois au lit encore, quand elle frappe à la porte; j'allai lui ouvrir & je l'embrassai de bon cœur. Elle m'apportoit des nouvelles bien agréables; elle me dit que d'abord en furetant dans tous les recoins du vaisseau; elle y avoit trouvé quantité de choses qui nous auroient rendus très-heureux, si nous avions pu les avoir. Ensuite elle avoit tenu la route que je lui avois prescrite pour trouver le gouffre. Elle avoit fort appréhendé de ne pas le pouvoir découvrir, quoiqu'elle volât fort bas pour entendre mieux la chute de l'eau, afin de ne point la passer. Elle ne fut pas long-tems à y arriver; mais alors elle apperçut qu'elle auroit pu s'épargner bien de la peine, si elle y eût été par un autre chemin; car ce ne fut qu'après avoir volé presque tout autour de l'île, qu'elle commença à entendre la chute; & en y arrivant, elle trouva qu'elle n'étoit pas à plus de six minutes de vol du vaisseau. Elle me dit encore que l'entrée en étoit étroite & beaucoup plus basse que je ne la lui avois représentée, & qu'elle avoit à peine discerné aucun espace entre la surface de l'eau & la voûte du rocher. Je lui répondis que cela pouvoit venir du plus ou du moins de hauteur de la mer même. Je fus charmé d'apprendre que le vaisseau en fût si proche; car je ne pouvois chasser de mon imagination l'idée du vaisseau & de sa cargaison. Elle me dit alors qu'elle avoit laissé un petit paquet hors du bois, & courut voir ses enfans. Pour moi j'allai chercher le fardeau, & quoiqu'il ne fût pas à beaucoup près si gros que l'autre, j'y trouvai plusieurs choses utiles, enveloppées dans quatre ou cinq aunes d'étoffe de l'aine d'un bleu foncé, dont je ne sais pas le nom, mais qui étoit mince & légère, & d'environ un aune de largueur. Je lui demandai où elle avoit trouvé cette étoffe? Elle me répondit que c'étoit où il y en avoit encore d'autre sous quelque chose qui ressembloit à notre lit, dans une toile comme notre drap. Eh bien, lui dis-je, que prétendez-vous en faire? Comment, reprit-elle vivement, j'en ferai pour moi un habit semblable au vôtre; car je ne veux pas être différente de mon cher mari & de mes enfans. Non, Youwarky, répliquai-je, si vous vous faites un habit comme le mien, il n'y aura plus de distinction entre le Glumm & la Gawry (1). Les Gawrys modestes ne voudroient pas pour toute chose porter un habit comme les Glumms dans mon pays: elles portent une belle parure flottante appellée robe, qui leur prend la taille bien juste, & qui pend ensuite avec de grands plis, comme votre Barros (2), presque jusqu'à terre, de sorte

_____

(1) Hommes & femmes.
(2) Le pan de derrière du graundy.

O ij

qu'on leur voit à peine les pieds ; & elles n'ont aucune autre partie du corps découverte que les mains & le visage, & à peu près autant du cou & de la poitrine, que votre graundy en laisse voir.

Youwarky parut charmée de cette nouvelle sorte d'habillement, & se mit à y travailler nuit & jour, pour se garantir des mauvais tems. Tandis qu'elle s'occupoit ainsi, je travaillois de mon côté à ramasser des provisions pour l'hiver. J'étois bien forcé de le faire seul, puisque ma femme travailloit à s'habiller, elle & ses enfans. Il y avoit environ quinze jours qu'elle étoit devenue couturière, lorsque revenant le soir de mon ouvrage, je la vis accourir au devant de moi couverte de sa nouvelle robe. En vérité, pour ne lui avoir fait qu'une description bien superficielle de cet habillement, elle avoit assez bien réussi. Quoiqu'il n'y eût pas un pli autour du corps, il étoit très-juste pour sa taille, & avoit une queue traînante comme pour une Comtesse : je crois que quand elle eût eu beaucoup plus d'étoffe qu'elle n'en avoit, elle l'auroit toute employée. Ne voyant point d'ouverture par devant, je lui demandai comment elle avoit fait pour la mettre : elle me répondit qu'après l'avoir étendue par terre, elle s'étoit glissée au travers des plis, jusqu'au fond, & avoit cousu le corps autour d'elle, après avoir fouré ses mains & ses bras dans les manches. Je fus surpris de cette invention, & en souriant je lui fis voir comment il falloit la mettre & l'attacher par devant avec des épingles, elle raccommoda son ouvrage, & je lui fis retrousser près d'une demi-aune des manches qui lui pendoient jusqu'au bout des doigts : je l'embrassai en l'appellant ma ménagère. Elle fut long-tems fiere de ce titre & amoureuse de sa belle robe.

CHAPITRE XXI.

Par quel moyen l'auteur parvient à élever une couvée de volaille : il construit un poulailler. Comment il s'y prit pour les garder pendant l'hiver.

UN jour en allant visiter mes trappes à prendre des oiseaux, je regardai dans le taillis parmi de grands arbres sur ma droite, & je vis sortir d'un hallier un oiseau que j'appellai poule de bois, à cause de sa ressemblance avec nos poules d'Angleterre. Le bruit que je fis en passant dans les broussailles la fit partir ; je la laissai passer : quand je l'eus perdue de vue, je me glissai à l'endroit d'où elle étoit sortie, & je trouvai son nid avec seize œufs. Je remarquai bien la place, & prenant un des œufs, je le cassai à quelque distance du nid, pour voir s'il étoit bien avancé; à peine en eus-je rompu la coquille, qu'il en sortit un petit poulet. Je regardai encore dans le nid, & je vis tous les œufs piqués & les poulets prêts à éclore. Il me prit envie de les emporter tous & d'élever la couvée; mais craignant que si je les prenois avant d'être éclos & un peu fortifiés sous la mère, ils ne mourussent tous, je les laissai jusqu'au lendemain. Pendant ce tems je préparai un filet de la grandeur qu'il me le falloit pour les attraper; quand tout fut disposé, j'imaginai d'attacher mon réseau à des piquets enfoncés dans la terre, & d'en entourer le nid & moi-même. Tant que dura cette opération, la poule ne remua pas; de sorte que je crus qu'elle étoit absente, ou qu'après avoir éclos ses petits, elle les avoit emmenés ailleurs. Je ne me souciois pas beaucoup de ne plus trouver la poule, parce que je ne cherchois pas à l'attraper; je ne voulois que retenir les poulets dans mon filet. Cependant en approchant de plus près & regardant dans le nid, j'y trouvai la mère qui se blottissoit tant qu'elle pouvoit contre terre. Je ne savois si je devrois la prendre la première & ensuite les poulets, ou la laisser partir & me saisir de ses petits. Mais comme je me proposois de la laisser fuir, je pensai que si elle vouloit rester jusqu'à ce que j'eusse enlevé sa couvée, ce n'en seroit que mieux. Ainsi m'étant mis à genoux près du nid, je glissai ma main sous elle, & j'en pris deux très-doucement, & les mis dans un petit sac que j'avois dans ma main gauche. Ensuite j'en pris deux autres de même, puis encore deux; mais fourant ma main pour la quatrième fois, je saisissois ma prise, lorsque la poule se leva & s'enfuit en faisant un si grand bruit, que quoique j'eusse vu encore six ou sept petits poulets en un tas une minute auparavant & que j'eusse toujours eu les yeux attachés dessus, je n'eus pas le tems de mettre dans le sac les deux que je tenois, que tous les autres étoient décampés ; je les cherchai pendant plus de trois heures sens en pouvoir trouver un seul ; j'étois pourtant bien sûr qu'ils étoient dans l'enceinte de mon filet, enfin las de les chercher inutilement, je m'en retournai chez moi avec les huit que j'avois attrapés.

Je dis à Youwarky ce que j'avois fait, & comment j'avois envie de gouverner cette petite couvée, & de les apprivoiser, s'il étoit possible. Nous les tînmes pendant quelques jours bien chaudement auprès du feu, & nous leur donnions souvent à manger, comme j'avois vu ma mère autrefois nourrir des poulets en Angleterre; en quinze jours de tems ils devinrent aussi forts & aussi familiers que de la volaille ordinaire. Nous les gardâmes long-tems dans la maison; j'avois affecté, en leur jettant à manger, une certaine façon de les piper, que j'appris à ma femme, afin qu'ils pussent la reconnoître, & sentir le tems de leur repas : ils ne tardèrent pas à s'y faire, & accouroient à ce bruit comme font les oiseaux de basse-cour.

Il se rencontra dans cette couvée cinq poules & trois coqs, & ils étoient si bien apprivoisés, qu'après leur avoir coupé les ailes, je les laissois sortir quand le tems étoit favorable : ils alloient chercher à vivre dans le bois, & épargnoient par là une partie de leur mangeaille ; le soir ils ne manquoient pas de revenir prendre leurs places dans un coin de mon antichambre où je les avois accoutumés de se jucher. Mes poules me donnèrent dans la saison une bonne quantité d'œufs, & eurent chacune une ou deux couvées de poulets, de sorte que je ne savois presque plus qu'en faire, tant le nombre en étoit accru. L'antichambre ne pouvant plus suffire à les loger, je leur bâtis un petit poulaillier à quelque distance de ma maison, pour les loger & les nourrir. Pour cet effet je défrichai un petit canton de terrein à côté de ma grotte, en brûlant le bois & le taillis dont il étoit garni ; j'y fis une clôture, & je choisis cet endroit pour ma basse-cour. Ma volaille parut s'y plaire beaucoup ; elle y vint à merveille, & je la voyois engraisser à vue d'œil.

Nous prenions plaisir ma femme & moi à la visiter, & à lui porter de quoi manger, & c'étoit un amusement pour mes enfans ; cependant à la fin de l'été, quand les autres oiseaux prennent leur vol pour s'en aller, toutes mes nouvelles couvées & un de mes vieux coqs me quittèrent ; mais le reste des anciens demeura tranquillement avec moi tout l'hiver. L'été suivant, dès que mes poulets de l'année furent un peu grands, je leur coupai les aîles ; par ce moyen je les conservai tous, à l'exception d'un seul, à qui sans doute, j'avois oublié de rogner les aîles comme aux autres, ou à qui elles étoient repoussées. Je trouvai depuis, par une longue expérience, que quand ils avoient une fois passé l'hiver, il n'étoit plus besoin de leur couper les aîles, & qu'il ne s'en enfuyoit pas deux sur cent; au lieu que tous ceux de la saison ne manquoient pas de partir avec les oiseaux sauvages, dès qu'ils trouvoient quelques moyens de s'échapper.

J'attrapai ensuite des œufs de cols-noirs, nom que je donnai à des oiseaux qui, quoiqu'avec le corps de plusieurs couleurs, ont en effet le col d'un noir très-foncé. Ils sont aussi gros, & même plus, que des poulets d'inde, & d'un goût délicieux; je fis couver ces œufs par mes poules de bois; il fallut leur couper aussi les aîles comme aux autres pour les conserver. A la fin, ils s'apprivoisèrent, & revenoient tous les soirs pendant la saison obscure. La plus grande difficulté alors, étoit de trouver de quoi nourrir ces animaux pendant l'hiver; car ils auroient resté deux jours de suite juchés à la même place, si je ne les eusse appellés pour les faire manger. J'étois obligé de faire cette opération à la lueur de ma lampe, sans quoi ils seroient morts de faim dans la saison obscure. Je remédiai à la disette de mangeaille par une découverte que je fis par hasard. Je vis de mes cols noirs dans le bois, sauter à plusieurs reprises après une espèce de petites cosses ou têtes rondes fort sèches, qui croissent en abondance sur un arbrisseau très-commun. J'en coupai plusieurs pieds que j'emportai chez moi pour les éplucher ; chaque tête me donnoit une bonne cuillerée de petites graines jaunes ; j'en jettai à mes oiseaux, & voyant qu'ils se jettoient dessus avec avidité, j'en fis une provision suffisante pour nourrir le double de ce que j'avois de volaille, de sorte que par la suite je n'en ai jamais manqué. J'essayai plusieurs fois aussi d'élever des oiseaux aquatiques, en faisant couver leurs œufs par mes poules ; mais de plus de dix sortes ; il s'en trouva peu qui fussent bons à manger, & ceux qui l'étoient ne purent jamais réussir chez moi : ils n'y voulurent pas même rester, & s'en allèrent au lac. Comme je n'avois point d'eau plus proche, mon projet d'élever des oiseaux aquatiques se trouva impraticable, & je l'abandonnai. Mais en nourrissant des oiseaux terrestres dans ma ménagerie, je n'en manquois point : j'en mangeois souvent, & en peu d'années tout le canton du pays de mon côté du lac, devint comme une basse-cour si remplie de volaille, que je n'en savois pas le nombre ; cependant dès que je faisois entendre mon sifflet, elle accouroit autour de moi de tous les côtés. A l'exception du bétail, j'avois alors de tout ce qui est nécessaire, tant pour les besoins essentiels, que pour l'agrément de la vie; si j'avois pu avoir seulement une vache & un taureau, un bélier & une brebis, je me serois trouvé très-heureux, & je n'aurois pas changé mon sort pour la couronne d'Angleterre.

CHAPITRE XXII.

Réflexions de l'auteur. Il soupire après son vaisseau; projette d'y aller, mais en reconnoît l'impossibilité. Sa femme s'offre à y aller: ce qu'elle y fit. Remarques sur sa sagacité. Elle expédie en mer plusieurs caisses pleines, qu'elle conduit jusqu'au gouffre. Danger dont elle échappa. L'auteur a une maladie.

QUE les hommes sont bizarres! Plus ils possèdent, plus ils désirent. Avant d'avoir rien tiré du vaisseau, j'étois assez à mon aise: content de ce que j'avois, je ne désirois presque rien, sur-tout depuis mon union avec ma chère femme. Maintenant possesseur de bien des choses que je n'aurois jamais dû espérer, le reste qui me manquoit me donnoit des regrets, & je ne croyois pas pouvoir jouir d'un bonheur véritable, tant qu'il resteroit une planche au vaisseau. En quelque endroit que j'allasse, quelque chose que je fisse, j'avois toujours le vaisseau en tête. J'aurois souhaité qu'il fût dans le lac, & si j'avois pu l'y tenir, je ne me serois pas troqué pour un empereur. Rien ne me manquoit des besoins de la vie, j'avois une femme aimable, & cinq enfans que je chérissois. Une seule chose que je n'avois pas, m'empêchoit de jouir de tout le reste, & jettoit dans mon ame un dégoût qui en altéroit la paix. Je fus même assez fou pour songer à m'aventurer encore dans la caverne ; l'impossibilité seule de l'entreprise m'en détourna. Je pensai ensuite que Youwarki pourroit aller encore au vaisseau. Mais, me disois-je aussitôt, que pourra-t-elle en apporter en comparaison de ce qu'elle sera obligée d'y laisser ? Toute sa vie ne suffiroit pas pour en ôter ainsi par petites parcelles tout ce qu'il contient. A la fin il me vint dans l'esprit qu'y ayant à bord quantité de caisses, si Youwarki en remplissoit quelques-unes & les faisoit entrer dans le gouffre, peut-être débarqueroient-elles dans le lac. La chose au premier coup d'oeil me parut faisable ; ensuite j'envisageai la difficulté de les amener du vaisseau au gouffre ; je pensois qu'elles prendroient l'eau, & que cette eau avec la charge les feroit enfoncer ; que quand même cet accident n'arriveroit pas, elles se briseroient contre les pointes du rocher dans la caverne. Ces craintes m'arrêtèrent tout court; cependant ne pouvant écarter cette idée; il est vrai, me dis-je, que cet accident peut arriver à quelques-unes; mais quand il n'en débarqueroit qu'une sur cinq, cela vaudroit mieux que rien. C'est ainsi que je repassois ce projet dans mon esprit; mais j'y trouvois toujours des obstacles qui me paroissoient insurmontables.

Pendant ce soliloque, Youwarki arriva, & me trouvant un air triste & abattu, elle en voulut savoir la cause. Je lui dis tout net que depuis qu'elle avoit été au vaisseau, je n'avois de repos ni jour ni nuit, en songeant combien d'excellentes choses alloient devenir la proie de la pourriture & de la mer, quand le vaisseau se détruiroit, au lieu qu'elles nous seroient ici d'une utilité infinie : que depuis son dernier voyage j'étois encore plus troublé, sachant le vaisseau si près du gouffre : si je pouvois y aller moi-même avec ma chaloupe, continuai-je, je trouverois bien le moyen d'emballer les marchandises dans des caisses qui sont à bord; je les mettrois dans ma chaloupe, & les ferois entrer dans le gouffre en les envoyant au fort du courant; & quand elles auroient passé par la caverne, je pourrois les prendre dans le lac. Eh bien, mon cher Pierre, répondit-elle, ne puis-je pas faire cela à votre place ? Non, lui dis-je, ce moyen a encore ses difficultés. Alors je lui dis la crainte que j'avois que ces caisses ne fissent eau, ou ne se brisassent contre le rocher, & vingt autres inconvéniens qui pouvoient détruire mes espérances : d'ailleurs, continuai-je, comment meneriez-vous des caisses si grosses & si pesantes jusqu'au gouffre, sans chaloupe ? Voilà encore une impossibilité : non, cela ne se peut pas.

Youwarki me regardant fixement ; mon cher Pierre, dit-elle, ne vous inquiétez pas, je puis essayer ; si je ne réussis pas, vous le saurez bientôt ; le pis aller sera de n'y plus songer. Si j'étois au vaisseau, lui dis-je, je viderois entiérement une caisse, puis faisant fondre de la poix, j'en remplirois les crevasses, afin que quand elle seroit à flot, l'eau n'y entrât pas. De la poix, dit-elle, qu'est-ce que cela ? C'est, lui répondis-je, une matière noire, dure, gluante, qui est à fond de cale dans des tonneaux : quand on la met fondre sur le feu, elle devient liquide, & elle se durcit de nouveau, en refroidissant ; elle résiste à l'eau, & l'empêche d'entrer dans les choses qui en sont induites. Ha ha, dit-elle, & comment applique-t-on cette poix pour garnir le bord du couvercle, quand la caisse est fermée? Tout cela n'est pas possible, répliquai-je, n'en parlons plus. Mais, dit-elle, supposez que vous y fussiez vous-même, qu'en apporteriez-vous d'abord? Je lui fis alors une longue énumération de tout ce que je savois être dans le vaisseau, & de peur de n'avoir pas tout dit, j'ajoutai: enfin je crois que je n'y laisserois rien de tout ce qui peut être emporté.

Mais, mon cher, dit Youwarky, vous seriez comblé de richesses: cependant vous n'avez pas seulement parlé d'une pauvre robe pour moi. Vraiment, lui répondis-je, il y en auroit aussi. Dites-moi donc, je vous prie, continua-t-elle, comment fondriez-vous la poix? Le voici, répondis-je. Il y a dans la chambre basse, à côté de l'âtre du feu, une boîte à fusil & des mèches; (alors je lui en fis voir une que j'avois, & lui montrai la manière de faire du feu avec le fusil & la pierre). Hé bien, mon cher, me dit-elle, voulez-vous vous fier encore une fois à moi? Hélas! ma belle, à quoi cela servira-t-il? Peut-être à apporter de quoi faire une robe, ou quelqu'autre chose semblable? Cependant si vous avez envie d'y faire un tour,

je

je ne m'y oppose : pas permettez-moi du moins de revenir le plutôt que vous pourrez.

Elle partit le soir, & je ne la vis que la nuit du troisième jour. J'obferverai ici que, quoique le jour fût bien plus vif de l'autre côté du rocher où étoit le vaiffeau, que chez nous à Graundevolet, je ne l'entendis jamais fe plaindre du grand jour qu'elle craignoit fi fortement, parce qu'elle avoit toujours fes lunettes fur les yeux. A la vérité, elle évitoit toujours le feu & la lampe à la maifon, parce qu'en rentrant elle ôtoit fes lunettes ; mais quand elle les avoit, elle regardoit l'un & l'autre fans en être incommodée.

Elle dit à fon retour qu'elle avoit mis en mer pour moi quelques marchandifes qu'elle efpéroit voir arriver à bon port, & qu'elle les avoit chargées dans fix caiffes, après les avoir poiffées fuivant mes inftructions. Ah ! lui dis-je, vous les avez poiffées dans la mer peut-être ; car fuivant mes inftructions, cela eft au-deffus de votre portée. Vous autres Glumms, répliqua-t-elle, vous prenez les Gawris pour des idiotes ; mais je vous ferai voir que nous n'avons pas la tête fi dure que vous penfez. Ne m'avez-vous pas montré un jour comment votre chaloupe eft gau-dronnée & calfatée ? Cela eft vrai, lui dis-je.

Hé bien, continua-t-elle, écoutez. Après avoir vuidé & nettoyé la première caisse, j'ai cherché votre poix, que j'ai reconnue enfin parce qu'elle s'attachoit à mes doigts. J'en ai mis un bon morceau dans un petit vase à long manche, qui étoit sur la poix. Oui, dis-je, dans la cuillère à poix. Je ne sais comment vous l'appellez, dit-elle; ensuite j'ai allumé du feu & fait fondre cette matière; puis tournant la caisse par les côtés, & ensuite par les bouts, j'ai versé de la poix que j'ai fait couler dans les fentes; & avec un vieux bas comme les vôtres que j'ai trempé dans cette poix, j'ai frotté toutes les jointures des planches. Pour lors j'ai mis la caisse sur le côté du vaisseau, & quand la poix a été durcie, je l'ai remplie de marchandises, & fermée avec le couvercle : mais voyant que ce couvercle ne fermoit pas si bien que je ne pusse y passer la lame d'un couteau, j'ai coupé de longues bandes de la toile dont je me servois pour empaqueter; je les ai trempées dans la poix chaude, & appliquées tout autour des bords de la caisse; j'en ai même mis deux à des endroits où une seule ne bouchoit pas bien, & fermant le couvercle bien juste par dessus, je l'ai cloué tout autour comme je vous ai vu faire quelquefois : après cela, j'ai mis une longue corde à la poignée, & j'ai jeté la caisse dans la mer en retenant la corde. Voyant qu'elle nageoit bien, j'ai pris mon vol en tenant la corde à ma main, j'ai tiré la caisse après moi jusqu'au gouffre, & je l'ai laissée aller au courant. J'en ai fait cinq autres de même; & me voilà arrivée, mon cher : j'espère tôt ou tard en voir déboucher quelques-unes dans le lac.

J'admirai dans tout cela la sagacité des Gawris. Hélas! pensois-je, que les hommes sont bornés! Ne regardois-je pas autrefois ces pauvres négres d'Afrique à peu près comme des brutes, jusqu'au moment que Glanlepze m'a convaincu par l'aventure du crocodile, par le passage de la rivière, & par d'autres actions, que malgré mon excellence & ma prétendue supériorité, j'aurois péri dans le désert sans son industrie? Maintenant qu'aurois-je pu faire moi, & tous les autres chefs-d'œuvres de la nature, & favoris particuliers du ciel, (car nous nous regardons comme tels) qu'aurois-je pu faire de plus que ce qu'a fait cette femme, dans une circonstance où son éducation ne me permet pas de croire qu'elle eût la moindre idée de ce qu'elle alloit entreprendre?

Ce que Youwarki venoit de m'apprendre,

P ij

me rendit de bonne humeur; la pauvre créature en étoit enchantée. Elle vint constamment avec moi au lac deux fois le jour pendant quelque tems, pour voir si rien ne débouchoit de la caverne; elle commençoit à s'en impatienter, dans la crainte, à ce qu'elle m'a dit ensuite, que je ne crusse qu'elle n'avoit pas fait ce qu'elle m'avoit dit, ou qu'elle l'avoit mal fait. Un jour me promenant au bord du lac, je crus voir de bien loin quelque chose flotter sur l'eau. Youwarhy, lui dis-je, j'apperçois une voile. Alors courant à ma chaloupe, & l'y faisant entrer, je ramai avec force de ce côté, pour voir ce que c'étoit. En effet c'étoit une partie de la flotte d'Youwarky; ce qui augmenta ma satisfaction, ce fut de la voir si enchantée, qu'elle ne pouvoit se contenir d'aise.

Mon cher, me dit-elle, ne soyez plus inquiet sur le sort de nos marchandises. Si cette caisse est arrivée, les autres viendront bientôt. Alors elle m'aida à la prendre dans la chaloupe; nous eûmes peine à en venir à bout, tant le bois s'étoit imbibé d'eau. Nous allâmes ensuite à mon bassin où nous n'eûmes pas plutôt déchargé notre trésor, que nous découvrîmes deux autres caisses au courant de l'eau. Nous allâmes les chercher l'une après l'autre; je ne me souciois pas de les prendre toutes à la fois, parce que ma chaloupe étoit vieille & un peu caduque.

Cette opération nous occupa une journée entière : après quoi ayant amarré la chaloupe, nous regagnâmes le logis dans le dessein de revenir le lendemain avec la charrette pour conduire le tout dans ma grotte.

Après souper, Youwarki me regardant tendrement, & les larmes aux yeux; qu'auriez-vous pensé, me dit-elle, mon cher mari, si vous aviez vu votre femme sortir de la caverne, attachée à une des caisses? Dieu me préserve d'un tel malheur, ma belle, m'écriai-je, je serois le plus malheureux de tous les hommes. Mais, je vous prie, pourquoi me faites-vous une pareille question? Elle fut fâchée d'en avoir tant dit. Pour rien, mon cher, dit-elle; c'est une fantaisie qui m'a passé par la tête. Non, ma belle Youwarky, lui dis-je, je veux savoir ce que cela veut dire, & je vais être en peine, si vous ne vous expliquez plus clairement : il y a sûrement ici quelque chose de plus que de l'imagination. Ainsi, ma chère, si vous m'aimez ne me mettez pas plus long-tems à la torture. Hélas! Pierre, continua-t-elle, il n'y a eu qu'un instant entre la mort & moi l'autre jour; quand j'ai vu la corde de la dernière caisse, j'ai ressenti tant d'horreur, que je pouvois à peine me tenir sur mes jambes. Achevez, ma chère, lui dis-je; appaisez le tourment que j'endure, en m'apprenant le tout. Oui, mon cher Pierre, maintenant que le danger est passé, je vais vous raconter la manière dont je m'en suis sauvée, avec autant de plaisir que je présume que vous en aurez à l'entendre. Vous saurez donc qu'ayant jetté cette caisse à la mer, je la traînois avec peine par la corde, parce que c'est une des plus pesantes, & qu'elle nageoit lentement. Pour en venir à bout plus aisément, j'avois tourné deux fois la corde autour de ma main. Arrivée près du gouffre, le courant l'emporta avec tant de violence, & m'entraîna si vite avec elle, que je n'eus pas le tems de débarrasser ma main de la corde, j'allai frapper contre le rocher où la caisse heurta rudement. Ma dernière pensée étoit pour vous, mon cher, (& en disant ces mots, elle se jetta à mon cou & m'embrassa tendrement); me croyant perdue, je ne faisois plus de résistance, lorsque par bonheur le rebondissement de la caisse contre le rocher lâcha un peu la corde qui tomba d'elle-même de ma main, & la caisse retournant au rocher, enfila le courant. Pour moi, je fis un ou deux tours en l'air sur mon graundy, pour me remettre de ma frayeur; & je retournai au vaisseau, résolue de prendre mieux mes précautions une autre fois. A la vérité, j'eus de la peine à reprendre mes esprits; & ce danger m'avoit tellement effrayée, que je pensai laisser au vaisseau les deux dernières caisses : mais comme le péril passé donne un nouveau courage, je me remis à travailler, & conduisis encore au gouffre ces deux caisses, que vous recevrez sans doute dans leur tems.

Le cœur me saignoit; tout le tems qu'elle parla, je sentis mille fois plus de mal, qu'elle n'en auroit souffert dans le gouffre. Ma chère Youwarky, lui dis-je, pourquoi avez-vous tant tardé à me raconter cet accident? Hélas! répondit-elle, j'ai bien peur de l'avoir fait encore trop tôt. En effet je changeai de couleur, mes yeux se fermèrent, & je tombai en foiblesse dans ses bras. Elle jetta un grand cri, & courut à la caisse des liqueurs. Toutes les bouteilles étoient vuides : en les égouttant l'une après l'autre, elle en ramassa un verre qu'elle me fit avaler peu à peu; & en me frottant les poignets & les temples, elle me fit revenir. J'en fus si malade, qu'il se passa plus d'une semaine avant que je puſſe aller avec ma charrette chercher nos caiſſes.

Quand je fus en état d'aller au lac, Youvarky ne voulut pas me laiſſer ſeul, & m'y accompagna. Nous vîmes encore deux autres caiſſes nouvellement débarquées, & j'eus pour deux ou trois jours de travail à les tranſporter dans ma grotte, tant elles étoient peſantes, parce que le chemin à travers le bois étoit inégal & raboteux.

Nous en avions déjà cinq, & nous attendîmes la ſixième pendant pluſieurs jours; mais ne voyant plus rien revenir, nous la crûmes perdue. Un jour cependant que j'allois chercher de l'eau, Youvarky voulut venir avec moi, & me preſſa de porter mon filet pour pêcher. Nous étant donc munis de tout ce qu'il nous falloit, nous prîmes le chemin du ruiſſeau, & y pouſſant la tête de la chaloupe, ſuivant ma coutume, afin de pouvoir remplir mon tonneau ſans le décharger, Youwarki vit paroître ma ſixième caiſſe, & s'écria, en me la montrant du doigt : Pierre, ce que nous avons long-tems déſiré, & dont nous avions preſque déſeſpéré, eſt enfin arrivé : allons le féliciter de ſa bonne venue. Cette imagination me fit plaiſir, nous la prîmes dans la chaloupe, & nous retournâmes au logis. Nous employâmes plusieurs jours à arranger notre cargaison, & à faire sécher les caisses; je dis les caisses, car les marchandises étoient arrivées en très-bon état; celles même de la dernière caisse qui avoit resté si long-tems dans l'eau, n'avoient pas contracté la moindre humidité.

Youwarky étoit attentive au succès de son expédition; mais elle reçut avec plaisir les louanges que je ne manquai pas de lui prodiguer plus d'une fois, en dépaquetant chaque caisse; je voyois ses yeux nager dans la joie, de ce qu'elle avoit si bien réussi dans son expédition.

Elle avoit en effet examiné presque tout ce qu'il y avoit sur le vaisseau, tant les choses que je lui avois décrites & qu'elle connoissoit, que celles qu'elle ne connoissoit pas; & elle avoit rapporté un peu de chacune pour échantillon. Mais sur-tout elle n'avoit pas oublié l'étoffe bleue; car dès l'instant qu'elle l'avoit vue, elle l'avoit destinée pour son usage & celui de ses enfans.

CHAPITRE XXIII.

Religion de la famille de l'auteur.

AYANT établi peu à peu une certaine règle dans nos actions, nous commençâmes, Youwarky & moi, à vivre en bons chrétiens, actuellement que nous avions abondamment toutes les nécessités de la vie. Ce n'est pas que nous menassions auparavant une vie païenne: non assurément. J'avois appris à ma famille tout ce que je savois moi-même, & je suis persuadé que cette simple connoissance, jointe à quelques instructions & à une vie réglée, suffisoit pour les conduire au ciel. Mais j'aurois de bon cœur abandonné toutes mes prétentions sur le vaisseau, pour une bible. Je regrettois du moins de ne pas avoir un petit livre de prières, propre à porter dans la poche. Je n'avois jamais songé qu'il y en eût à bord; & supposé qu'il s'en rencontrât, & que Youwarky pût les trouver, je comptois qu'ils seroient en langue portugaise; & comme j'ignorois cette langue, ils m'auroient été fort inutiles.

Puisque j'en suis sur l'article de la religion, il ne sera pas inutile de vous donner, une fois pour toutes, une esquisse de la mienne, depuis mon arrivée à Graundevolet. J'ai dû vous dire que dès l'instant que mon vaisseau frappa contre le rocher, je commençai à prier soir & matin sans y manquer; je ne saurois me flatter de l'avoir fait toujours avec la même ferveur. Cependant ma dévotion, toute imparfaite qu'elle étoit, ne laissa pas de produire de bons effets; & je suis persuadé que quiconque remplira ce devoir avec une intention droite, en ressentira tôt ou tard autant de consolation que j'en éprouvai moi-même; c'est-à-dire, qu'il aura plus de reconnoissance pour les biens que dieu lui envoye, & moins de sensibilité pour les maux, qu'il souffrira plus patiemment. Or un homme qui se trouve dans une pareille situation, doit goûter les véritables douceurs de la vie; & c'est à cette habitude que je me crois redevable du plus grand agrément qu'il m'étoit possible d'avoir dans ma solitude, je veux dire ma femme; dont après ce qu'on a déja vu, il n'est pas besoin de tracer ici le caractère, puisque ses actions prouvent suffisamment son mérite.

Depuis notre mariage, c'est-à-dire, après que nous fûmes convenus de vivre comme mari & femme, je priois souvent devant elle; elle entendoit passablement ma langue, & ne m'en parut pas si surprise que je l'aurois cru; quelquefois même elle se mettoit à genoux, & prioit avec moi. Cette action me plût fort ; & lui ayant demandé un jour après avoir rempli ce devoir, si elle concevoit ce que je venois de faire. Oui vraiment, me dit-elle, vous vous êtes adressé à l'image de Collwar (1). Comme je voulois l'amener doucement à une connoissance raisonnable de l'Etre suprême, je lui demandai quel étoit ce Collwar. C'est, me répondit-elle, celui qui nous envoye tout le bien & le mal. Ma chère, lui dis-je, vous avez raison en quelque sorte ; cependant il ne sauroit par lui-même faire le mal comme une action qui lui appartienne. Je lui demandai ensuite où habitoit le grand Collwar. Elle me répondit que c'étoit au ciel, dans un pays charmant. Mais, lui dis-je, peut-il connoître ce que nous faisons ? Oui, sans doute, répliqua-t-elle ; car son image lui dit tout ; je l'ai priée cette image que j'ai vue plusieurs fois ; c'est un second lui-même. Il n'y en a qu'une dans tout le monde, & elle est si bonne, qu'elle communique sa vertu aux autres images de Colwar, qu'on lui présente & qu'on lui met sur les bras. La seule chose que j'aye regrettée depuis que je vous

---

(1) Dieu.

connois, c'est de n'avoir point ici une de ces images, pour nous consoler & nous bénir nous & nos enfans.

Quoique je p'aignisse l'absurdité de ses idées, je ne fus presque pas fâché de la trouver si ignorante; je me réjouissois d'avance en lui voyant déja une notion confuse de la divinité, & en pensant que bientôt j'aurois la satisfaction de lui en donner une connoissance plus raisonnable.

Youwarky, lui dis-je, de quoi est fait votre dieu? Il est de terre bien peinte, répondit-elle; il a le regard si terrible, que sa vue seule vous feroit trembler. Croyez-vous, lui demandai-je, que ce soit la vraie figure qu'auroit Collwar, si vous le voyiez lui-même? Elle me dit que quelques-uns de ses bons serviteurs l'ayant vu, avoient fait cette image d'après sa vraie figure. Mais croyez-vous qu'il aime ses serviteurs, comme vous les appellez, & qu'il ait des bontés pour eux? N'en doutez point, dit-elle. Pourquoi donc, répliquai-je, quand ils l'ont vu, les a-t-il regardés d'une manière si terrible? Car, quelque terribles que soient ses regards pour les autres, je ne vois point de raison pour qu'il se fît voir ainsi à ceux qu'il aime. Je croirois plutôt, puisqu'il est plein de bonté pour eux, qu'il auroit deux images différentes; l'une douce pour ses bons serviteurs, & l'autre terrible pour les méchans. Autrement, qui pourroit dire en le voyant s'il est content ou fâché ? Vous-même, ma chère Youwarky, quand quelque chose vous plaît, vous n'avez pas le même visage que quand vous êtes en colère ; & le petit Pedro, à vous voir seulement, pourroit bien décider s'il a fait bien ou mal : au lieu que si, sans faire de distinction, vous le regardiez du même œil dans tout ce qu'il fait, il pourroit aussi bien penser en faisant une mauvaise action avoir bien fait que mal. Youwarky ne sut que me répondre ; car ce raisonnement étoit visiblement sans réplique.

Je lui demandai ensuite, si elle croyoit que l'image même pût entendre ses prières ? Oui, me répondit-elle. Mais peut-elle vous répondre ? répliquai-je. C'est une faveur, dit-elle, qu'il ne fait qu'à ses plus zélés serviteurs. Mais l'avez-vous jamais entendu ? Car à moins qu'il ne puisse parler aussi, je soupçonnerois fort qu'il pût entendre : & ayant en vous une de ses meilleures servantes, qui l'aime & le prie de bon cœur; pourquoi ne vous parleroit-il pas aussi-bien qu'aux autres ? Non, répondit-elle, il y a un certain nombre de Glumms destinés à le servir, qui le prient pour nous ; c'est à eux qu'il adresse ses réponses. A quel propos donc, lui dis-je, vous avisez-vous de le prier, puisque leurs prieres servent pour vous? Oh, me dit-elle, l'image les entend plutôt que nous; elle envoye les prieres au grand Collwar, lui apprend de qui elles viennent, & l'engage à accorder ce dont on a besoin. Supposons, par exemple, lui dis-je, que vous puissiez voir le grand Collwar, savoir où il est, & vous adresser à lui-même plutôt qu'à son image; croyez-vous qu'il ne pût pas vous entendre? Je ne saurois dire cela, répondit-elle. Comment donc, insistai-je, peut-il répondre à ce que son image lui dit, puisqu'elle est aussi loin de lui que vous? Pensez-vous qu'une image qu'il n'a pas faite, qui ne s'est pas faite d'elle-même, & qui ne peut entendre, voir, ni parler, en soit plutôt entendue qu'un Glumm qu'il a fait, qui a cette image, & qui lui-même est capable d'entendre, de voir & de lui parler? Youwarky s'arrêta un peu, & dit: véritablement je ne saurois me persuader que Collwar ne puisse aussi bien, ou mieux m'entendre que son image. Pourquoi donc, lui dis-je, ne vous adressez-vous pas à lui plutôt qu'à elle? C'est par cette raison, ma chère, que je le prie lui-même, & non son image; je suis bien plus sûr d'en être entendu & exaucé. En effet, dit-elle, je n'avois jamais fait cette réflexion; car nos Ragams (1) m'ont toujours dit de prier l'image,

---

(1) Prêtres ou hommes saints.

ou de leur faire connoître ce qui me manque, & qu'ils prieroient pour moi : je leur ai donné beaucoup de rappin (1) pour cela, & quelquefois j'ai doublé mes présens, lorsqu'ils m'ont assuré que j'obtiendrois ce dont j'avois besoin. Maintenant que vous m'avez convaincue qu'il vaut mieux prier Collwar, c'est à lui-même que je m'adresserai dorénavant.

Ayant amené mon écolière à ce point, je changeai de conversation, de crainte, en la surchargeant trop, de détruire les fondemens que je venois de construire. Persuadé que, pour être bâti lentement, un édifice n'en est que plus solide, je jugeai à propos de m'arrêter à ce premier principe, résolu de travailler dans une autre occasion à élever sur cette base une doctrine plus étendue. Je ne commençai à donner à mes enfans des préceptes de religion & des notions de théologie, que quand ils furent capables d'en concevoir la vérité par les principes de la raison : jusqu'alors je me contentai de leur inspirer l'amour de la vérité, de l'équité & beaucoup d'amitié pour moi, pour leur mère & pour leurs frères & sœurs. Quand je fus parvenu à faire croire fermement à ma femme l'existence d'un Etre suprême,

---

(1) Espèces de confitures.

(sous quelque nom que ce fût, n'importe) qui peut entendre nos prières, voir nos actions, & exaucer nos demandes quand il le juge à propos ; & que je l'eus assurée qu'il a tant d'amour pour nous, qu'il fait toujours ce qui nous est le plus avantageux, quoique nous ne le jugions pas toujours tel; les grandes vérités de la création & de la rédemption, & de la nécessité de nos devoirs envers Dieu, allèrent de suite comme des conséquences directes de son amour pour nous; & elle en convint aisément. Ensuite je lui développai de mon mieux la doctrine de la création du monde. J'avoue que mon explication ne fut jamais si juste, si détaillée ni si claire qu'elle auroit pu l'être, si j'eusse eu une bible. Je lui expliquai de même le mystère de notre rédemption. Ma bonne volonté fut si efficace, que quoiqu'il fallut du tems pour lui faire croire fermement ces deux grandes vérités, l'opinion qu'elle avoit de moi & de ma fidélité pour elle, jointe aux raisons dont j'appuyai mes préceptes, lui persuada que je n'avois point tort, & la disposa à écouter mes leçons : ensuite sa propre application & la grace de Dieu l'amenèrent bientôt à croire fermement ces articles essentiels de la Religion, & à s'acquitter de ses devoirs envers Dieu & les hommes.

Tome I. Q

Quand j'eus commencé à inſtruire mes enfans, je les renvoyois ſouvent à leur mère; ayant toujours éprouvé qu'une connoiſſance ſuperficielle jointe au déſir d'inſtruire, équivaut en quelque ſorte à une connoiſſance plus étendue : car alors on fait tous ſes efforts pour développer chaque principe, & l'on ſe rend par ce moyen les matières plus ſenſibles & plus claires.

Je parvins en peu d'années à former dans ma maiſon une petite égliſe chrétienne, d'autant plus floriſſante qu'il n'y avoit parmi nous ni héritiques, ni ſchiſmatiques.

CHAPITRE XXIV.

Enfans de l'auteur. Youwarky les exerce à se servir du graundy. Mauvais état de la chaloupe. Youwarki forme le projet d'aller voir son pere: elle fait encore un tour au vaisseau; envoie une chaloupe & des caisses dans le gouffre; habille ses enfans; devient euceinte, & remet sa visite à un autre tems. Inventaire de la dernière pacotille. Manière dont l'auteur traite ses enfans. Youwarki part pour le pays de son père avec son fils Tommy, & ses filles Patty & Halicarnie.

Il y avoit déja près de quatorze ans que j'étois dans mon domaine ; & outre les trois fils dont j'ai parlé, j'avois trois filles & un petit garçon. Pedro mon aîné avoit le graundy, mais trop petit pour pouvoir lui servir. Tommy & ses trois sœurs l'avoient bien complet; au lieu que Jemmy & David ne l'avoient point du tout. J'avois nommé ma fille aînée Patty, du nom de ma défunte femme. Je dis ma défunte femme; car quoique je n'eusse pas d'autres connoissances de sa mort que par mon songe, j'en étois aussi persuadé que si je l'eusse appris de la propre bouche de sa tante. Youwarky voulut que sa seconde fût appellée Halicarnie, du nom de sa sœur, & ma plus jeune se nommoit Sara, comme ma mère. Je vous rapporte ici leurs noms, parce qu'ayant souvent occasion dans la suite de parler de mes enfans séparément, il sera plus commode de les nommer par leurs noms, que de dire mon second fils, ma fille aînée.

Ma femme prenoit un grand plaisir à exercer au vol Tommy & Patty qui étoient déja assez grands; souvent elle faisoit avec eux tout le tour de l'île, avant que je fusse à moitié chemin du bois. Elle voulut aussi leur apprendre à nager ou voguer, je ne sais comment appeller cet exercice; car quelquefois ils s'élancent dans l'air le nez devant, comme s'ils alloient se jetter dans le lac; puis quand ils approchent de la surface, ils étendent leurs jambes horisontalement, & se tournent sur le dos, de sorte qu'on ne voit du rivage que l'apparence d'une chaloupe qui nage : le graundy se relève à la tête, aux pieds & sur les côtés, comme les bords d'une chaloupe; & l'on n'apperçoit alors ni leur visage ni aucune partie du corps. J'ai souvent envié le bonheur de faire comme eux cet exercice, dont ils s'acquittent avec plus d'aisance, que je ne pourrois remuer la jambe ou un bras.

Quoique nous eussions souvent près de nous des swangeans, & que j'entendisse les voix, je ne pus jamais engager ma femme à se montrer, ni à faire connoissance avec ses compatriotes. Ce qu'il y avoit de remarquable dans mes enfans, c'est que mes trois filles & Tommy qui avoient le graundy plein, avoient exactement la vue de leur mère; Jemmy & David avoient la mienne; & celle de Pedro tenoit des deux; quoique jamais aucune lumière ne l'incommodât beaucoup; mais je fus obligé de faire des lunettes pour servir à Tommy & à toutes mes filles, quand ils sortiroient de la maison.

J'avois agrandi deux fois mon habitation à mesure que l'augmentation de ma famille rendoit ce travail nécessaire. Le dernier changement se fit d'une manière plus commode & plus facile que les premières; car le retour de ma flotte m'avoit procuré une grande quantité d'outils nécessaires, il y en avoit plusieurs de fer garnis de manches plus pesans que ce fer même. A l'égard de ceux qui étoient tout de fer, ou pour la plus grande partie de ce métal, ils étoient allés s'attacher au rocher, ou s'étoient collés si fortement à la tête du vaisseau, qu'il étoit difficile de les en séparer; de sorte que ma femme n'en avoit apporté que bien peu de cette dernière espèce. Bien m'en valut d'avoir ces instrumens pour faciliter mon ouvrage ; car j'étois obligé de travailler plus fort que jamais à amasser des provisions pour nous tous ; & mes fils Pedro & Tommy m'aidoient le plus souvent. Une autre pacotille de marchandises qui m'étoient venues par le gouffre, augmentoit encore mes commodités. Mais la chaloupe me faisoit trembler toutes les fois que j'y entrois ; elle avoit fait tant de voies d'eau, & j'y avois mis tant de pièces, que l'on y reconnoissoit à peine un morceau du vieux bois. Quoiqu'elle me fût d'un besoin indispensable, je ne pouvois risquer de m'en servir sans la plus grande appréhension. Avec mes nouveaux secours j'avois eu envie plusieurs fois d'en construire une neuve ; mais il m'étoit toujours survenu quelque occupation qui m'en avoit empêché.

Vers ce tems-là Youwarky qui avoit environ trente-deux ans, avoit formé le projet de faire un tour à Arndrumnstake, ville du Royaume de Doorpt-swangeanty, dont son père, supposé qu'il fût encore vivant, étoit Colamb (1) sous les ordres de Georigetti, roi du pays. En me communiquant son dessein,

---

(1) Gouverneur.

elle me demanda permission d'y aller, & me proposa, si je voulois, de mener avec elle Tommy & Patty. Cette proposition fut assez de mon goût, par la grande envie que j'avois depuis long-tems de faire connoissance avec ses parens & ses compatriotes. Maintenant que j'avois tant d'enfans, dont la plus grande partie resteroit avec moi, je ne pouvois croire qu'elle pût se résoudre à me quitter, à moins qu'on ne l'y forçât, & à abandonner cinq enfans pour deux qu'elle emmeneroit, d'autant plus que je ne lui avois remarqué de prédilection pour aucun en particulier : ainsi je lui dis sans hésiter qu'elle pourroit partir quand elle voudroit.

Comme elle passa quelque tems sans me reparler de son voyage, je crus qu'elle avoit changé d'avis, & je ne jugeai point à propos de lui en rappeller la mémoire. Mais un jour pendant le dîner me regardant sérieusement, elle me dit : mon cher, j'ai songé au voyage que vous m'avez permis de faire ; il est nécessaire de préparer plusieurs choses pour nos enfans, & sur-tout pour ceux qui n'ont point de graundy ; je suis résolue de finir tout cela avant mon départ, afin que nous puissions paroître décemment tant ici qu'à Arndrumnstake ; car je suis sûre que mon père, dont je connoîs parfaitement l'humeur, fera si charmé de me voir & mes enfans, qu'il me pardonnera mon abfence & mon mariage, pourvu qu'il ait lieu de croire que je ne me fuis point alliée d'une façon indigne de ma naiffance. Après nous avoir gardés, peut-être deux ou trois mois, il viendra me reconduire lui-même avec un grand cortège de parens & de domeftiques; du moins s'il eft mort ou hors d'état de voyager, mes autres parens viendront ou enverront une efcorte pour nous accompagner. Or, mon cher, je leur ferai bien des éloges de vous & de la manière dont nous vivons ici. Je voudrois qu'en venant nous voir, ils fuffent frappés de l'extérieur de notre domeftique, enfin qu'ils me cruffent heureufe. Je voudrois donc non-feulement mettre ma famille en état de paroître devant eux, mais encore furprendre ce bon vieillard & fa compagnie, qui n'ont jamais vu de leur vie des hommes avec d'autres habillemens que le graundy. J'approuvai fon projet qui me parut très-prudent, & elle fe mit auffi-tôt en devoir de l'exécuter. Elle ouvrit toutes les caiffes, & examina ce qu'elles contenoient; mais tandis qu'elle étoit occupée à cette recherche, & qu'elle choififfoit ce dont elle croyoit avoir befoin, elle fe reffouvint de plusieurs choses qu'elle avoit remarquées dans le vaisseau, & qui convenoient mieux que tout ce que nous avions pour ce qu'elle vouloit faire. Elle me pria donc de permettre qu'elle fît encore un tour au vaisseau, & que Tommy y allât avec elle.

J'avois éprouvé tant de fois sa conduite prudente, que je consentis à son voyage : elle partit avec son fils. A son retour quelques jours après, elle me raconta que m'ayant souvent entendu dire que ma chaloupe étoit trop vieille, & que je craignois de m'en servir, elle m'avoit envoyé un petit vaisseau qu'elle espéroit voir arriver heureusement dans son tems. Comme elle passa de suite à d'autres choses, je ne songeai point alors à lui demander ce qu'elle entendoit par ce petit vaisseau; & j'avoue qu'en père tendre qui aime ses enfans, je fis plus d'attention à ce qu'elle me dit de Tommi, qui avoit fait pour lui un paquet rempli de bijoux d'enfans.

J'appris par la suite, lorsque ce petit garçon vint à moi, tout fier de son expédition, qu'il avoit fureté dans la chambre du vaisseau, tandis que sa mère étoit occupée à faire les caisses, & que voyant dans la menuiserie un petit bouton de cuivre qu'il prit pour un jouet, & qu'il voulut arracher, il ouvrit une armoire où il trouva plusieurs bijoux fort jolis, qu'il réserva pour lui-même. Il y avoit entr'autres choses un petit anneau d'or & une bague de diamant qu'il mit à deux de ses doigts. Je m'étonnai que pour n'avoir jamais rien vu de semblable de sa vie, il en eût si bien découvert l'usage ; mais il me dit, qu'en jouant avec la bague de diamant, il l'avoit fait glisser dans son doigt du milieu, & que n'ayant pas pu la retirer, il avoit mis l'autre bague à un autre doigt, pour tenir compagnie à la première.

Nous allions voir tous les jours s'il n'arrivoit pas quelque partie de notre flotte. Il est surprenant qu'aucune des caisses que Youwarky envoya dans le gouffre, n'ait été à beaucoup près si long-tems en route que je l'avois été moi-même, mais qu'elles arrivoient er une semaine un peu plus ou moins. J'attribuai cette différence à ce qu'elles suivoient directement le fil de l'eau ; au lieu qu'en voulant gouverner ma chaloupe & la tenir au milieu du courant, je ne faisois que retarder mon voyage. En moins de quinze jours toute la nouvelle pacotille arriva, à l'exception d'une caisse que je n'ai jamais revue, & qui sans doute se sera brisée contre les rochers.

Un jour étant sur le bord du lac, pour

voir si cette caisse n'arriveroit pas, j'apperçus de loin quelque chose de fort long, que je pris à sa couleur & à sa forme pour une jeune baleine. Voyant que pendant quelque tems elle ne faisoit pas beaucoup de chemin, j'entrai dans ma chaloupe, & j'allai de ce côté. Je n'osois en approcher trop, de peur que, d'un coup de queue que je croyois lui voir remuer, elle ne renversât ma chaloupe. Ainsi m'approchant peu à peu, & ne la voyant pas remuer, je la crus morte. Je pris donc courage, & j'allai si près, qu'enfin j'apperçus que c'étoit la seconde chaloupe du vaisseau, retournée sens dessus dessous. Cette découverte me remplit de joie ; c'étoit, comme je l'ai déja dit, la chose dont j'avois le plus de besoin. Je m'en saisis aussi-tôt & l'amenai au rivage, où j'eus le plaisir de trouver que, quoiqu'elle eût été long-tems à sec, elle étoit encore bonne, & que toutes les crevasses s'étoient bouchées dans le voyage. Il se trouva par la suite que cette chaloupe fut de tous les meubles du vaisseau celui qui me servit le plus.

Je transportai toutes les caisses dans mon chariot comme à l'ordinaire. Ma femme m'attendoit avec impatience, pour déballer les caisses, afin d'en prendre ce qui seroit nécessaire pour en équiper ma famille, en cas que le vieux Glumm vînt nous voir; & elle avoit rangé toutes les caisses dans l'ordre où elle vouloit que je les ouvrisse. Tommy accourut à moi, en me disant: mon papa, ouvrez, je vous prie, cette caisse la première, donnez-moi mes joujoux. En même-tems, il me montroit celle qu'il regardoit comme son bien. Je ne voulus pas le refuser, & tandis que je l'ouvrois, il sembloit que ses yeux perçassent au travers jusqu'à ce que j'arrivai à ses bijoux. Oui, les voilà, mon papa, me dit-il, sitôt que je les eus découverts. Je ne pus m'empêcher, en les voyant, de louer l'imagination de cet enfant; car la première chose qui se présenta, fut une jatte à punch & une cuillère d'argent, ensuite une montre d'or, une paire de ciseaux, un petit réchaud & une lampe d'argent, un grand étui de mathématique, un flageolet, une pierre d'aiman, une douzaine de grandes cuillères d'argent, & une petite boîte remplie de couteaux, de cuillères & de fourchettes; en un mot je crois que c'étoit la plus grande partie des effets précieux du capitaine Portugais.

Tommy voulant s'approprier toutes ces choses, je ne pus m'empêcher d'interposer mon autorité dans cette affaire. Mon fils, lui dis-je, vous êtes plusieurs à qui ces choses plairont également ; il est juste que vous en ayez la meilleure part, les ayant trouvées, mais il faut que les autres en ayent aussi. Quant à certains meubles qui peuvent servir également à tous, il faut les réserver pour le besoin général ; ils seront considérés comme la part de votre mère & la mienne. Alors je leur distribuai à chacun une cuillère & une fourchette d'argent, sur lesquels je gravai les premières lettres de leurs noms, & je leur partageai également le reste des bagatelles. Maintenant Tommy, lui dis-je, en lui donnant le flageolet, pour votre peine, vous aurez ceci de plus que les autres. Quoique Tommy n'osât pas s'opposer à ce que je faisois, je vis bien son mécontentement ; il le prit froidement, & s'en alla d'un air triste. Tommy, lui dis-je, je croyois avoir fait un bon choix pour vous, mais je vois qu'il vous déplaît. Tenez, dis-je à Pedro, prenez cela, puisque votre frère n'en veut point. Tommy murmurant entre ses dents, & d'un air plus opiniâtre que je ne l'avois jamais vu, dit : qu'il le prenne, s'il veut, je retrouverai assez de petits bâtons dans le bois.

J'avois pour maxime de ne point battre ni gronder mes enfans, pour être d'un autre avis que moi ; mais je m'y prenois si bien, que leur propre raison leur faisoit sentir qu'ils avoient eu tort de s'opposer à mes volontés. Par ce moyen je les avois tellement accoutumés à se soumettre, qu'il me suffisoit de leur annoncer mes volontés pour déterminer leur choix : aussi je ne me conduisois point par caprice, mais avec tout le jugement dont j'étois capable.

Tommy ayant donc fait voir qu'il désapprouvoit mon procédé, je voulus le convaincre de sa faute. Pour cet effet je pris le flageolet des mains de Pedro, venez, Pedro, lui dis-je, que je vous apprenne comment on se sert de ce petit bâton, puisque Tommy l'appelle ainsi : voyons s'il en trouvera un pareil dans tout le bois. Alors je le portai à ma bouche, & j'en jouai plusieurs contredanses & des musettes. Quoique ma mère m'eût à peine fait apprendre à lire, j'avois appris la musique & la danse qu'elle regardoit comme les talens d'un gentilhomme. Ma femme, mes enfans, & sur-tout Tommy, se regardoient les uns & les autres, tandis que je jouois ; mais je n'eus pas plutôt commencé une musette, que leurs pieds, leurs mains & leurs têtes furent agités de mouvemens convulsifs, ils se mirent à danser ; & après les avoir exercés ainsi tant que je le jugeai à propos, je les endormis presque avec un air tendre, après quoi je cessai.

Ils ne furent pas plutôt sortis de cette espèce d'enchantement, que tous mes enfans vinrent m'entourer, parlant tous à la fois, & portant leurs petites mains sur l'instrument. Je le donnai à Pedro. Tenez, lui dis-je, prenez cet instrument : quoique Tommy en ait fait peu de cas, ce présent, comme vous voyez, n'est pas si méprisable.

Le pauvre Tommy, qui pendant tout ce tems étoit resté confondu, répandit un torrent de larmes en m'entendant parler ainsi. Il accourut à moi, & se mettant à genoux, il me demanda pardon. Je le relevai, & lui dis en le baisant qu'il ne m'avoit point offensé ; que, comme il voyoit, j'avois d'autres enfans à qui pouvoit convenir une chose que les autres méprisoient ; qu'il m'étoit égal à qui la donner, pouvu qu'elle fût reçue avec reconnoissance. Cette raison ne le satisfit pas ; il me demanda s'il ne pourroit pas encore avoir le petit bâton, puisque c'étoit à lui que je l'avois donné d'abord. Tommy, lui dis-je, je vous en avois fait présent ; à votre refus je l'ai donné à Pedro, qui l'a accepté. Il auroit lieu de se plaindre, si je lui ôtois malgré lui ; au lieu que vous n'en avez aucun, vous qui l'avez refusé. Ainsi, Tommy, je suis déterminé à observer tant que je pourrai, les règles les plus étroites de la justice & de l'équité ; ne m'en parlez plus. C'est ainsi que j'en agissois toujours avec eux ; comme ils me connoissoient inviolablement attaché à cette règle, il étoit rare que nous eussions de longs débats.

Quoique je dise que cette affaire se termina ainsi par rapport à ce qui me regardoit, il n'en fut pas de même de Tommy ; me connoissant inexorable, il fit toutes sortes de démarches auprès de sa mère & de sa sœur pour recouvrer son bâton. Celles-ci sollicitèrent fort son frère à lui céder. Pedro, qui étoit un bon garçon, promit de le faire, si je voulois le lui permettre. Pour moi, je déclarai que la chose ne me regardant plus, il pouvoit faire ce qu'il voudroit : il le céda généreusement à son frère. En effet, il ne pouvoit pas être en meilleures mains. Tommy, avoit l'oreille excellente : en moins d'un an que je lui montrai, il acquit beaucoup de souplesse & de vivacité dans les doigts, & apprit tous les airs que je savois, qui étoient en assez grand nombre.

Youwarky & ses filles travailloient sans
relâche

relâche à habiller ma famille ; & leurs ouvrages venoient de finir, lorsque ma femme s'apperçut qu'elle étoit encore enceinte. Cette circonstance n'étant pas favorable pour voyager, elle remit son vol à quinze mois delà. Pendant ce tems elle acoucha d'un fils que j'appellai Richard, du nom de mon maître de pension. Cet enfant vint à merveille ; & ayant été sevré, je me chargeai d'en avoir soin pendant l'absence de sa mère, qui persistant dans sa résolution, après avoir serré tous ses habits jusqu'à son retour, afin de les avoir tout neufs quand son père viendroit, prépara toutes les provisions nécessaires pour le voyage, & partit avec son fils Tommy & mes deux filles Patty & Hallicarnie ; car cette dernière étoit maintenant assez grande pour pouvoir accompagner sa mère.

CHAPITRE XXV.

Route de Graundevolet à Arndrumnstake. Inquiétude de l'auteur pendant l'absence de sa femme. Préparatifs pour recevoir son beau-père. Comment il passoit le tems avec ses enfans.

A La description que ma femme m'avoit faite du chemin, il m'étoit impossible de découvrir en quel endroit ni à quelle distance de mon île demeuroit son père ; car elle ne diſtinguoit point la route par lieues, mais par vols & par le nom des rochers, des mers & des montagnes, dont je ne pouvois concevoir la diſtance. Tout ce que je compris, c'eſt qu'il falloit traverſer une grande étendue de mer ; ce qui l'obligeroit à employer preſque un jour & une nuit de tems, ayant ſes enfans avec elle, pour arriver à Battingdrigg, quoiqu'elle auroit pu en faire ſeule le trajet dans une nuit d'été. Si les enfans venoient à s'affoiblir en chemin, comme il n'y avoit aucun lieu pour faire halte entre nous & ce pays, ils pouvoient courir quelques dangers ; ainſi elle vouloit prendre en leur faveur tout le tems néceſſaire. Je compris encore, qu'il y avoit un détroit de mer & une montagne prodigieuſe à paſſer, pour arriver à ſon pays, qui étoit ſitué un peu au-delà de cette montagne. Voilà en général tout ce que je ſavois de ſa route. Elle & ſes enfans avoient pris en partant une petite proviſion de nourriture qu'ils avoient pendue à leur col, dans une eſpèce de bourſe.

Quoique j'euſſe conſenti à ce voyage, leur départ me mit dans l'inquiétude. L'affection que j'avois pour eux tous, me ſuggéroit mille craintes imaginaires, que ma raiſon ne pouvoit surmonter, & qui d'abord troublèrent ma tranquillité. Ceux de mes enfans qui étoient restés avec moi s'en apperçurent, & employèrent les petites caresses dont ils étoient capables pour me dissiper. En les menant avec moi quand je sortois, & jouant avec eux dans la maison pour les amuser, peu à peu mes appréhensions se dissipèrent : je me persuadai que les absens feroient un bon voyage, & que je les verrois revenir en bonne santé au tems marqué.

L'hiver étant venu, je ne sortois plus guère : nous nous employâmes tous à préparer quantité de choses pour servir au besoin & orner ma maison, en cas que le vieux Glumm vînt nous voir : ces divertissemens nous faisoient passer le tems avec moins d'ennui. Je me proposai d'abord de faire une table : comme ma famille étoit nombreuse, je voulus la faire assez grande pour servir à tous. Pour cet effet je pris deux caisses, & en désassemblant les deux côtés de l'une, je les clouai à chaque bord, en les assujettissant par de fortes traverses de bois mises en dessous à chaque angle & dans le milieu. Ensuite je pris deux couvercles de caisses avec leurs pentures ; j'en clouai une à chaque bout de ma table, ce qui fit deux bonnes allonges : après cela je fabri-

R ij

quai avec mes outils, dont j'avois alors une caisse toute pleine, quatre pieds forts & quarrés; que j'attachai avec des clous à chaque angle du milieu de la table : puis j'attachai d'un pied à l'autre des traverses tout autour, à six pouces de terre, ce qui les rendit fort solides. Tout cela fini, ma table étoit encore fort imparfaite; je ne pouvois relever les allonges, faute d'avoir de quoi les soutenir. Pour y remédier, je sciai une large bande d'un côté de caisse, & y perçant un grand trou vers le milieu, je l'attachai par-dessous la table avec un gros clou que je rivai bien, de manière que cette bande de bois pouvoit tourner sur ce clou comme sur un pivot : ainsi quand j'avois relevé mes allonges, je n'avois qu'à glisser cette bande de bois d'une certaine manière pour empêcher l'allonge de retomber. Cela produisit l'effet que j'en attendois : cependant comme mes allonges ne tenoient pas encore bien ferme, j'ajoutai sur les bouts deux autres petites pièces de bois semblables, de sorte qu'alors mes allonges avoient trois soutiens au lieu d'un. Quand j'eus achevé de fabriquer cet ustensile nécessaire, je m'occupai à l'applanir, & le rendre le plus propre qu'il me fût possible. Je réussis si bien à cet ouvrage, que je pus me vanter alors d'avoir une fort belle table. Ce qui me rendoit encore mon travail plus agréable, c'est que mes petits enfans qui ne me quittoient pas, me marquoient à chaque instant leur étonnement & leur approbation.

Maintenant que j'avois une table, il falloit des chaises pour s'y placer. Jusqu'alors nous nous asseyons autour de la chambre sur des caisses qui y formoient un banc; elles étoient si grosses, qu'on ne pouvoit les remuer sans beaucoup de peine, toutes les fois qu'il falloit se mettre à table. D'ailleurs, quand on auroit pu les déplacer aisément, elles étoient trop basses. Ainsi je résolus de faire quelques chaises, & même des escabeaux que l'on pût manier commodément. Je ne vous ennuyerai point du progrès de mon ouvrage; vous saurez seulement que je démembrai encore quelques caisses, dont je fabriquai six jolies chaises, & un assez bon nombre d'autres sièges.

Etant donc devenu menuisier, j'entrepris de faire encore un autre meuble. Je n'avois rien pour enfermer mes denrées, & les garantir de la poussière: les caisses dont je m'étois servi jusqu'alors, n'étoient pas propres pour serrer des liqueurs, & quantité d'autres choses qui restoient à l'air. Ainsi comme il me restoit plusieurs planches provenant des caisses que j'avois dépecées pour fabriquer mes chaises, je résolus de les employer pour suppléer à ce besoin. J'en formai une assez bonne armoire avec une douzaine de tablettes, à laquelle je fis une porte à deux battans, qui fermoit à clef.

Ces divers ouvrages m'occupèrent près de trois mois, & je ne crus pas mon tems mal employé, puisque c'étoit pour le bien de ma famille. Je me vis donc libre de former d'autres projets. J'ignorois si ma femme reviendroit bientôt, ou si elle tarderoit encore long-tems ; mais je ne pouvois rien faire de mieux en l'attendant, que d'employer toute mon industrie à augmenter les commodités de ma maison, afin de recevoir plus décemment son père, ou tous ceux qui, comme elle l'avoit prévu, pourroient la reconduire. Je vis clairement que je manquois de place pour les loger, & il étoit important d'y pourvoir. Je résolus donc d'ajouter une longue pièce à mon appartement, & de la placer le long du rocher : mais réfléchissant que ce travail feroit inutile, si je ne pouvois le finir avant l'arrivée de mes hôtes, & n'étant pas informé au juste du tems de leur départ, j'abandonnai ce dessein pour un autre qui ne demandoit que quelques jours de travail.

Je me ressouvins que parmi les choses que

ma femme avoit empaquetées à bord du vaisseau, & qui m'étoient venues par la caverne, il y avoit deux grandes voiles & deux autres plus petites. Je les portai dans le bois, & je cherchai un endroit propre à les placer, pour en former une tente. En ayant trouvé un convenable à mon dessein, je coupai plusieurs perches pour servir de montans, & faisant des cordes avec ma ficelle, je dressai une belle tente, capable de contenir une compagnie nombreuse, & de la mettre à l'abri des injures du tems. Je plaçai à l'entrée de ce nouvel appartement un grand rideau de toile bleue qui faisoit un fort bel effet. J'ai presque oublié de vous dire que je suspendis une des petites voiles dans le milieu de la tente ; on la pouvoit lever ou baisser quand on vouloit, ce qui formoit de la tente deux pièces ou appartemens séparés.

Mon logement étant ainsi augmenté, il me manquoit encore des sièges : j'avois bien encore des caisses pour s'asseoir ; mais il ne s'en trouvoit pas la moitié de ce qu'il en auroit fallu. Je pris ma hache & je coupai deux grands arbres, un pour chaque côté de la tente ; j'en sciai la tête & chacun des troncs en deux, vers le milieu : je roulai ces gros cilindres dans la tente avec bien de la peine ; j'en plaçai deux dans la première chambre, & deux dans l'autre, pour servir de bancs des deux côtés : mais afin qu'ils fussent plus propres pour s'asseoir, j'en équarris le dessus & le devant ; & ôtant tous les nœuds & les inégalités qui s'y trouvoient, je parvins à les rendre fort unis. Je plaçai trois caisses en longueur dans le fond de la seconde chambre, pour servir de sièges, & en même tems pour serrer beaucoup de choses.

Pendant toutes ces opérations, nous travaillions fortement : personne n'étoit à rien faire, si ce n'est le petit Richard qui marchoit encore à peine, & Sally qui étoit occupée après lui. Pedro étoit un garçon vigoureux ; il travailloit avec moi, & m'apportoit tout ce dont j'avois besoin. Jemmy & David, quoique fort jeunes, enlevoient les copeaux, me donnoient des clous, ou tenoient la lampe : enfin tous m'étoient utiles de façon ou d'autre ; car je leur prêchois toujours la nécessité de gagner son pain avant de le manger, & de ne pas songer à vivre de mon travail & de celui de leur frère.

Les nuits étoient fort longues alors : quand l'ouvrage étoit fini, que Sara avoit fait souper son frère & l'avoit couché dans son hammac, nous nous mettions à table ; car nous n'avions de repas réglé que le soir. Après souper, mes enfans me faifoient répéter des hiftoires qu'ils m'avoient déja entendu raconter cent fois. Mon papa, difoit l'un, comment faifiez-vous telle ou telle chofe en Angleterre? Alors tous étoient attentifs à ma réponfe, qui me conduifoit toujours à leur apprendre quelque chofe de nouveau. De queftions en queftions, nous nous entretenions ainfi quelquefois pendant plus de trois heures, jufqu'à ce que des trois qui m'écoutoient, il y en avoit deux qui s'endormoient; & alors chacun s'alloit coucher.

Je crois véritablement que ces enfans, à force de leur avoir raconté des hiftoires, & de leur avoir parlé de l'Angleterre, en avoient acquis affez de connoiffance pour faire croire à tout anglois qui les auroit entendus, qu'ils y étoient nés.

Je remarquois fouvent, qu'après avoir commencé à parler de Cornouaille, traverfé les mines, les côtes de la mer, & parlé des belles maifons qui s'y rencontrent, il y en avoit toujours quelques-uns d'eux qui fe levoient: pour le peu que la converfation languît, ils s'écrioient; mais, mon papa, que penfiez-vous, quand le crocodile vint après vous en fortant de l'eau? Je n'avois pas encore répondu, qu'un autre étoit impatient de favoir l'hiftoire du lion : & j'ai toujours remarqué que la partie des aventures, sur laquelle chacun d'eux avoit le plus réfléchi, étoit celle qu'il aimoit le mieux. Mais la pauvre Sally ne laissoit jamais tomber une conversation sans me parler du mulet, qu'elle trouvoit un fort joli petit animal.

CHAPITRE XXVI.

Inquiétudes de l'auteur sur le retard de Youwarky; réflexions sur son état. Quangrollart, frère de sa femme, & un autre viennent le visiter. Il les reçoit dans sa grotte. Quangrollart se fait connoître pour son beau-frère, & Wilkins lui présente ses enfans.

J'AVOIS travaillé fortement pendant cinq mois à tout arranger pour la réception de Youwarky & de ses amis, mais ne voyant venir personne & l'été s'avançant, l'inquiétude commença à s'emparer de mon ame: je me formai mille chimères sur ce qui pouvoit causer son retard. Je crains bien, disois-je, que toutes les peines que j'ai prises ne soient inutiles: son père ne voudra pas la laisser revenir; peut-être a-t-elle pris d'elle-même la résolution de rester. Elle sçait que je ne puis pas la suivre; elle aura mieux aimé vivre dans son pays avec les trois enfans qu'elle a emmenés, parmi ses amis & ses connoissances, que de venir passer ses jours avec moi dans cette solitude. Cette idée se fortifioit encore quand je songeois qu'elle avoit pris d'elle-même ce parti, ou que du moins elle en avoit été très-satisfaite. Cependant, me disois-je, elle m'a laissé la plus grande partie de nos enfans: à quoi puis-je donc attribuer son retard ? Le tems des swangeans dans cette île est passé: elle n'amenera point ses parens, maintenant que la saison n'est plus favorable pour le voyage. Si elle eût voulu revenir, elle n'auroit pas tant tardé; du moins j'aurois eu de ses nouvelles : je crains fort de ne plus la revoir. Hélas ! que n'avons-nous ici une poste comme en Angleterre ; nous pourrions du moins nous communiquer nos pensées sans embarras & en peu de tems, quoiqu'absens. Est-il possible que je me voye fixé dans ce pays auquel je suis si peu propre ! Si j'avois le graundy, j'aurois déja été la joindre en quelque endroit qu'elle fût. Mais tandis que chacun peut aller, venir, & faire tout ce qu'il voudra autour de moi, je suis attaché ici comme un arbre l'est à la terre ; je ne puis en sortir sans mourir à la peine. Pourquoi ai-je donné ici le jour à des enfans ? est-ce pour les rendre aussi malheureux que moi ? Si j'en ai quelques-uns qui soient en état d'agir par eux-mêmes & de voler, c'est à leur mère & non à moi qu'ils en sont redevables. Ne suis-je donc père que pour donner lieu à mes enfans de me maudire un jour ? Cruelle réflexion que je n'avois pas encore faite jusqu'alors ! Après tout, reprenois-je, suis-je l'unique père dans ce cas ? Non assurément ; je n'ai pas lieu de bénir la mémoire du mien. Il auroit pu me faire un sort heureux, s'il eût voulu, au lieu que je rendrois les miens heureux, si je le pouvois. Combien n'y en a-t-il pas qui, qui pour s'être liés à des personnes vicieuses ou infirmes, ont exposé leur postérité à une plus grande misere ! Mes enfans sont tous sains, forts & vigoureux de corps & d'esprit ; n'est-ce pas le plus grand bien que nous puissions apporter en naissant ? Mais ils sont emprisonnés dans cette île. Hé bien, avec de l'industrie ils ne manqueront de rien ; à mesure qu'ils augmenteront en nombre, ils peuvent former des sociétés, & s'aider les uns les autres. J'y ai bien vécu pendant seize ans. C'étoit la volonté de dieu que j'y fusse ; & je ne saurois croire que je sois le seul pour qui ce grand commandement, croissez & multipliez, n'ait pas été fait. Autrement aurois-je reçu le seul moyen de le remplir, comme s'il m'eût été envoyé du ciel ? Non ; en me donnant une femme comme par miracle, le créateur vouloit sans doute que j'eusse ici de la postérité. Cette terre est grande & abondante ; elle est susceptible de culture, quand il y aura assez de bras pour la travailler. Combien d'états sont moins considérables ? Cette terre a près de sept lieues de tour ; n'y a-t-il pas un nombre infini de gens qui vieillissent dans un arrondissement moins étendu ?

En faisant ces réflexions, j'étois seul dans ma tente assis sur un des arbres que j'avois travaillés en forme de banc. Je n'eus pas plutôt fini, que j'entendis une voix qui appelloit Pierre, Pierre. J'écoutai : qu'entends-je ? dis-je, ce n'est pas la voix de Youwarky : je l'entendis encore de fort loin. Qui que ce puisse être, dis-je en moi-même, il faut me présenter. En effet je sortis de la tente, & j'écoutai avec attention ; je n'entendis plus rien. Je courus chercher mon fusil, & me promenai dans le bois pour gagner la plaine au plus vîte ; mais je ne pus rien découvrir. J'espérois du moins voir quelqu'un sur le lac ; rien n'y paroissoit : j'étois absolument déterminé à me montrer, pour tâcher d'avoir quelques nouvelles de ma femme. Enfin perdant patience, je m'en retournois, quand j'entendis encore de loin la même voix, qui m'appelloit d'un côté tout opposé au premier. Je m'arrêtai, il me sembla que la voix approchoit de plus en plus. Je sortis alors du bois, & j'apperçus deux hommes qui voloient précisément au-dessus de ma tête. Je criai: qui m'appelle ? aussi-tôt ils appellèrent encore Pierre. Ors Clamgy, leur dis je; c'est-à-dire, me voici. A ces mots ils prirent un petit circuit, & s'abattirent à mes pieds. Quand je vis qu'ils étoient compatriotes de ma femme, & habillés comme elle, (car ils avoient autour de la tête de larges chapelets, tels qu'elle m'avoit dit que les Glumms en portoient) je les saluai. Ayant appris que j'étois le Glumm Pierre, mari de Youwarky, ils me dirent qu'ils venoient de la part de Pendlehamby Colamb de Arndrumnstake mon beau-père, & de Youwarky sa fille. Je fus charmé de les voir & d'entendre le nom de ma femme; mais quelque envie que j'eusse d'apprendre leur message, je n'osois m'en informer de crainte d'entendre quelque chose de fâcheux. Ainsi je les priai de venir avec moi jusqu'à la grotte, où nous aurions plus de commodité de nous entretenir, & où ils pourroient en même tems prendre quelque rafraîchissement. Je leur demandai en chemin des nouvelles de mon beau-père, si ma femme & mes enfans étoient en bonne santé, comment ils étoient arrivés à Arndrumnstake, & avoient trouvé leurs parens & amis ? Ils me répondirent que tout le monde se portoit bien, & que Youwarky me prioit d'avoir toujours pour elle autant d'amitié qu'elle en avoit pour moi ; (c'étoit le compliment du pays) mais je conçus bonne espérance de ce que j'avois tant appréhendé d'entendre.

Arrivé à la grotte, je présentai des rafraîchissemens à mes hôtes ; & lorsqu'ils furent assis, j'allai leur préparer un repas. En voyant mon feu allumé & mes enfans autour, ils en furent étonnés, ne sachant où ils étoient, & lui tournèrent le dos. Je leur donnai des chaises, que je plaçai de manière que la lueur du feu ne pouvoit pas donner sur leurs yeux ; & je m'apperçus qu'ils en aimoient assez la chaleur : je remarquai pourtant qu'ils supportoient beaucoup mieux la clarté que Youwarky.

Tandis que je faisois la cuisine, mes pauvres enfans qui n'avoient jamais vu d'autres personnes que ma famille, étonnés de la venue de ces étrangers, s'enfuirent dans ma chambre à coucher, & s'y cachèrent.

Un de mes hôtes avoit auprès de son camarade un air respectueux ; & quoique leur graundy ne mît entr'eux aucune distinction ; il me sembloit appercevoir dans l'air & la façon de se présenter du dernier, quelque chose de plus noble ; d'ailleurs voyant que c'étoit lui qui le premier m'avoit porté la parole, je crus devoir le traiter avec plus de distinction, sans pourtant risquer de choquer l'autre, dans le cas où je me serois trompé.

Je versai d'abord un grand verre de mon vin de Madère, & sans affectation je le présentai à celui que je jugeois le plus considérable. Il en but la moitié, & vouloit donner le reste à son compagnon ; mais je lui dis de le boire tout entier, & que j'en servirois un autre à son ami. Il le fit, & me remercia en portant la main à son menton. J'en donnai un pareil à l'autre ; il le but & me remercia comme le premier. J'en pris un moi-même ; & en leur demandant permission de suivre l'usage de mon pays, je bus à leur santé & à celle de toute la famille. Celui que je prenois pour le plus distingué fit un grand éclat de rire. Ha, ha, ha, dit-il, c'est ainsi que ma sœur fait tous les jours à Arndrumnstake. Votre sœur, monsieur, lui dis-je, a-t-elle été en Europe ou en Angleterre ? Hé bien, dit-il, je ne voulois pas me découvrir si-tôt,

mais

mais puisque je l'ai fait sans y penser, c'est de votre femme, de Youwarky que je parle, mon frère Pierre.

Je ne sçus pas plutôt qui il étoit, que je me levai, & lui prenant la main droite, je la portai à ma bouche & la baisai. Il se leva aussi, & nous nous embrassâmes avec beaucoup de cordialité. Je lui dis alors, que puisque j'avois le bonheur de posséder un parent aussi proche de ma femme, je serois charmé d'apprendre de sa propre bouche comment se portoit mon père, ma femme, mes enfans, & tous leurs parens & amis, dont ma chère Youwarky m'avoit si souvent parlé, & que je désirois fort de voir.

Mon frère Quangrollart (car c'est ainsi qu'il se nommoit) se préparoit à me satisfaire ; mais voyant que j'avois servi sur table, il me dit que le manger interromproit le fil de son discours, & qu'avec ma permission il différeroit à me raconter le tout jusqu'après le repas. Je répondis qu'il avoit raison, & que je le priois lui & son ami de manger le petit souper que j'étois en état de leur donner.

Tandis que Quangrollart, qui n'avoit jamais vu d'assiettes, considéroit & manioit celle que j'avois servie devant lui, son compagnon porta à sa bouche le manche d'un cou-

Tome I. S

teau qu'il mordit de toute fa force : ne pouvant l'entamer, il le prit par l'autre bout, & alloit en mâcher la lame. Je ne pus m'empêcher de rire ; mais craignant qu'il ne fe coupât, je lui ôtai des mains ce couteau, en difant : vous ignorez l'ufage de cet inftrument. C'eft un des meubles de mon pays, qui fert à couper la nourriture par petits morceaux propres à être mâchés. Cet autre inftrument qu'on appelle une fourchette, eft deftiné à porter les morceaux à la bouche fans fe falir les doigts ; ce qui ne manqueroit pas d'arriver, fi on manioit la nourriture même. Je lui montrai la façon de s'en fervir, en coupant pour moi-même un morceau avec le couteau, & le portant à ma bouche avec la fourchette.

Ils fourirent tous les deux, & me regardoient avec attention. Enfuite je leur dis que l'affiette étoit la feule chofe qui devoit toucher les nourritures, afin qu'après l'avoir ôtée, la table reftât propre. Ainfi leur ayant montré la manière de manger pour la première fois, je les priai de fe fervir eux-mêmes comme ils le jugeroient à propos : à vous dire le vrai, ils s'y prirent plus adroitement que je n'aurois cru.

Durant le repas ils me firent part de plufieurs

observations qu'ils avoient faites dans le voyage, & des endroits où ils s'étoient reposés. Je vis clairement par leur récit, qu'ils n'étoient jamais venu ni l'un ni l'autre dans mon île; car ils me firent entendre que s'ils avoient manqué quelques-uns de ces endroits, ils n'auroient jamais pu la trouver.

J'observai avec soin les mets dont ils mangeoient le plus volontiers afin de leur en servir quand ils n'en auroient plus; & je trouvai que, quoiqu'ils mangeassent très-bien du pain & des confitures, & qu'ils eussent presque goûté de tout, ils ne touchoient point au poisson: cela me donna l'idée de leur en servir un peu. Ils se regardèrent l'un l'autre, & s'excusèrent d'en goûter, sur ce qu'ils avoient déjà bien mangé. J'en pris cependant un morceau sur mon assiette, & l'ayant mangé de bon appétit, mon frère m'en demanda un morceau: je lui en coupai un où il y avoit peu d'arrêtes; & pour plus de sûreté, je l'avertis s'il s'en trouvoit quelques-unes, de les ôter & de ne les point avaler. Dès qu'il en eut porté un morceau à sa bouche; Rosig, dit-il à son ami, c'est du padsi. J'avois cru embarrasser mon frère en lui donnant du poisson; ce fut lui, au contraire, qui m'embrassa: car je ne savois ce qu'il entendoit par padsi ; &

S ij

si ma femme ne m'eût pas dit qu'ils n'avoient point de poisson chez eux, j'aurois cru que padsi étoit le nom de quelque poisson particulier. J'en servis un tronçon à Rosig, qui convint aussi que c'étoit du padsi, & ils en mangèrent tous les deux avec plaisir.

Tandis que nous étions à dîner; mon frère, me dit-il, je crois avoir vu quelques-uns de vos enfans; ma sœur m'a dit qu'il y en avoir cinq à la maison : pourquoi ne mangent-ils point avec nous ? Je m'en excusai sur ce qu'ils n'auroient fait que nous embarrasser; & je lui dis que quand nous aurions fini, je leur donnerois à souper. Il ne voulut pas attendre, & me pria de les faire venir. Je les appellai donc par leurs noms : ils vinrent tous, excepté Richard qui dormoit dans son hammac. Mes enfans, leur dis-je, en leur montrant Quangrollart, ce Gentilhomme est votre oncle, le frère de votre maman; allez lui rendre vos respects. Ils le firent l'un après l'autre. Ils saluèrent aussi Rosig, qui auroit voulu qu'ils se missent à table avec nous. Je m'y opposai formellement, & leur donnant à chacun de quoi manger, ils allèrent souper sur leurs caisses.

Le repas fini, les enfans m'aidèrent à débarrasser la table, & alloient se retirer dans

Les hommes volans

Mes enfans ce Gentilhomme est votre Oncle, le frere
de votre maman, allez lui rendre vos respects.

leur chambre; mais je les rappellai, en priant leur oncle de permettre qu'ils restassent; que comme il m'avoit promis des nouvelles de ma femme & de sa famille, ces enfans seroient charmés de l'entendre. Il me parut bien aise lui-même qu'ils fussent présens au récit qu'il alloit faire.

CHAPITRE XXVII.

Histoire du voyage de Youwarky. Sa réception chez son père.

JE mis sur la table de l'eau-de-vie & du vin de Madère, & leur ayant fait boire un verre de chacun, je leur marquai par mes regards & par une attitude attentive, que je désirois qu'ils commençassent leur récit. Quangrollart prit la parole en ces termes. Mon frère Pierre, Youwarky dont je ne doute pas que vous ne soyez bien aise de m'entendre parler d'abord, arriva heureusement à Arndrumnstake, le troisième jour après son départ: cette route fut assez pénible pour la chère petite Halicarnie, qui resta un jour & une nuit sous le graundy: elle auroit eu même bien de la peine à arriver à Battingdrigg sans le secours de ma sœur, qui, en la prenant de tems en tems sur son dos pour lui donner le tems de reprendre haleine, la mit en état de fournir cette carrière. Après quelques heures de repos, ils partirent de Battingdrigg, gagnèrent aisément les montagnes blanches, où ils firent encore une petite pause, & arrivèrent à Arndrumnstake.

Ils s'abattirent près de notre palais; ils trouvèrent à l'entrée des gardes à qui ils ne voulurent point se faire connoître, & demandèrent qu'on avertît mon père. Quand il eut appris que des étrangers demandoient à le voir, il m'envoya pour les introduire, s'il étoit nécessaire, ou pour donner les ordres convenables à leur réception.

Arrivé à la garde, je trouvai trois Gawris (1) & un Glumm-Boff (2), dont j'avoue que l'air & la contenance me prévinrent en leur faveur. Je leur demandai d'où ils venoient, & quelles affaires ils avoient avec le Colamb? Youwarky me répondit qu'ils ne venoient pour aucune affaire publique qui concernât les fonctions du Colamb, mais seulement pour lui rendre leurs devoirs comme parens, & embrasser ses genoux. Je vais en informer mon père, leur

---

(1) Filles ou femmes.
(2) Jeune garçon.

dis-je, auparavant apprenez-moi votre nom. Votre père ? répliqua Youwarky. Etes-vous donc mon frère Quangrollart ? En effet c'est mon nom, répondis-je ; mais je n'ai qu'une sœur qui est actuellement avec mon père, & je ne puis concevoir que je sois votre frère. N'avez-vous jamais eu une autre sœur ? me dit-elle. Oui, lui dis-je, elle se nommoit Youwarky ; mais il y a long-tems qu'elle est morte. Dès que j'eus prononcé son nom, les larmes lui vinrent aux yeux : elle se jetta à mon cou en criant : mon cher frère, je suis cette sœur Youwarky que vous avez cru morte : ceux que vous voyez avec moi, sont une partie de mes enfans ; car j'en ai encore cinq autres. Mais, je vous prie, comment se porte mon père & ma sœur ? Je reculai en arriere à cette déclaration, craignant que ce ne fût quelque imposture, & ne me rappellant aucun de ses traits, après une si longue absence : cependant je les priai d'entrer & d'attendre que j'eusse parlé à mon père.

Les gardes voyant ce qui s'étoit passé entre nous, ne pouvoient imaginer qui m'avoit embrassé si familièrement, d'autant plus que je m'y étois prêté avec assez de froideur.

Je ne jugeai pas à propos d'informer directement mon père de ce qui venoit d'arriver. Ainſi appellant ma ſœur Halicarnie, & lui ayant raconté le tout, je lui demandai ſon avis ſur ce qu'il y avoit à faire : car, lui dis-je, c'eſt vraiſemblablement une impoſture ; & comme mon père n'a pas encore oublié la perte de ma ſœur, ſi cette Gawry cherche à nous en impoſer, ſon affliction va ſe renouveller, & pourroit être fort dangereuſe pour ſa vie. Comment faut-il nous conduire dans une circonſtance ſi délicate ?

Halicarnie ayant peſé attentivement tout ce que je venois de dire, parut croire auſſi-bien que moi qu'il y avoit de la tromperie. Nous ne pouvions nous figurer que ſi Youwarky n'étoit pas morte ou mutilée, elle eût reſté ſi long-tems ſans donner de ſes nouvelles à ſa famille. Mon frère, dit Halicarnie, elle ne peut pas être ſi changée en quinze ans de tems, que vous ne l'euſſiez pas reconnue. Cependant vous étiez ſi jeune alors ; vous pourriez bien avoir oublié ſes traits. Pour moi, depuis que nous en parlons, je me les ſuis rappellés ; je ne crois pas pouvoir m'y tromper.

Je la priai donc de venir avec moi vers ces étrangers, & de voir ſi elle pourroit les reconnoître. Nous ne fûmes pas plutôt entrés dans la chambre, que Youwarky s'écria ; voilà ma sœur Halicarnie. Halicarnie reconnut aussi vîte Youwarky : toutes deux s'embrassèrent avec mille transports de joie. Ensuite votre femme nous présenta ses enfans, & il se passa entre nous la scène la plus tendre que j'aye jamais vue, du moins après celle que vous allez entendre.

Mon père gardoit son appartement depuis quelque tems, pour une fièvre qui lui étoit survenue ; il ne sortoit pas encore, quoiqu'assez bien rétabli. Nous appréhendions que le trouble de son ame, en voyant sa fille & ses enfans, ne lui causât une rechute dangereuse. Ainsi nous consultâmes sur les moyens de les introduire sans lui causer trop de surprise. Nous convînmes à la fin que j'irois lui dire que des étrangers avoient demandé à le voir ; qu'ayant trouvé leur affaire de trop peu de conséquence pour le déranger, je les avois dépêchés moi-même. Je devois lui dire encore que l'un d'eux ressembloit beaucoup à ma sœur Youwarky. Alors Halicarnie devoit entrer, & suivre la conversation jusqu'à ce que nous trouvassions le moment favorable de lui annoncer la nouvelle. J'allai donc dans la chambre de mon père : je n'eus pas plutôt prononcé le nom de Youwarky, qu'il poussa un grand soupir, & détourna son visage en fondant en larmes.

Halicarnie étant entrée comme par hazard; qu'avez-vous, dit-elle, mon père, qui vous attriste ? Vous sentez vous plus mal aujourd'hui? Hélas! dit-il, je viens d'entendre prononcer un nom qui ne sortira jamais de mon cœur, jusqu'à ce que je descende dans l'Oximo (1). C'est celui de ma sœur, sans doute ? dit-elle. Oui, répliqua-t-il. Je l'ai tout d'un coup imaginé, ajouta-t-elle ; car j'ai vu tout à l'heure une étrangère qui a beaucoup de son air. Deux Dorts (2) ne se ressemblent pas mieux, & j'aurois juré que c'étoit elle, si cela eût été possible. J'ai bien pensé que mon frère auroit l'imprudence de vous le dire. Il a eu tort de rouvrir une blessure qui commençoit à se guérir, & de la renouveller par un pareil discours. Non, mon enfant, lui dit mon père, cette plaie ne se fermera jamais. Oh ! grande image, ne pourrai-je jamais découvrir ce qu'elle est devenue ?

Monsieur, lui dit ma sœur, je crois que vous n'avez pas raison de vous affliger ainsi après une si longue absence. Car si elle est morte, à quoi cela sert-il ? Si elle ne l'est pas, vous la reverrez peut-être. Oh ! jamais, dit mon

---

(1) Le lieu où l'on enterre les morts.
(2) Espèce de fruits comme des pommes.

père ; si j'étois sûr qu'elle est vivante, je prendrois mon essor, & ne fermerois jamais mon graundy que je ne l'eusse trouvée ; je mourrois plutôt à la peine. Mais si vous la rencontriez, lui dis-je, sa vue vous troubleroit & pourroit altérer votre santé. Non, mon fils, dit-il, croyez-moi, je serois tranquille & pleinement satisfait ; si elle entroit ici dans ce moment, je ne sentirois que du plaisir. Que du plaisir! lui dis-je. Non, pourvu qu'elle fût vivante & en bonne santé, répondit-il. Hé bien, monsieur, dit Halicarnie, permettez donc que je l'aille chercher. A ces mots, elle sortit sans attendre sa réponse.

Quangrollart, me dit mon père d'un ton sévère, sitôt qu'elle fut partie, pourquoi vous jouer ainsi de ma foiblesse, vous & votre sœur? Je ne vous le pardonnerai jamais. Il semble que je vous lasse, & que vous cherchiez à vous défaire de moi en m'attristant. A quel propos tout ce prélude ? Est-ce pour introduire ici quelqu'un qui, par une fausse ressemblance avec ma fille, m'expose à vos railleries ? C'est une action indigne dont je ne vous aurois jamais crus capables.

Monsieur, lui dis-je, la grande image m'est témoin que vous m'accusez à tort. Mais, pour ne pas vous laisser dans le doute plus long-tems, vous allez voir Youwarky avec ma sœur. Tout ce discours a été concerté entre nous pour vous préparer à la revoir elle & trois de ses enfans. Est-il possible, dit-il, que je puisse encore jouir d'un tel bonheur ! Oui, monsieur, lui dis-je, en voilà la preuve.

Pendant ce tems, nous les entendîmes venir. Mon pauvre père n'eut pas la force d'aller au-devant d'eux ; &, quand Youwarky s'approcha pour embrasser ses genoux, il lui prit une foiblesse, & sans pouvoir dire un mot, il tomba à la renverse sur une espèce de lit qui étoit derrière lui : il y resta sans mouvement, & nous le crûmes mort. Les femmes, saisies de cet accident, se mirent à crier & se désespéroient. Pour moi qui conservai un peu plus de présence d'esprit, j'appellai le calentar (1), qui en lui tirant le nez, lui pinçant les pieds, & lui appliquant quelques remèdes, le fit revenir en peu de tems.

Il est plus aisé de concevoir que de décrire le trouble où nous jetta l'évanouissement de mon père, & les complimens que nous lui fîmes quand il eut repris ses sens. Comme je ne pourrois vous en faire qu'un récit bien

---

(1) Espèce de médecin que l'on entretient dans les grandes maisons.

foible, je les passerai sous silence, & je passe à la conversation que mon père & votre femme eurent ensemble après s'être tenus long-tems embrassés sans parler.

Mon père jettant les yeux sur les trois enfans qui pleuroient aussi en voyant pleurer leur mère, demanda qui ils étoient. Monsieur, lui dit Youwarky, ce sont trois d'entre huit de vos petits enfans. Et où est votre barkatt? demanda-t-il. Monsieur, reprit-elle, il est resté chez nous avec les autres qui sont encore trop petits pour faire un si long voyage. Mais, monsieur, je m'apperçois que ma présence vous a causé beaucoup d'agitation; permettez que je diffère à répondre à toutes vos questions, jusqu'à ce que vous soyez un peu remis. Le calentar dit que vous avez besoin de vous tranquilliser: ainsi je vais me retirer avec ma sœur; nous reviendrons quand vous serez en état de voir compagnie. Mon père eut bien de la peine à y consentir; mais le calentar le détermina à prendre quelque repos.

Quangrollart vouloit poursuivre. Comme il étoit tems de se reposer, & que Rosig & lui devoient être fatigués d'un si long voyage, je lui dis qu'ayant déja entendu la meilleure partie de son récit, puisque mon père avoit reçu ma femme & mes enfans avec tant de bonté,

& qu'ils se portoient bien tous, je le priois d'en remettre au lendemain la suite. Ils y consentirent ; & leur ayant donné mon lit, j'allai me coucher dans un hammac que j'avois de relais.

CHAPITRE XXVIII.

Discours sur la lumière. Quangrollart explique à Wilkins le mot crashy. Il prend un roseau pour un fruit. Suite de l'accueil que Youwarky reçut de son père & du roi. Tommy & Halicarnie sont pourvus à la cour. Youwarky & son père vont voir les colambs, & en sont visités. Son retour est différé jusqu'à l'hiver suivant, avec son père, qui se propose de l'accompagner.

LE lendemain je préparai ce que j'avois de meilleur pour mes hôtes ; je tuai trois pièces de volaille, & j'ordonnai à Pedro, qui étoit presque aussi bon cuisinier que moi, de les accommoder, tandis que nous irions promener au lac. Quoique la matinée fût fort claire quand nous sortîmes, je ne les entendis point se plaindre de la lumière. Je demandai à mon frère si le jour ne lui faisoit point de mal, en lui observant que ma femme ne pouvoit le supporter sans lunettes. Qu'entendez-vous par des lunettes ? me dit-il. C'est, lui répondis-je, un instrument que j'ai imaginé, afin que le grand jour ne fît pas mal aux yeux de Youwarky. La lumière ne m'incommode point du tout, reprit-il ; j'en ai vu de beaucoup plus grande que celle-ci, & j'y suis accoutumé ; les Glumms qui voyagent souvent, supportent mieux le grand jour que les Gawrys qui ne sortent guère, & ne vont qu'en grande compagnie, où elles n'admettent que rarement les Glumms avant d'être mariées. Pour moi j'ai à Crash-Doorpt (1) une charge, qui, quoique j'y tienne toujours un lieutenant, m'oblige quelquefois à y demeurer long-tems de suite ; comme ce pays est beaucoup plus éclairé qu'Arndrumnstake, la lumière m'est devenue familière ; il est vrai pourtant qu'on ne parvient à s'y accoutumer que quand on y va de jeunesse ; cette habitude est difficile à contracter.

Mon frère, lui dis-je dès qu'il eut cessé, en parlant de Crash-Doorpt, vous me rappellez une question que j'ai à vous faire. Qu'entend-on par le mot crashée ou mutilé, quand on l'applique à un Glumm ou à une Gawrys ? Il n'est pas bien difficile, me répondit-il, de ré-

―――――――――――
(1) Le pays des mutilés.

pondre à votre question, puisque vous connoissez la nature du graundy. La mutilation est la seule punition qu'on fasse souffrir aux criminels incorrigibles. Quand quelqu'un a fait un crime grave, ou, ce qui revient au même, qu'il a multiplié les actes du crime, on lui attache au col une longue corde en forme de cravate; & deux Glumms placés à ses côtés, la prennent chacun par un bout. Deux autres se placent, l'un devant & l'autre derrière, & ils prennent leur vol de manière que la corde tient le criminel au milieu d'eux. Dans cet état ils le conduisent à Crash-Doorpt, un pays aussi éloigné d'Arndrumnstake de l'autre côté, que le vôtre l'est de ce côté-ci; mais beaucoup plus gros que votre île, & situé dans les rochers. A leur arrivée ils descendent au gouvernement, où mon lieutenant fait mutiler le criminel, de manière qu'il ne peut plus retourner à Normnbdsgrsutt, ni sortir du pays, où il doit finir ses jours. Voici comment on le mutile. On couche le criminel sur le dos, le graundy ouvert, & après lui avoir fait une récapitulation de ses crimes, & lu sa sentence, l'exécuteur avec une pierre tranchante lui fend les membranes d'entre les côtes du graundy; de sorte qu'il ne peut plus voler. Ce qu'il y a de pire pour les nouveaux venus, sur-tout quand ils ne sont pas

pas fort jeunes, c'est que la lumière de ce pays est si forte, qu'ils sont plusieurs années à pouvoir s'y accoutumer; quelquefois même ils n'y parviennent jamais.

Cette explication me fit plaisir. Je lui répétai alors la conversation que j'avois eue avec Youwarky sur cette matiere, & comment nous avions conversé long-tems ensemble sans nous entendre. Mais, lui dis-je, comment vous êtes-vous si bien accommodé de ce pays éclairé? Le voici, me dit-il : le colambat de Crash-Doorpt passe pour un des plus honorables gouvernemens de l'état, parce qu'il est dangereux, & qu'il faut que la personne à qui on le confie soit jeune. Le crédit que mon père a à la cour, me le fit accorder dès l'âge de neuf ans. Rosig, qui est à peu-près du même âge que moi, s'est attaché à ma fortune; il y possède un emploi au-dessous de moi. En un mot, j'ai été obligé d'y rester si long-tems & depuis un âge si tendre, que je me suis fort bien accoutumé à toute sorte de lumière.

En discourant ainsi, nous arrivâmes à la maison, où Pedro nous attendoit avec un dîner tel que le pays pouvoit le permettre; il nous servit de la marinade, des confitures, un plat d'œufs durs, & de la volaille bouillie avec des épinards.

Tome I. T

Je m'attendois bien que mes hôtes seroient surpris quand ils verroient de la volaille sur la table; ils ne vouloient pas y toucher, ou du moins ne se mettoient point en devoir de le faire. Craignant que ce mets ne refroidît trop, je leur en servis à chacun une aîle, & j'en pris une cuisse sur mon assiette ; mais voyant qu'ils attendoient comment je m'y prendrois pour en manger, j'y enfonçai la fourchette, & en ayant coupé un morceau, je le trempai dans le sel & le portai à ma bouche. Ils firent de même, & trouvèrent ce manger de fort bon goût. Jamais de ma vie, s'écria Rosig, je n'ai vu de crullmott (1) de cette forme. Puis tirant une patte, il vouloit l'arracher, la prenant, à ce qu'il me dit ensuite, pour un bâton qu'on y avoit enfoncé. Voyant qu'elle tenoit : M. Pierre, me dit-il, vous avez là les plus singuliers crullmotts du monde : en quel endroit des bois croissent-ils ? Où ils croissent ? lui demandai-je. Oui, dit-il, je vous demande si vos arbres de crullmott sont faits comme les nôtres, ou non ? Mais, répondis-je, ces oiseaux sont à la vérité dans le bois, car ils couvent dans ma ménagerie. Quoi, dit-il, c'est une plante courante comme les callebasses ? Non, non, lui dis-je, c'est un

---

(1) Espèce de fruit semblable à un melon.

oiseau que j'ai élevé chez moi; & ceci, en lui montrant les œufs, ce sont les œufs de ces oiseaux, & d'où ils viennent. Ne nous embarrassons pas de ce que c'est, dit Quangrollart, mon frère Pierre ne nous donnera rien dont nous ne puissions manger en sûreté.

La nuit nous ayant pris à table, je présentai à mes hôtes une jatte de punch fait avec ma cassonade, & du jus fermenté de corne de bélier, qu'ils trouvèrent très-bon. Après en avoir bu quelques rasades, je priai mon frère de reprendre son récit où il l'avoit quitté.

Volontiers, me dit-il. Quand mon père eut pris quelques heures de repos, son premier soin fut de faire appeller Youwarky: elle vint se jetter à ses pieds; il la releva, l'embrassa, & congédia tout le monde, à l'exception de ma sœur Halicarnie & moi. Puis nous ayant fait asseoir, il dit à votre femme: ma fille, j'ai long-tems pleuré votre mort; votre retour me donne la plus grande consolation que je pouvois jamais espérer; & j'espère qu'il va contribuer à ma santé, & allonger mes jours. Vous craignez, m'a-t-on dit, que je n'aye quelque ressentiment de votre conduite passée (en effet elle en avoit dit un mot à Halicarnie & à moi), que vous imaginez avec raison mériter quelque censure: non, ma chère, ne craignez rien; je me regarde aujourd'hui comme le père d'un enfant nouveau né ; & je ne veux pas que ce jour soit passé dans la tristesse, ni que rien interrompe notre félicité mutuelle. Je vous défends même de m'en demander pardon par la suite, & de chercher à vous excuser. Sachez, mon enfant, qu'une faveur accordée généreusement, a deux fois plus de mérite que quand elle a été demandée. Ainsi, en présence de la grande image, de votre frère & de votre sœur, j'efface pour toujours de mon esprit toute idée capable d'altérer l'amour que je vous porte, comme je veux que, de votre côté, vous oubliiez ce qui peut nuire à cette confiance sans réserve que vous avez toujours eue en moi. Allons, Quangrollart, continua-t-il, renvoyez la garde de devant ma maison ; que tout le pays soit défrayé à mes dépens pendant sept jours ; qu'on rende la liberté aux prisonniers ; & que le chagrin ne paroisse sur la face de qui que ce soit dans tout mon colambat.

Je sortis pour faire exécuter les ordres de mon père : à l'instant la joie régna par-tout ; & pendant sept jours tout le district d'Arndrumnstake retentit du nom de Youwarky.

Si-tôt que mon père eut donné ses ordres, il envoya chercher les enfans, qu'il baisa & bénit en levant les yeux au ciel, & remerciant la grande Image, du bonheur inespéré dont il jouissoit dans cette occasion. Ensuite il dit à Youwarky de lui raconter tout ce qui lui étoit arrivé pendant son absence, & de l'informer du pays où elle demeuroit, & avec qui.

Youwarky alloit commencer par s'excuser; mon père le lui défendit absolument, & lui dit de ne lui raconter que des faits sans aucun embellissement. Ainsi elle commença par la partie de plaisir qu'elle avoit faite avec ses compagnes : ensuite elle nous fit l'histoire de sa chute, & nous apprit comment vous la reçûtes & lui sauvâtes la vie. Elle nous raconta que vous aviez eu tant de bonté pour elle, qu'elle n'avoit pu s'empêcher de vous aimer, sans pourtant vous le faire connoître, jusqu'à ce que vous trouvant digne d'elle, elle avoit consenti à devenir votre femme. Elle ajouta qu'elle n'avoit jamais voulu se laisser connoître à ses amis dans leurs swangens, quoiqu'elle eût grande envie de nous voir, de crainte qu'on ne la forçât à vous quitter: qu'enfin elle étoit venue avec votre consentement, & qu'elle auroit pu le faire beaucoup plutôt, parce que vous aviez toujours eu envie qu'elle se montrât à ses compatriotes, que vous désiriez fort de connoître vous-même.

Mon père fut si touché de votre tendresse &

de votre affection pour sa fille, que vous avez déja presqu'autant de part qu'elle dans son estime ; il croit ne pouvoir jamais faire assez pour vous & pour vos enfans.

Le bruit du retour de Youwarky, & des réjouissances que faisoit mon père, se répandit bientôt dans tout le royaume de Normnbdsgrsutt. Le roi Georigetti lui envoya dire par un exprès de le venir voir à Brandleguarp sa capitale, avec sa fille & ses enfans. Nous y allâmes tous en grand cortége, & y restâmes vingt jours. Le roi & les dames de la cour prirent beaucoup de plaisir à entendre Youwarky & ses enfans parler anglois, & s'informèrent de vous & de votre façon de vivre. Yaccumbourse, maîtresse du roi, prit tant de goût pour mon neveu Tommy, qu'au retour de mon père, elle voulut le garder avec elle, & assura ma sœur qu'il ne sortiroit d'auprès d'elle que pour être placé plus avantageusement. Jahamel, sœur du roi, voulut aussi prendre Patty à son service ; mais celle-ci ayant demandé la permission d'accompagner sa mère à Arndrumnstake, Halicarnie sa sœur, qui voulut bien rester avec Jahamel, fut reçue à sa place.

De retour à Arndrumnstake, mon père trouva au moins quinze messagers de la part d'autant de colambs, qui désiroient le congratuler sur le retour de fa fille, & le prioient d'aller paffer quelques jours chez eux avec elle. Mon père n'aime la pompe qu'autant qu'il en faut pour foutenir fa dignité ; cependant il ne put fe difpenfer d'aller les vifiter avec Youwarky & une grande fuite, & de refter chez chacun d'eux plus ou moins de jours. Il efpéroit du moins qu'après cela, il auroit quelque tems à jouir en liberté de fa fille avant fon départ, qu'elle commença bientôt à preffer, parce qu'affurément, difoit-elle, fon retard vous jetteroit dans de mortelles inquiétudes. Mais, au retour de toutes ces vifites, ils ne fe trouvèrent pas plus libres que le premier jour. Les colambs inférieurs, qui épioient tous ce moment, vinrent les uns après les autres rendre leurs refpects à à mon père; & tous les magiftrats des diftricts particuliers envoyèrent lui demander fon jour pour venir s'acquitter des mêmes devoirs. La pauvre Youwarky, voyant que cela ne finiffoit point, en marqua fa peine à mon père, qui ne pouvant arrêter la bonne volonté du peuple, ni fonger à fe féparer fi vîte de fa fille, avant qu'elle eût reçu tous ces complimens, réfolut de la retenir encore tout l'hiver, en lui promettant de la reconduire lui-même à Graundevolet. Cependant, pour ne pas vous laiffer dans l'inquiétude, il m'a ordonné de vous envoyer un exprès pour vous informer de la cause de son retard. J'ai répondu que, s'il le trouvoit bon, je m'acquitterois moi-même de cette commission avec Rosig. Il y a consenti avec plaisir, & m'a enjoint de vous assurer de son affection, & de sa reconnoissance pour toutes les bontés & l'affection que vous avez pour sa fille.

Mon frère, ajouta Quangrollart, je crois avoir rempli ses ordres à votre satisfaction ; il ne me reste plus qu'à vous remercier de la bonne réception que vous nous avez faite. Je voudrois bien vous en marquer ma reconnoissance à Arndrumnstake ; mais j'appréhende de n'en avoir jamais l'occasion, tant à cause de l'éloignement, que parce que vous n'avez pas le graundy. Demain matin, nous comptons prendre congé de vous, mon ami & moi, & aller rejoindre mon père.

Quangrollart ayant fini, je lui dis que j'étois confus des louanges qu'il me prodiguoit sans les avoir méritées ; mais que n'étant connu de lui que sur le rapport d'une femme qui, par amitié, avoit sans doute exagéré mon mérite, je serois bien satisfait si lui-même avoit assez bonne opinion de moi pour en parler comme d'un homme fort ordinaire ; que, quoique je ne pusse songer sans peine à me voir privé pour si long-tems de ma chère Youwarky, les nouvelles qu'il venoit de me donner de sa santé, & l'espoir de la voir revenir en si bonne compagnie, me dédommageroit de ma perte. Je le priai, si la chose pouvoit se faire commodément, de m'envoyer un messager la veille de leur départ, pour me donner avis de leur arrivée. Quant à son voyage du lendemain, je le conjurai de ne pas y songer sitôt, d'autant que je m'étois proposé de pêcher en sa présence, dans le lac, du poisson frais pour lui donner à dîner ; de lui montrer ma chaloupe, & de lui apprendre comment & par où j'étois arrivé dans cette arkoé, comptant, autant que je pouvois en juger, que ce seroit une nouveauté pour lui. Ainsi lui ayant fait promettre de rester encore un jour, nous nous séparâmes jusqu'au lendemain.

CHAPITRE XXIX.

L'auteur montre sa basse-cour à Quangrollart & à son ami, qui en sont surpris. Il les mène avec lui à la pêche. Ils sont étonnés de voir son chariot, & de lui voir tuer un oiseau d'un coup de fusil.

J'ÉTOIS véritablement fâché de perdre sitôt mon beau-frère, & encore plus en songeant que je serois encore long-tems sans revoir ma femme. Il fallut prendre mon parti de la meilleure grace, & ne rien négliger, pendant le peu de tems que j'avois à voir Quangrollart, pour gagner de plus en plus son estime, & lui inspirer de l'affection pour moi & pour les enfans qui me restoient. Je me levai dès le matin, afin de préparer un bon déjeûner à mes hôtes; &, comme nous devions passer la plus grande partie du jour dehors, je leur fis manger d'une soupe de poisson chaude, & leur présentai une bonne bouteille d'eau-de-vie, dont je leur fis boire dans ma tasse d'argent. Pour cette dernière pièce, je la leur montrai comme un échantillon de mes richesses & de l'aisance avec laquelle je vivois ; car je voulois réserver la plus grande partie de mes meubles précieux jusqu'à l'arrivée de Pendlehamby, mon beau-père, jugeant qu'il y auroit de l'imprudence à ne pas conserver quelque chose à déployer de nouveau pour le recevoir.

Après avoir bien déjeûné, nous allâmes à notre partie de plaisir : j'eus soin de dire à Pedro ce que je voulois qu'il préparât pour le dîner, & que nous reviendrions fort tard.

Nous fîmes d'abord un tour dans le bois; mais je n'eus garde de les conduire auprès de ma tente ; je ne voulois pas que ma femme en sût rien jusqu'à son retour. Je leur montrai ma basse-cour & ma volaille ; ils furent singulièrement étonnés de voir tant de petites créatures venir à moi quand je les appellois, & accourir dans mes jambes, quoiqu'auparavant ils en eussent à peine apperçu deux ou trois. Ils me firent cent questions sur ces oiseaux : je leur dis que c'étoient les pareils de ceux qu'ils avoient mangés la veille, & qu'ils avoient nommés des crullmotts. Ensuite je les menai entendre la musique des fromages à la crême ; précisément il faisoit alors un peu de vent qui agitoit ces plantes, & leur faisoit rendre leur son ordinaire.

Quand nous nous fûmes amusés quelque tems dans le bois, nous allâmes à mon bassin ; je leur montrai ma chaloupe : au premier coup-d'œil ils ne purent concevoir l'usage de cette machine. Pour les satisfaire, je m'élançai dedans & les priai de me suivre : mais voyant l'agitation de la chaloupe, ils n'osèrent pas s'y risquer, jusqu'à ce que je les eus assurés qu'ils pouvoient le faire sans aucun risque. Après bien des difficultés & des assurances réitérées de ma part, je les déterminai à se livrer avec confiance, & à y entrer avec moi.

Nous ramâmes d'abord jusqu'au pont, où je leur racontai par quel accident j'avois été entraîné par le courant de l'autre côté du rocher ; & qu'après une traversée longue & dangereuse, j'avois débouché heureusement dans le lac par l'ouverture qu'ils voyoient.

Je leur dis ensuite combien j'avois été surpris, immédiatement avant que de connoître Youwarky, à la vue de ses compatriotes, que j'apperçus sur le lac, & ensuite prenant leur vol de dessus le pont : je leur racontai quelles avoient été mes pensées à cette occasion, & les frayeurs qu'ils m'avoient causées.

Après avoir visité le pont, je les menai à mon ruisseau ; car alors ils étoient familiarisés avec ma chaloupe, & m'aidoient même à ramer; & je leur montrai comment j'allois puiser de l'eau quand j'en avois besoin. Ensuite je les descendis à terre, pour leur apprendre ma manière de prendre du poisson. Dans ce dessein, j'avois mis mon filet en bon ordre, & l'attachant à mon ordinaire, j'embrassai un bon espace d'eau à l'embouchure du ruisseau, & je fis un beau coup de filet, que je les priai de m'aider à tirer à terre : car quoique j'eusse pu aisément le faire seul, je voulus leur donner ce plaisir, & ils en furent bien aises. Je m'apperçus cependant que le poisson leur faisoit peur, & que quand il en approchoit quelqu'un d'eux, ils évitoient d'y toucher. Néanmoins ayant amené le filet à terre, je le laissai à découvert, & je ne pus m'empêcher de rire en moi-même, sans en faire semblant, de l'étonnement que le poisson leur causoit, & de ce qu'ils reculoient en arrière dès qu'ils en voyoient quelques-uns auprès d'eux.

Je pris de ce seul coup de filet vingt-deux poissons, dont quelques-uns avoient près d'une aune de longueur ; il y en avoit de deux pieds, & d'autres plus petits. Quand ils me virent manier les plus gros avec les mains pour les jetter dans la chaloupe, ils prirent tous les deux, sans que je les en priasse, des plus petits qu'ils y jettèrent aussi. Mais dès qu'ils leur sentoient remuer la queue, ils les lâchoient aussi-tôt, de sorte que le poisson faisoit deux ou trois chûtes avant que d'être dans la chaloupe.

Je leur demandai alors ce qu'ils penſoient de cet amuſement. Ils me dirent qu'ils étoient bien ſurpris que je ſçuſſe à point nommé où étoit ce poiſſon, qu'ils n'en avoient vu aucun avant que je les euſſes tirés de l'eau, & que cependant ils ne m'euſſent pas entendu ſiffler. Je vis bien par-là qu'ils s'imaginoient que j'appellois les poiſſons auſſi-bien que mes volailles ; je ne voulus pas les détromper, charmé en moi-même qu'ils me cruſſent expert dans quelque genre, comme je les croyois réellement ſupérieurs à moi, à cauſe de leur graundy.

A notre retour, & quand j'eus remis ma chaloupe dans ſon baſſin, voyant qu'il y avoit trop de poiſſon pour pouvoir le porter à bras dans ma grotte, je priai mes hôtes de ſe promener un peu ſur le bord de l'eau, tandis que j'irois chercher mon chariot. Je fis le plus de diligence que je pus, & j'apportai avec moi un fuſil, dont j'eſpérois trouver l'occaſion de tirer quelques coups : car je comptois bien qu'ils ſeroient beaucoup plus ſurpris de l'exploſion de la poudre, que de tout ce qu'ils avoient vu juſqu'alors. Ayant donc chargé mon poiſſon, ils me ſuivirent par derrière : ils conſidéroient beaucoup ma charrette, &

cherchoient ce qui pouvoit faire ainsi tourner les roues, qu'ils prenoient pour des jambes sur lesquelles la charrette marchoit, jusqu'à ce que je leur en eus expliqué la raison. Pour lors ils demandèrent à la traîner, ce qu'ils firent avec beaucoup de facilité l'un après l'autre; & pendant ce tems-là celui qui n'étoit pas occupé, en observoit tous les mouvemens.

Comme nous avancions du côté du logis, un gros oiseau de la grosseur d'une oye sauvage vint passer au-dessus de notre tête. Je leur dis de le considérer, ce qu'ils firent. Je voudrois bien l'avoir, me dit mon frère. Si vous en avez envie, lui répondis-je, je vais vous le donner. Oui vraiment, me dit-il, car jamais je n'ai rien vu de semblable. Restez donc là, lui répliquai-je, & m'avançant deux ou trois pas, je le tirai & le jettai par terre. Me retournant pour voir l'impression que le feu & le bruit de mon fusil avoit fait sur mes hôtes, je ne pus m'empêcher de rire de leur frayeur. Avant que j'eusse eu le tems de me retourner, Rosig étoit déja à plus de cinquante pas, & mon frère étoit couché derrière ma charrette chargée de poisson.

Je les appellai, en les priant de venir à moi sans rien appréhender. Je voulus même donner le fusil à tenir à mon frère; il n'en voulut rien faire, & courut joindre Rosig.

Voyant qu'ils faisoient de cette badinerie une affaire sérieuse, car je les voyois marmotter quelque chose ensemble, je craignis que cette idée, qui m'étoit venue fort innocemment, n'eût des suites désagréables pour moi. Quoi, pensai-je, si dans ce moment ils alloient prendre leur vol sans vouloir m'entendre, & raconter à Arndrumnstake que j'ai voulu les tuer, ou faire à mon beau-père quelque méchante histoire à mon désavantage, je serois perdu, & je ne reverrois plus Youwarky? Je jettai donc mon fusil auprès du poisson, & marchant à eux tout doucement, je leur demandai pardon de l'effroi que je leur avois causé, en les assurant que quoique l'effet de mon fusil eût pu les surprendre, c'étoit un instrument tout ordinaire dans mon pays, avec lequel chacun attrapoit des oiseaux de la même manière. Je leur protestai que par lui-même il ne pouvoit faire aucun mal, à moins que l'on eût le secret de s'en servir, & qu'ils pouvoient compter que jamais je ne l'employerois que pour leur rendre service. Ces raisons & beaucoup d'autres que je leur alléguai, nous réconcilièrent ensemble. Quand nous vînmes à raisonner de sang froid, ils me blâmèrent de ne les avoir

pas

pas avertis. En vérité, leur dis-je, je n'avois pas le tems de vous expliquer l'effet du fusil, tandis que l'oiseau étoit en l'air; il eût été hors de ma portée avant que j'eusse pu vous rien détailler, & se seroit échappé; ce que je ne voulois pas qu'il fît, dès que vous m'aviez prié de vous le donner. Pouvez-vous avoir quelque défiance contre moi ? Ce seroit une action horrible d'homme à homme, mais sur-tout envers un parent, & un parent qui m'apporte les meilleures nouvelles du monde, en m'apprenant l'amitié que mon beau-père a pour moi, & la réconciliation avec ma femme.

Je parvins peu à peu à les faire avouer que leur frayeur avoit été mal fondée, & que ce que je leur avois dit étoit vrai. Ensuite j'allai chercher l'oiseau & le leur apportai. C'étoit de tous les oiseaux que j'ai vus, celui qui avoit le plus beau plumage : ils furent enchantés de sa beauté, & me prièrent de le mettre sur ma charrette, & de l'emporter avec nous dans ma grotte.

Pendant tout le chemin, ils ne cessèrent de chanter mes louanges, & de dire que le père Pierre étoit un homme plein de sagesse. Il ne faut plus s'étonner, dit Quangrollart, si ma sœur Youwarky, dès qu'elle l'a connu, n'a pu se résoudre à le quitter. Ce n'étoit pas

Tome I. V.

à moi à les détromper ; la modestie avec laquelle je reçus leurs complimens ne servit qu'à augmenter la bonne opinion qu'ils avoient de moi ; & je trouvai après le retour de ma femme, que Quangrollart m'avoit dépeint à son père avec les couleurs les plus flatteuses.

J'eus encore une fois le plaisir de les régaler avec de mes anciennes provisions, & un peu de poisson frais, tant bouilli que frit. Ils préférèrent ce dernier à l'autre. Le souper fut fort gai ; nous parlâmes beaucoup des aventures de la journée, & du voyage qu'ils alloient faire, après quoi nous nous séparâmes fort contens les uns des autres. Le lendemain nous nous levâmes de bonne heure, & nous fîmes un petit déjeûner, après lequel Quangrollart & Rosig garnirent leur chapelet des plus longues & plus belles plumes de l'oiseau que j'avois tué. Ensuite étant prêt à partir, ils m'embrassèrent moi & mes enfans. Ils alloient prendre leur vol, quand je m'avisai que, comme la maîtresse du roi avoit pris Tommy sous sa protection, ce seroit peut-être un moyen de le faire aimer encore plus, que de lui envoyer le flageolet : car pendant l'absence de ma femme, j'en avois fait deux presqu'aussi bons que celui-là, & sur le même modèle. C'est pourquoi je leur demandai si l'un d'eux voudroit se charger d'un petit morceau de bois que j'avois dessein d'envoyer à mon fils. Rosig me dit qu'il s'en chargeroit bien volontiers, & que s'il n'étoit pas trop long, il le mettroit dans son colapet (1). Ainsi j'allai le chercher, & je le présentai à Rosig. Mon frère le voyant tout garni de petits trous, demanda à le manier, après s'être assuré que ce n'étoit pas un petit fusil. Il le regarda avec beaucoup d'attention, & m'en demanda l'usage. Je lui dis que c'étoit un instrument de musique, & je me mis à en jouer plusieurs airs. Lui & son compagnon furent enchantés; & je ne doute pas qu'ils n'eussent resté une semaine entière avec moi pour m'entendre. Mais ayant prié Rosig d'avoir soin qu'il ne se perdît pas, il le mit dans son colapet, & tous les deux prirent leur essor.

―――――――――――

(1) Espèce de sac qu'ils portent toujours autour du col.

CHAPITRE XXX.

Pierre se prépare à recevoir son beau-père. Embarras au sujet de sa barbe. Il attend sa femme. Réflexions sur son retard. Il apperçoit un messager au-dessus du rocher, qui lui annonce l'arrivée de Pendlehamby.

LES nouvelles que mes hôtes m'avoient apportées remirent le calme dans mon esprit; ainsi ayant tout l'été devant moi, je songeai aux préparatifs que j'avois à faire pour le retour de ma femme : car suivant le discours de mon beau-frère, je conclus que sa suite seroit nombreuse, que mon beau-père feroit sans doute parade de son équipage, & que si toute sa compagnie n'appercevoit en moi qu'un homme tout ordinaire, j'en serois méprisé, & peut-être aussi ma femme, ou que du moins je perdrois la bonne opinion que son récit leur avoit donnée de ma personne.

Je commençai donc par visiter encore mes caisses, où je savois qu'il se trouvoit beaucoup d'habits du capitaine Portugais, pour y prendre ceux qui me paroîtroient les plus propres dans la circonstance présente. J'y trouvai un habit galonné de drap bleu, avec de gros boutons & de larges boutonnières d'or, & doublées de soie blanche; une culotte de velours noir, un chapeau bordé d'or, & une cravatte de point; deux ou trois bonnes chemises; deux paires de souliers à talons rouges; deux paires de bas de soie, l'une blanche & l'autre écarlate; deux épées à garde d'argent, & plusieurs autres bonnes hardes: mais la façon de ces habits, & deux lettres que je trouvai dans les poches, me firent juger qu'ils étoient du capitaine Anglois, qui avoit été pris en Afrique par le vaisseau Portugais. J'en essayai aussi-tôt quelques-uns qui se trouvèrent bien à ma taille, & j'en remplis des caisses particulières, que je plaçai dans une de mes chambres, pour m'en servir au besoin.

Je trouvai dans une autre caisse un long manteau de drap écarlate galonné, une trousse de rasoir, une paire de ciseaux, & un petit miroir de toilette; une perruque longue & deux autres plus courtes: je mis le tout à part, pour paroître le plus magnifique que je pourrois, dans une circonstance qui vraisemblablement devoit être la plus intéressante de ma vie.

Quand j'eus arrangé dans ma tête en quelle occasion je me servirois de ces meubles, nous allâmes à la pêche plusieurs jours de suite, Pedro & moi, nous prîmes quantité de poissons. J'en salai une partie, & fis sécher le reste. Nous coupâmes beaucoup de foin pour garnir ma tente, & servir de lit à la suite de mon beau-père : nous coupâmes aussi & empilâmes bien du bois à brûler ; & comme j'avois une trentaine de peaux de poisson-bêtes, dont chacune pouvoit couvrir quatre caisses, j'en fis des coussins, & pris le parti de coudre les autres ensemble pour servir de couvertures.

J'avois remarqué que mon frère Quangrollart & Rosig avoient le menton ras : ce qui me fit conjecturer que les gens de son pays n'avoient point de barbe. Si cela est, dis-je en moi même, puisque j'ai des ciseaux & des rasoirs, je couperai la mienne pour être plus semblable à eux. Alors tirant mon miroir, & prenant des ciseaux, je me mis en devoir de l'abattre. Quand j'en eus coupé une pincée, je songeai que n'étant pas de leur pays, & différant d'avec eux à bien d'autres égards, j'aurois peut être l'air plus majestueux de paroître avec ma barbe : toute réflexion faite, je me déterminai à la garder. Cette idée me revenoit souvent dans la tête, ma résolution en fut ébranlée : je me préparai quelques jours après à cette exécution, & j'en enlevai encore une grosse pincée. Cependant, me dis-je, je n'ai jamais essayé à me raser : si par hasard je ne pouvois en venir à bout, je serois beaucoup plus ridicule avec des flocons de poil dispersés çà & là, qu'avec ma barbe entière. J'avoue que de ma vie je n'avois été si indécis. Cet examen m'occupa près de deux mois, pendant lesquels je changeois d'avis chaque fois que j'y pensois. Un jour ayant mis un habit que je n'avois pas encore essayé, & me regardant dans le miroir, je m'écriai : assurément cette barbe vénérable ne convient pas avec de si beaux habits ; il faut la sacrifier : allons, j'y suis déterminé. Je n'en eus pas plutôt coupé une pincée, qu'appercevant le manteau, j'eus envie d'examiner comment il m'alloit. Je vois bien maintenant, me dis-je, qu'il faut porter ma barbe, ou ne point mettre ce manteau. Que cet habit a un air majestueux ! cette gravité que ma barbe y ajoute, annonce de la prudence & de la solidité. Ces gens ont déjà bonne opinion de moi ; ne serois-je pas un fou de les faire changer d'avis, pour vouloir m'habiller en jeune-homme ? Après cette résolution, je remis tous ces ajustemens dans la caisse. Le dernier de ces meubles étant le miroir, je voulus m'y regarder encore avant que de le serrer : mais ma barbe déjà coupée à trois endroits, me donnoit un air si effrayant, que, quoique j'eusse formé la résolution de la conserver, je pris mes ciseaux, & sans y songer davantage, je l'abattis entièrement; après deux ou trois essais, je parvins à me servir assez bien du rasoir.

L'hiver s'approchant, je sentis que j'avois bientôt besoin de provisons plus que jamais, pour l'augmentation des bouches que j'attendois : ainsi j'amassai des vivres de quoi suffire à une petite armée : cela fait, j'allois souvent à la découverte, pour voir s'il n'arrivoit personne. J'eus une fois envie de placer ma tente dans la plaine pour y recevoir ma compagnie; mais n'ayant pas assez de monde avec moi, j'abandonnai ce projet. Je menois tous les jours l'un ou l'autre de mes enfans à la découverte, & je m'impatientois de ne rien appercevoir. Comme une attente incertaine donne naturellement de l'inquiétude, je songeois continuellement à mille circonstances qui pouvoient ou retarder leur voyage, ou l'empêcher entièrement.

Youwarky, pensois-je, viendroit surement, si elle le pouvoit ; mais le voyage est long, & peut-être trop pénible pour un vieillard qui ne songe plus qu'à vivre tranquilement chez lui ; (car je m'étois figuré mon beau-père beaucoup plus vieux qu'il ne me parut ensuite.)

Il tient sa fille avec lui ; peut-être a-t-il envie de la garder. Que lui importe que je sois inquiet ? Il trouvera aisément un prétexte pour différer son départ, jusqu'à ce que la saison obscure soit passée : alors il sera peut-être trop clair pour partir ; & ainsi je me trouverai réduit à attendre jusqu'à l'année prochaine. Que sais-je même si mon frère, qui ne l'est peut-être pas plus que le grand Turc, n'a pas pris ce prétexte pour venir m'examiner ; & si malgré tous ses beaux complimens, ne trouvant pas sa sœur mariée au goût de son père, il ne lui conseillera pas de la garder ? Alors toute la peine que j'ai prise pour eux, ne seroit plus qu'un monument subsistant de ma sotte crédulité. D'ailleurs, j'ai déja eu un messager pour m'apprendre que Tommy & Halicarnie sont pourvus ; ce qui signifie assez clairement que je ne les reverrai plus. Qui sait si je n'en recevrai pas bientôt un autre pour m'annoncer que ma femme & Patty le sont aussi ; & que je dois encore remercier mes protecteurs de m'avoir débarrassé d'un si grand fardeau ? grand Dieu ! si je le croyois, je jetterois au feu la tente, les habits, les chaises, & toutes les marques de ma sottise ; & j'exterminerois d'un seul coup les restes malheureux d'une famille abandonnée.

A peine finissois-je mon soliloque, que j'entendis dans les airs un bruit effrayant semblable à un tonnerre dans l'éloignement. Qu'est-ce que cela ? dis-je à Pedro. Mon papa, me dit-il, je n'ai jamais rien entendu de semblable. Regarde, mon enfant, lui dis-je, si tu ne vois rien ; j'entends encore ce bruit. Tenez, me dit Pedro, il vient du bout du lac ; j'apperçois au-dessus du rocher une espèce de nuage noir que je ne voyois pas tout à l'heure. Pedro, lui dis-je, il change de place, ce sont des nouvelles assurément, bonnes ou mauvaises. Mon papa, reprit-il, je voudrois bien que ce fût maman. Non, Pedro, lui dis-je, je ne l'attends pas avant que de recevoir de ses nouvelles. Vraiment, dit Pedro, ils approchent ; je distingue trois personnes. Si c'étoit mon frère Tommy, mon papa ? Non, mon fils, lui dis-je, je n'espère pas de si bonnes nouvelles ; car ils m'ont dit que Tommy étoit pourvu : n'est-ce pas assez me dire qu'il est perdu pour moi ? Cependant, Pedro, si je pouvois vous procurer un bon établissement en Angleterre, j'y consentirois de bon cœur ; mais pour Tommy, je ne sais pas ce qu'il est.

Pendant ce tems ces trois personnes approchoient. En nous appercevant, ils appellèrent, Pierre. Je leur fis signe de venir. Alors s'abattant devant moi, ils me dirent que Pendlehamby & Youwarky arriveroient le lendemain à la pointe du jour.

Quand j'entendis cette nouvelle, loin de vouloir mettre le feu à la tente, je les invitai de venir à ma grotte, & je leur fis la meilleure chère que je pus. J'étois si charmé, que pour vouloir faire plusieurs choses à la fois, je faisois tout de travers.

Je leur demandai si la suite de mon père étoit considérable? Ils me répondirent qu'elle étoit de deux cens gardes. J'en fus étonné d'abord, car je ne m'étois préparé que pour environ soixante. Allons, dis-je en moi-même, voilà tout mon système renversé. Je m'informai ensuite de ce grand bruit que j'avois entendu en les appercevant au-dessus du rocher. Ils me dirent qu'ils n'avoient entendu que le gripsack ou trompette, qu'ils avoient avec eux, pour les distinguer des messagers ordinaires. Alors l'un d'eux me le montra; c'étoit un long instrument creux qu'il avoit à la main, & que j'avois pris pour un bâton. Mais, me dit-il, demain avant qu'ils arrivent, vous entendrez bien un autre bruit, & qui durera bien plus long-tems.

Après les avoir bien régalés, je les envoyai prendre du repos, sans leur faire d'autres questions; car je ne voulois pas anticiper sur le plaisir que j'aurois d'apprendre toutes les nouvelles de la bouche même de Youwarky. Cependant mes enfans & moi, nous nous occupâmes à préparer tout ce que nous pûmes de volaille & de poisson, afin que chacun pût se mettre à table en arrivant : ensuite nous allâmes nous coucher.

CHAPITRE XXXI.

Pierre règle le cérémonial pour la réception de son beau-père. Description de la marche & de leur arrivée. Il reçoit son père, le conduit à la grotte, & lui demande excuse de son mariage. Pendlehamby l'en empêche. Il ne reconnoît point sa fille habillée à l'angloise. On place les officiers dans la tente.

JE m'occupai toute la nuit à régler le cérémonial que je voulois observer pour recevoir Pendlehamby. Le matin je dressai le couvert le plus proprement qu'il me fut possible ; & ayant habillé Pedro, Jemmy & David, nous marchâmes vers la plaine, où je portai une chaise, & chacun de mes enfans un tabouret. J'avois un juste-au-corps de couleur canelle à boutons d'or, une veste d'écarlatte, une culotte de velours, des bas de soie blancs, ma perruque naissante, un chapeau bordé d'or avec un plumet, une cravatte de point, une épée d'argent, & mon manteau par-dessus le tout. Pour mes enfans, ils avoient les habits que ma femme leur avoit faits avant que de partir.

Quand nous les entendîmes, je disposai mes enfans dans l'ordre où ils devoient s'asseoir: je leur ordonnai de se tenir quelques pas derrière moi, & de faire précisément tout ce qu'ils me verroient faire. Ensuite m'étant assis sur la chaise, je fis mettre Pedro sur son tabouret à ma droite, Jemmy à ma gauche, & David à la gauche de Jemmy.

J'envoyai deux des messagers au-devant, pour instruire Youwarky de l'endroit où je les attendois, afin qu'ils s'abattissent à quelque distance avant que d'arriver à moi. Ma femme en donna avis à son père, & l'ordre fut donné à toute la suite.

Il m'est inpossible de décrire combien cette arrivée avoit l'air majestueux en débordant de dessus le rocher. Comme le lecteur est curieux sans doute d'en connoître l'ordonnance, je vais tâcher de lui en donner une idée.

Après avoir entendu quelque tems un bruit tel que celui d'un tonnerre éloigné, ou plutôt d'un millier d'ours en amour, qui avoit quelque chose d'effrayant, nous apperçûmes dans l'air, à la faveur du crépuscule qui éclairoit le bord du rocher, une file noire qui paroissoit avoir quarante pas de largeur. A mesure que le bruit augmentoit, la file s'élargissoit. Alors nous vîmes des rangées de gens armés d'espèces de perches, & d'espace en espace un étendard. Sitôt que le corps principal parut au-dessus du rocher, il se fit dans l'air un bruit général qu'augmentoit encore le retentissement des échos du rocher opposé. A ce bruit succéda un concert de voix ravissantes, qui ne cessèrent de chanter jusqu'à ce que le cortège fût arrivé assez près de moi. Pour lors la première file composée des trompettes, s'éleva à une hauteur considérable, pour faire place aux rangées suivantes qui s'avancèrent immédiatement au-dessous, & qui étoient d'environ vingt hommes de front. Chacune de ces rangées se partageant par le milieu, s'abattirent à environ vingt pas de moi, à droite & à gauche, formant une espèce d'allée, au bout de laquelle Pendlehamby & ses deux filles descendirent, suivis d'une vingtaine de gardes. Le reste du cortège composé d'environ vingt autres gardes, s'avança en volant au-dessus de ma tête, & alla descendre derrière moi:

mais pendant toute la cérémonie les gripsacks ne cessèrent de sonner avec un bruit surprenant.

La pauvre Youwarky qui n'étoit pas prévenue de mon habillement, ni que j'eusse coupé ma barbe, fut frappée d'étonnement en me voyant le visage enveloppé dans ma grande perruque & dans mon chapeau; mais faisant bonne contenance, persuadée que si la personne qu'elle voyoit n'étoit pas moi, elle trouveroit bientôt son mari, puisqu'elle reconnoissoit ses enfans à leurs habits. Elle s'avança à la droite de son père jusqu'à environ trente pas de l'endroit où j'étois assis comme un potentat. Alors je me levai d'un air grave, & ôtant mon chapeau, je les saluai respectueusement. J'en fis autant à dix pas plus loin, de sorte que je fis ma troisième révérence immédiatement aux pieds de Pendlehamby. Je mis un genou en terre, & j'embrassai sa cuisse droite; mais il me releva & me baisa. Puis me retirant trois pas en arrière, je m'avançai de nouveau, & j'embrassai Youwarky. Pendant ce tems, les enfans faisoient avec Pendlehamby les mêmes cérémonies qu'ils m'avoient vu faire. Il les releva aussi, & les baisa les uns après les autres.

Je demandai tout bas à Youwarky, s'il y

avoit dans la compagnie quelque-uns de ses parens, pour les saluer. Elle me dit qu'il n'y avoit que sa sœur Halicarnie placée derrière son père. J'allai lui faire mon compliment, & je m'avançai à la gauche du vieillard, que je conduisis à travers les files de ses gardes jusqu'à ma chaise, où je le fis asseoir avec Youwarky, & Halicarnie à ses côtés; & je me plaçai à la gauche d'Halicarnie.

Après avoir remercié Pendlehamby de l'honneur de sa visite, je lui dis que j'avois à un demi mille dans le bois une petite grotte où nous irions quand il le jugeroit à propos, & que je n'avois placé ici ce siège que pour le reposer un moment à son arrivée.

Pendlehamby se levant, tous les gripsacks sonnèrent; il prit Youwarky par la main, & je présentai la mienne à Halicarnie.

Arrivés à la grotte, dès que mon père fut assis, je pris Youwarky par la main, & nous lui rendîmes nos devoirs. Je voulus lui demander excuse d'avoir épousé sa fille sans sa permission, & j'allois lui débiter un discours que j'avois préparé exprès; mais il m'interrompit, en m'assurant que je m'étois trompé, & qu'il y avoit consenti. J'allois répliquer que, quoique je sçusse qu'il avoit eu assez de bonté pour nous le pardonner, je lui devois

des

des excuses : il m'interrompit encore. Dès que je l'approuve, & que je vous estime, dit-il, que pouvez-vous demander de plus ? Voyant donc que ce discours ne lui plaisoit pas, je n'insistai point davantage.

Je présentai ensuite à chacun d'eux du vin de Madère dans un gobelet d'argent, & Youwarky se retira. Je pris un prétexte pour la suivre, afin de savoir si elle approuvoit ce que j'avois fait. Mon cher, me dit-elle, que vous est-il arrivé ? Je vous assure que, sans la crainte de surprendre mon père, je ne vous aurois pas reconnu pour mon mari. Ma belle, lui dis-je, cet habillement est à la mode d'Angleterre. Pierre, me répondit-elle, il est beau : je m'apperçois qu'il a attiré tous les yeux sur vous, & je l'approuve à cause de ceux à qui nous devons chercher à plaire ; mais ne vous imaginez pas que je vous aime mieux ainsi, que dans votre habit ordinaire. C'est Pierre que j'aime, de quelque manière qu'il soit mis : mais rentrez ; je vais m'habiller ; & j'irai vous joindre.

Ma femme ayant mis sa robe à l'Angloise, traversa la chambre où étoit mon père, pour aller voir son fils Richard qui étoit dans une autre. J'étois assis pour lors à côté de lui. Mon fils, me dit-il, en la voyant, je croyois que vous n'aviez point d'autre femme que ma fille dans cette Arkoé : car assurément vous n'avez pas d'enfans si grands que cela (en me montrant ma femme. (Non, monsieur, lui dis-je, c'est une amie. Elle vous est donc venue, me dit-il, pendant l'absence de ma fille ? Pardonnez-moi, lui répondis-je, ma femme la connoît très-bien.

Tandis que nous causions ainsi, Youwarky entra avec Richard sur ses bras qu'elle avoit couverts jusqu'aux poignets avec la manche de sa robe, afin de cacher son graundy ; & jouant avec l'enfant, elle lui parloit Anglois. Est-ce là votre plus jeune enfant, me dit mon père ? Je lui dis que oui. Madame, ajoutai-je, apportez-le à mon père. Vous avez là, madame, lui dit-il, un joli enfant sur vos bras ; sa mère l'a-t-elle vu depuis son retour ? Il lui parloit dans sa langue ; & Youwarky me regardant, comme si elle ne l'eût pas entendu, je lui expliquai en Anglois ce qu'il disoit. Ma sœur voulut aussi voir l'enfant ; & je lui servis d'interprète. En un mot, ils causèrent près d'une demi-heure avec ma femme sans la reconnoître, jusqu'à ce qu'enfin, parlant dans sa langue, elle lui dit : c'est votre grand papa, mon cher Richard. Le bon vieillard, tout étonné : que je sois mutilé, dit-il, si ce n'est Youwarky. Cela n'est pas possible, dit Halicarnie. En vérité, ma sœur, vous vous trompez, dit Youwarky, c'est moi-même. Mon père jura qu'il n'en avoit pas eu le moindre soupçon, jusqu'à ce qu'elle eût parlé dans sa langue. Il l'embrassa elle & l'enfant, & la pria de rester toujours dans cet habit pendant son séjour.

Je demandai à Pedro quelle provision il avoit faite pour les gardes. Mon fils, dit Pendlehamby, je n'ai point amené tous ces gens pour vous être à charge; ils ont apporté avec eux de quoi manger, & je ne veux pas souffrir qu'on leur en donne. Je lui demandai alors s'il y avoit quelques officiers qu'il fallût traiter avec un peu plus de distinction? Pierre, répondit-il, je vois que vous êtes attaché au point d'honneur. Je serois fâché de vous incommoder pour eux; mais si vous pouvez donner une chambre à coucher, ou quelqu'endroit couvert pour une vingtaine d'entr'eux qui sont supérieurs, ou du moins pour dix, tandis que les dix autres sont en fonction, je vous serai obligé. Je lui répondis que j'avois dressé pour cela une tente qui pourroit en contenir aisément un bien plus grand nombre; & que comme c'étoient des gens d'une certaine distinction, je souhaitois qu'il me permît de les régaler. Il y consentit après quelques instances.

Quand Pendlehamby se fut rafraîchi, il voulut visiter le quartier des officiers, & je lui montrai ma tente. Il n'avoit jamais rien vu de semblable, & alloit y grimper par le dehors qu'il prenoit pour de la terre. Monsieur, lui dis-je, vous ne pouvez pas y entrer ainsi. Alors lui présentant la main, je le conduisis par le devant, & détournant le rideau bleu, je le fis entrer. Il en fut extrêmement satisfait, & me demanda comment elle étoit faite. Je lui dis en peu de mots; mais j'aurois pu lui dire toute autre chose; car il n'y comprit rien. Il l'approuva beaucoup cependant, & appellant le premier officier: voilà, lui dit-il, votre quartier. Pour lors m'adressant à cet officier, je le priai de commander dans ma maison, & qu'on lui donneroit des provisions chaque jour. Comme il hésitoit à les accepter, je l'assurai que mon beau-père me l'avoit permis. Sur quoi il se frotta le menton en signe de reconnoissance.

Je lui demandai ensuite s'il avoit quelque homme habile pour le servir & préparer leur manger; monsieur, me dit-il, il faudroit que cela fût tout prêt, car mes gens n'y entendent rien; pour toute autre chose, vous pouvez en disposer ils sont à mes ordres.

CHAPITRE XXXII.

Dîner. Ils prennent le poisson & la volaille pour des fruits. Pierre entend venir son frère & les colambs. Comment il les couche. Réflexion de Pierre sur le défaut de graundy. Ils vont visiter l'île. Serviteurs plus difficiles à contenter que les maîtres. Raison pour laquelle on change d'habits plusieurs fois le jour.

PENDLEHAMBY ayant envie de visiter mon île, alla faire avec Halicarnie une longue promenade dans le bois jusqu'à l'heure du dîner. Comme il m'avoit dit, avant de partir, qu'il y avoit toujours quelques-uns de ses gardes qui le servoient à table, je mis ordre à leur dîner avant son retour. Pour cet effet, j'envoyai un grand plat de volaille froide coupée par morceaux, que je fis étendre sur des feuilles nettes placées sur les caisses, & j'y joignis une quantité suffisante de pain & de poisson. Alors je priai les officiers, qui étoient présens, de se rafraîchir, en leur disant, que quand les autres auroient été relevés, on leur en serviroit aussi. J'apperçus dans leur air un embarras que je ne compris pas d'abord mais me tournant aussitôt vers le chef: monsieur, lui dis-je, cette nourriture ne vous est peut-être pas ordinaire ; c'est celle que mon île fournit, & vous ne la trouverez pas mauvaise, quand vous en aurez goûté. En parlant ainsi, je pris un morceau de volaille, & le trempant dans le sel, j'en mangeai moi-même, puis je lui en présentai un autre. Il n'en eut pas plutôt goûté, que tous les autres en prirent sans scrupule ; sur-tout ils louoient le sel comme une chose dont ils n'avoient jamais mangé, quoiqu'ils parussent connoître le goût du poisson & de la volaille.

Je leur enseignai ensuite où je me fournissois d'eau, & je leur dis d'en envoyer chercher par leurs gens.

Après le retour de mon père & de ma sœur, le gripsack sonna le dîner. Quatre officiers de service entrèrent, & demandèrent à porter les plats, comme une des fonctions de leur emploi. Je m'apperçus que l'un d'eux, après avoir mis le premier plat sur la table, ne bougea pas de derrière Pendlehamby ; au moindre signe, il ordonnoit aux autres ce qu'il falloit apporter, & il le présentoit lui-même à mon père, qui lui donnoit souvent de ce qu'il avoit sur son assiette : les autres officiers servoient à table indistinctement.

Après le dîner, je fis une jatte de punch; & demandant à mon père permission de suivre l'usage de mon pays, je bus à sa santé. Ma fille, dit-il, à Youwarky, nous voilà revenus à l'ancien usage. Mon fils, ceci n'est pas nouveau pour moi: votre femme buvoit toujours à la santé de son cher Pierre & de ses enfans de Graundevolet, & nous obligeoit à lui faire raison. Je vous remercie, & j'en vais faire autant. Aussitôt prenant un verre: mon fils & ma fille, dit-il, je vous souhaite une longue santé, beaucoup de tendresse & d'union, à vous & à mes petits-enfans. Nous nous levâmes, Youwarky & moi, & le remerciâmes.

Quand nous eûmes resté quelque tems assis : mon fils, dit mon père, vous avez vécu si retirés, vous & votre femme, que je crains fort que ma compagnie & mes gens ne vous causent de l'embarras. Mon fils a dessein aussi de vous faire une visite avec plusieurs Colambs, mes confrères; si nous vous sommes trop à charge, dites-le-moi franchement ; car ils doivent s'arrêter demain à Battingdrigg, pour savoir si leur visite ne vous gêne point. Mon fils, ajouta-t-il, la bouche est un grand dissipateur ; à force de multiplier le nombre, on peut trouver un jour la fin des provisions qui suffiroient à votre famille pour une année.

Dites-moi donc sans façon, en quel état sont vos provisions : il ne faut pas que pour nous recevoir vous en souffriez du dommage. Je lui répondis que j'avois du poisson séché en abondance, & que ma basse-cour étoit si bien garnie, que je n'en savois pas le nombre : que pour du pain, je n'en manquois pas, & que j'en pourrois avoir quand je voudrois, ainsi que du poisson frais, dont j'aurois de quoi regaler toute la province d'Arndrumdstake, & qu'il n'y avoit que les confitures dont je n'étois pas si bien fourni.

Si cela est, mon fils, dit mon père, je puis envoyer dire à votre frère de continuer son voyage. En effet, il dépêcha aussitôt dix messagers avec un gripsack pour presser son arrivée.

Le vieillard donnoit de fréquentes atteintes au punch, & je m'apperçus à sa bonne humeur, que cette boisson lui plaisoit. Il étoit tems de se reposer ; ainsi je conduisis mon père au lit que je lui avois destiné ; & après avoir pourvu à tout le reste de la famille, nous nous retirâmes Youwarky & moi.

Vous pouvez imaginer que je fus bien charmé de me retrouver seul avec ma chère Youwarky. Je lui demandai comment Pendlehamby l'avoit reçue d'abord. Elle me raconta le tout avec des circonstances si touchantes, que j'en pleurai de tendresse ; & j'ai toujours aimé depuis ce bon vieillard, comme s'il eût été mon propre père.

Elle m'apprit que Tommy étoit déja en faveur à la cour avant le voyage de son frère ; mais que depuis que je lui avois envoyé le flageolet, il avoit été caressé sans mesure, & qu'il ne tarderoit pas à devenir un grand seigneur. Qu'Halicarnie ma fille ne quittoit point Jehamel, qui la mettoit de toutes ses parties de plaisir, & qui, sans doute, lui procureroit un bon mariage dans le tems. Quant à Patty, elle me dit que son père vouloit, avec ma permission, l'adopter comme sa propre fille.

Ma femme qui étoit fatiguée du voyage, dormit de bon cœur ; mais l'agitation de mes esprits ne me permit pas de fermer l'œil. Je n'avois jamais tant regretté qu'alors, de n'avoir point le graundy ; car, pensois-je, maintenant que j'ai goûté les douceurs de la société, comment pourrai-je en supporter la privation totale, comme il arrivera dans quelques jours, quand toute cette compagnie sera partie, & que je me trouverai réduit à reprendre mon ancien train ? Si j'étois semblable à mes hôtes, je ferois bien meilleure figure qu'eux, par la supériorité de mes connoissances ; tout le monde seroit à moi ; je pourrois m'envoler dans mon pays ou dans quelqu'autre partie du monde ; la seule curiosité qu'on auroit de me voir, suffiroit pour m'enrichir. Mais aussi, continuai-je, si, avec le graundy, ma vue s'affoiblissoit de façon que je fusse obligé de vivre dans l'obscurité en Angleterre, je me trouverois aussi mal que je le suis ici : personne ne pourroit me tenir compagnie, puisque mes heures, pour sortir, seroient précisément le tems du repos des autres ; personne ne voudroit, pour avoir ma compagnie dans un endroit obscur, abandonner la clarté du jour, où ils pourroient jouir de la conversation des autres. En serois-je donc mieux pour avoir le graundy ? à moins que je ne prisse la résolution de vivre ici, ou dans les environs ; & alors, pour avoir compagnie, il faudroit me retirer dans des pays encore plus obscurs, auxquels mes yeux ne sont pas propres ; en un mot, il faudroit me refondre entièrement avant de pouvoir remplir mes desirs. Sois donc content, Pierre, ajoutai-je ; tu as été heureux ici sans cela avec ta femme & tes enfans : ne vas pas te rendre malheureux en desirant un changement impossible, & qui, s'il pouvoit se faire, altéreroit peut-être ton bonheur ; au contraire, ne cherche que ce que tu peux embrasser, en pesant toutes les circonstances; tu trouveras ta félicité en restreignant tes desirs, affranchis des deux plus grands maux de la nature, l'espoir & la crainte, compagnons inséparables, mais ennemis mortels de la paix. Car l'homme qui se livre le plus à l'espoir, est alarmé par la crainte du moindre contretems. Ces idées me rendirent un peu de tranquillité. A coup sûr, me dis-je à moi-même, je suis l'être le plus indéfinissable de la nature; je ne réfléchis jamais, que quand je suis accablé par le chagrin. O Glaulepze, je n'oublierai jamais ce que tu me dis après avoir vaincu le crocodile, qu'il n'y a rien dont on ne puisse venir à bout avec de la résolution, quand on embrasse d'un coup-d'œil les deux faces d'une affaire, & qu'on peut en peser les avantages & les inconvéniens! Ces paroles sont dignes d'être gravées sur l'airain, & plût à Dieu qu'elles le fussent dans mon cœur; elles m'épargneroient bien des heures de chagrin, m'aideroient à saisir plus facilement les objets possibles, & à me tranquilliser quand les obstacles sont insurmontables. Dès que je serai levé, je les placerai en quelqu'endroit apparent, pour les bien inculquer dans ma mémoire & celle de mes enfans.

En effet, la première chose que je fis, à mon réveil, fut de chercher un endroit commode pour écrire cette sentence; & prenant un bout de tison, au lieu de pinceau, j'écrivis sur une des portes de mon armoire : « Quiconque veut venir à bout d'un objet, doit en appercevoir les deux faces d'un seul coup-d'œil ; &, après avoir examiné mûrement la fin & les moyens, suivre ce que lui dictera la saine raison » J'écrivis ces mots d'abord en anglois, & ensuite dans la langue de Doorsptswangeanti ; & après les avoir relus deux ou trois fois, j'allai chercher de l'eau & du poisson ; & je revins avant que mes hôtes fussent levés. Je pris soin aussi le même jour, que les officiers fussent servis du mieux qu'il m'étoit possible ; s'il devoit manquer quelque commodité, j'aimois mieux que ce fût à mon père qu'à eux ; car j'ai toujours remarqué qu'il est plus aisé de satisfaire les maîtres que les domestiques. Les maîtres se prêtent aux circonstances, & par une complaisance naturelle, interprètent favorablement une erreur ou une omission ; au lieu que les domestiques les attribuent à une espèce de mépris que l'on a pour eux.

La compagnie étant sortie, je m'habillai comme la veille, à l'exception de mon manteau, je mis une perruque noire & courte, & sentant approcher le moment de leur retour, je sortis pour aller au-devant d'eux.

Pendlehamby m'appercevant le premier à

travers les arbres : ma fille, dit-il à Youwarky, je crois que vous avez un mari pour tous les jours de la semaine ; qui apperçois-je là-bas ? Est-ce mon fils Pierre ? Il n'est pas le même qu'hier. Elle lui répondit qu'elle m'avoit toujours oui-dire que nous changions souvent d'habits en Angleterre, & même jusqu'à deux ou trois fois par jour. Quoi donc, dit Pendlehamby, ces gens sont-ils assez méchans pour craindre d'être connus le soir de ceux qui les ont vus le matin ?

Pendant ce tems j'arrivai près d'eux, & après les avoir salués, Youwarky m'adressa la parole : mon père ne vous reconnoissoit pas, mon cher Pierre, tant cette perruque vous change ; je lui ai dit, que dans votre pays on change, non-seulement de perruque, mais encore d'habillemens deux ou trois fois le jour. Pierre, me dit Pendlehamby, je ne conçois pas pourquoi un homme cherche à se rendre si différent de lui-même ? Monsieur, lui dis-je, cela vient des différentes choses que l'on a à faire pendant le jour. Qu'un homme sorte le matin pour quelques affaires avec ses inférieurs, ou qu'il aille au café pour apprendre les nouvelles du jour, il met un habit uni, sans façon, propre pour le travail ; s'il doit aller dîner avec un ami, devant qui, par égard, il ne veut pas paroître avec un mauvais habit, il en met un plus propre ; & après y avoir passé quelque tems, s'il a quelques rendez-vous à la cour, aux spectacles, ou chez sa maîtresse, il est de la décence de mettre alors les plus beaux habits qu'il ait. S'il mettoit toujours ces derniers, ils seroient bientôt gâtés, & il n'oseroit plus sortir dans cet équipage. En vérité, reprit mon père, les coutumes des différens pays sont bien singulières. Pour nous, nous naissons avec nos habits qui nous servent toujours, petits ou grands, & ils ne s'usent jamais pour être portés ; aussi sommes-nous toujours les mêmes, au lieu que vous êtes obligés de changer continuellement de couleur, de taille & d'habillemens. Mais où prend-on toutes ces choses ? chacun se les fait donc à sa fantaisie ? Non, monsieur, lui dis-je, il y a des gens qui s'occupent à faire ces choses pour les autres. Mais, continua-t-il, ce sont donc des esclaves ? Non, monsieur, ils sont libres, répondis-je ; c'est leur métier, ils le font pour vivre ; & ceux qui les employent, les payent. Un habit complet, comme celui-ci, ajoutai-je, en maniant le pan de mon habit, coûte la valeur de douze ou quatorze livres sterlings de notre monnoie. Je ne vous entends pas, me dit mon père. Monsieur, ajoutai-je, c'est-à-dire, autant d'argent qu'il en faudroit à un homme rangé, pour lui fournir pendant trois mois toutes les nécessités de la vie. Il faut donc, dit mon père, que ces gens soient bien riches? Monsieur, lui répondis-je, cela n'est point nécessaire; car qu'un homme riche & connu pour tel, soit négligé dans ses habits, on dira que c'est par goût qu'il se met ainsi; au contraire, un homme qui ne passe pas pour riche, ou qui réellement ne l'est pas, fait quelquefois croire qu'il l'est, par son extérieur : il sort peu, & vit durement chez lui, pour épargner de quoi avoir ce bel habit; & il continue de même pour le conserver, jusqu'à ce que quelque circonstance favorable lui fournisse les moyens d'en avoir d'autres; & il arrive quelquefois qu'un tel homme s'enrichit par un bon mariage. Car, comme il se montre rarement en public, il se met si bien lorsqu'il y paroît, que les femmes qui se laissent souvent prendre par l'extérieur, l'admettent d'abord dans leur société, & s'il a quelqu'adresse, il les arrête dans ses filets : l'une d'elles, en l'épousant, l'enrichit, & le met en état d'être réellement ce dont il n'avoit auparavant que l'apparence.

Pendlehamby eut de la peine à entendre ce que je lui disois, & je compris, par ses discours, que toutes les richesses qu'ils possedent, se réduisent à la nourriture & à des esclaves,

En effet, lorsque j'allai demeurer chez eux, j'eus lieu de connoître qu'ils n'avoient besoin de rien de plus. Je crains bien qu'en tâchant de les civiliser, je ne leur aye fait prendre une autre façon de penser.

CHAPITRE XXXIII.

Quangrollart arrive avec les colambs. Ils se trouvent trop à l'étroit, passent dans la tente. Youwarky n'en est point reconnue. Pierre raconte une partie de ses voyages. Dispute sur les peaux de poisson-bêtes.

Ayant dormi plus qu'à l'ordinaire, je fus réveillé le lendemain matin par un gripsack de Quangrollart. Si-tôt que je l'entendis, je me levai, pensant qu'ils étoient déja à ma porte; mais le messager me fit entendre à sa manière (car ils ignorent l'usage de diviser le tems en heures), qu'ils n'arriveroient pas de plus de deux heures. Ainsi je m'habillai à mon aise; & éveillant Youwarky, ma chère, lui dis-je, votre frère va arriver; je voudrois que vous vous habillassiez, afin de paroître devant lui comme ma ménagère.

Nous allâmes ensuite dans la plaine : il étoit tems; car l'avant-garde étoit déja dans l'île, &
le

le cortége étoit si nombreux, qu'il sembloit en occuper toute la longueur. L'ordre & la régularité de leur vol étoit admirable; trente bandes de gripsacks pour autant de colambs, faisoient un si grand bruit, que je ne sçais comment ils pouvoient le supporter eux-mêmes. Les principaux, avec chacun cinquante hommes de suite, descendirent à environ cent pas de moi. Les gripsacks restèrent en l'air, & sonnèrent tant que la cérémonie dura.

Elle fut assez ennuyeuse; car les gardes s'abattant avec leurs colambs, se rangeoient précisément dans le même ordre que ceux de Pend-Jehamby; mais ils garnissoient un espace de terrein à perte de vue. A mesure qu'ils s'avançoient, Youwarky & moi, après nous être tenus debout quelque tems, allâmes à eux à petits pas.

Vous auriez été surpris des honneurs qu'ils nous rendirent; je crois que les gardes nous prenoient pour quelque chose de plus que des hommes. Youwarky avoit mis des bas de soie blancs & des souliers à talons rouges; & pour cacher son graundy, elle avoit descendu les manches de sa robe jusqu'aux poignets, de sorte que personne ne la reconnut.

Le premier que nous rencontrâmes fut mon frère; nous n'eûmes que le tems de lui faire notre compliment en passant ; un autre colamb vint ensuite, qui fut remplacé par un troisiéme, & ainsi de suite. Ils étoient venus au nombre de trente ; les uns par considération pour mon père & mon frère ; les autres par la simple curiosité de me voir. A mesure qu'ils nous avoient salués, ils passoient outre tant qu'il n'y en eût plus à recevoir ; après quoi nous retournâmes joindre la compagnie.

La grotte se trouva si pleine, que nous pouvions à peine y tenir tous debout ; il n'y avoit pas moyen de s'asseoir. Mon père s'en étant apperçu, leur dit : mes amis, si mon fils eût été informé à tems de l'arrivée d'une si nombreuse compagnie, il se seroit pourvu de siéges pour tous ; mais quand vous considérerez que tout ce que vous voyez est l'ouvrage de ses mains, vous serez plus étonnés des commodités qui se trouvent ici, que fâchés qu'il n'y en ait pas davantage. Mon fils, me dit-il, nous sommes ici un trop grand nombre ; croyez-moi, passons au quartier des officiers, & qu'ils prennent le nôtre. Je remerciai mon père de cette idée, & leur montrant le chemin, ils me suivirent tous à la tente où nous eûmes suffisamment de place.

Youwarky s'occupa pendant tout le dîner à servir nos hôtes. Nous n'eûmes pas plutôt fini, que Quangrollart me dit tout haut: frère Pierre, ne verrons-nous pas ma sœur? Je vis bien que c'étoit à moi qu'il parloit; mais je feignis de ne pas l'entendre. Où est donc ma sœur Youwarky, dit-il? pourquoi ne paroît-elle pas? Voici plusieurs de ses amis qui seront charmés de la voir ainsi que moi. Mon père se mit à rire de si bon cœur, que les autres s'en apperçurent, & mon pauvre frère fut couvert de confusion. Quoi, dit mon père, vous ne connoissez pas votre sœur? Nous ne l'avons pas encore vue, dit un des colambs, ni aucune dame, excepté votre fille Halicarnie & celle qui nous sert. Mon frère s'étant alors apperçu de son erreur, se leva pour saluer ma femme; il ne sçavoit encore qu'en penser jusqu'à ce qu'il la vît sourire: il lui demanda pardon de sa méprise, en disant, que comme il l'avoit vue un peu derrière moi dans la plaine, il s'étoit contenté de porter sa main au menton, la prenant pour quelqu'un de ma suite. Tous les colambs à son imitation la saluèrent, protestant que le peu d'égards de Quangrollart, qui devoit sçavoir mieux qu'eux à qui il rendoit ses devoirs, avoit été cause de leur incivilité; & chacun d'eux en avouant sa méprise, la rejetta sur l'exemple de celui qui l'avoit précédé. Cette erreur nous ayant beaucoup réjoui, ils proposèrent d'aller promener dans les bois, comme une nouveauté pour eux. Mais je restai chez moi, afin de préparer tout pour leur retour.

Après s'être rafraîchis, les colambs firent signe à Quangrollart, qui me dit que je ne pouvois faire plus de plaisir à la compagnie, qu'en leur racontant mes aventures. Je leur ai déja dit la nuit dernière toutes celles dont je me suis ressouvenu, dit-il; mais le nombre en est si grand, que ne pouvant les raconter par ordre, je les leur ai dites à mesure qu'elles me revenoient à la mémoire; & j'en ai fait des histoires séparées, plutôt qu'une suite de faits.

Tous les colambs se joignirent à mon frère, & me prièrent de commencer. Je fis débarrasser la table, & servir une jatte de punch; je bus à la santé de toute la compagnie, & commençai mon histoire. Je comptois la finir le soir même; la chose fut impossible, ils voulurent que j'entrasse dans les plus grands détails. Souvent on me demandoit des explications sur des faits particuliers. L'un faisoit une remarque; un autre y répondoit; & un troisième répliquoit: enfin, ils m'interrompirent si souvent & si longtems, qu'oubliant eux-mêmes la suite de l'histoire, ils se perdoient dans leurs raisonnemens. Un autre qui, en réfléchissant sur un fait, avoit perdu la meilleure partie de la suite, vouloit que je repriſſe à tel endroit, de manière que je fus ſouvent obligé de recommencer. Auſſi ma narration tira fort en longueur; & au lieu de finir le même jour comme je l'avois eſpéré, elle étoit à peine commencée quand il fallut s'aller coucher. Ainſi les ayant conduits juſqu'à mon arrivée à Angola, je leur dis que, comme il étoit tard, il falloit remettre le reſte au lendemain. Ils y conſentirent.

Quangrollart demanda alors à mon père s'il avoit été à la pêche depuis ſon arrivée. Mon père lui avoit répondu qu'il ne ſçavoit ce que c'étoit, toute la compagnie ſouhaita de prendre ce plaiſir, & nous projettâmes d'y aller le lendemain matin. Mais, meſſieurs, leur dis-je, votre logement pour la nuit m'inquiéte; je ne ſçais comment faire. J'ai un petit nombre de peaux de poiſſon-bêtes qui ſont fort douces & chaudes; mais je n'en ai pas ſuffiſamment pour tant d'amis. Je ne vois point d'autre moyen que d'étendre ce qu'il s'en trouvera ſur autant de foin & de joncs qu'il vous plaira. J'envoyai alors un domeſtique demander les peaux à Youwarky. Ils s'écrièrent tous que, pourvu qu'ils euſſent des joncs bien ſecs, il ne leur en falloit pas davantage. En un moment, j'en fis apporter une bonne quantité dans la tente, puis en ayant donné aussi à ceux qui restoient à la grotte; Youwarky alla coucher avec sa sœur; & je retournai à la tente pour y loger avec ceux que j'y avois laissés.

En entrant j'entendis un tumulte considérable : tous parloient ensemble, & si haut, que je crus qu'ils se querelloient, & alloient en venir aux coups. Dès qu'ils me virent, plusieurs accoururent à moi; ils avoient chacun une peau à la main, & les autres suivoient. Messieurs, leur dis-je, je vous croyois tous couchés. Aussi le ferions nous déja, dit l'un d'eux, sans ses machines-ci. Il est malheureux pour moi, leur dis-je, de n'en avoir pas davantage, & de ne pouvoir vous en fournir une à chacun. Je n'en ai pas besoin, dit un autre, je l'ai vu assez. Messieurs, continuai-je, je voudrois qu'il y en eût beaucoup de l'avis de ce Colamb, afin que ceux qui veulent de ces peaux, en eussent chacun une. Nous ne nous entendions ni les uns ni les autres. Un vieux Colamb s'appercevant de la méprise : monsieur Pierre, me dit-il, nous disputions.... J'en suis fâché, lui dis-je; je me suis apperçu en entrant que vous étiez un peu échauffés; il faut tâcher d'arranger les choses à votre satisfaction. Je veux dire, dit le Colamb, que nous avons eu une dispute sur la nature de ces choses, & rien de plus. Je demeurai confus de mon étourderie, & si honteux qu'ils pussent croire que je les avois soupçonnés de s'être querellés pour les peaux, que je ne savois comment me tirer d'embarras. Excusez-moi, monsieur, lui dis-je, si j'ai eu quelque peine, c'est de ce que chacun ne pouvoit pas avoir une de ces peaux, on n'auroit pas été obligé d'attendre, & chacun eût pu les examiner, & faire ses remarques en même-tems. Cela ne fait rien, monsieur Pierre, il n'en faut pas davantage, me dirent-ils tous ensemble, nous aurons demain tout le loisir de les voir : dites-nous seulement ce que c'est que ces peaux, & en quel endroit elles croissent. Messieurs, leur dis-je, chacune de ces peaux est l'habillement d'un poisson. Où croissent-elles ? demandèrent-ils. Dans le lac, leur répondis-je ; c'est une créature vivante qui habite dans l'eau. J'en prends souvent quand je vais à la pêche : demain vous en aurez le plaisir.

J'eus peine à leur persuader que ces poissons ne venoient pas sur les arbres. Mais les ayant convaincus enfin en leur disant, que peut-être ils en verroient un vivant le lendemain; ils furent satisfaits, & nous allâmes tous prendre du repos.

CHAPITRE XXXVI.

Ils vont à la pêche, où l'on prend un poisson-bête. Ils sont effrayés d'un coup de fusil. Comment Pierre avoit perfectionné son filet. Dîner en poisson pour les gardes.

LE lendemain matin je parus devant eux avec mon vieil habit, & un chapeau dont les bords étoient rongés jusqu'à la forme, une camisole de laine, & une chemise déchirée. Comment mon fils, me dit mon père, qu'avez-vous-là? Monsieur, lui dis-je, c'est pour vous faire voir l'utilité de la mode d'Angleterre, dont je vous parlois l'autre jour. Vous me voyez avec ce méchant habit, parce que l'ouvrage que j'ai à faire le demande. Mais quand nous serons de retour, & que je n'aurai plus à travailler, je m'habillerai le plus proprement qu'il me sera possible, pour paroître en votre compagnie.

Messieurs, dit mon frère : êtes-vous prêts à partir? je crois qu'il est tems. Tous se levèrent, nous allâmes au lac, où j'entrai dans ma chaloupe, en disant que cinq ou six pouvoient venir avec moi. Ceux qui n'avoient encore rien vu de semblable, s'en excusèrent; mais mon frère les ayant assurés qu'il n'y avoit rien à craindre & qu'il y avoit déja vogué l'autre voyage, trois ou quatre d'entr'eux y entrèrent avec mon père & Halicarnie qui avoient envie de me voir pêcher. Je pris mon fusil selon ma coutume & nous remontâmes une grande partie du lac.

J'eus un plaisir infini à voir sur le graundy tous ces gens qui étoient dans l'île : une partie planoit au-dessus de nos têtes ; le reste voltigeoit, les uns d'un côté, les autres d'un autre, jusqu'à ce que rencontrant un endroit propre à la pêche, je gagnai le bord, & sortis de la chaloupe. Alors tous vinrent s'abattre autour de moi, & regardèrent mon filet avec des yeux étonnés, ne sachant ce que j'allois en faire. J'embrassai un grand espace d'eau, suivant l'usage, & je pris quelques gardes pour m'aider. Quand le filet fut à sec, & qu'ils virent le poisson donner des coups de queue en sortant de l'eau, tous mes soldats s'enfuirent : cependant le filet étant fort rempli, & la pente du rivage un peu roide, je ne pouvois seul tirer ma pêche à terre : mon frère voyant que personne ne se présentoit pour m'aider, vint me prêter la main.

Vous ne sauriez vous imaginer l'étonnement

qui parut sur tous les visages à l'ouverture du filet, & quand ils virent les poissons à terre : ils s'approchèrent peu-à-peu pour les considérer. Dès qu'ils virent les gros poissons se débattre de la queue avec force, ils reculoient vîte. J'en jettai bien plusieurs dans la chaloupe; mais ne pouvant en soulever deux qui étoient fort gros, je demandai un peu d'aide, & personne ne se proposa. Je m'attendois que quelques-uns des Colambs ordonneroient à leurs gens de travailler avec moi. Ils étoient si effrayés eux-mêmes de me les voir manier, qu'ils n'osèrent commander à leurs gens de me prêter la main. Il vint pourtant un garde qui prit ces poissons par la queue, tandis que je les prenois par la tête, & nous les jettâmes tous les deux dans la chaloupe.

Je remontai le lac plus haut qu'à l'ordinaire, dans l'espérance de leur faire voir un poisson-bête. J'eus plusieurs bons coups de filets où je trouvai trois ou quatre de mes écrevisses de mer. C'étoit le second essai que je faisois de mon filet depuis que je l'avois changé; je pouvois maintenant d'un seul coup prendre autant de poisson qu'auparavant en dix : j'avois trouvé que mon filet, quoique fort long, avoit besoin d'une espèce de sac ou bourse pour contenir le poisson; faute de quoi celui qui s'y trouvoit pris, nageant vers le bord tandis que je tirois le filet, il s'en fauvoit une grande partie. Ainfi traçant un cercle de fix pieds de diametre autour d'un arbre dont je fciai la tête, j'enfonçai de petites chevilles à deux pouces les unes des autres tout autour de ce cercle, & je clouai au haut de l'arbre tout autour du tronc autant de clous: puis ayant tendu de mes ficelles depuis chaque cheville jufqu'au clou correfpondant, j'en mis pareillement d'une cheville à l'autre tout autour du cercle, & enfuite d'autres rangées en remontant, & à deux pouces de diftance les unes des autres; j'en formai un rézeau, dont j'affujettis les mailles en les liant avec des bouts de ficelle. Enfuite faifant un trou au milieu de mon filet, j'y attachai ce fupplément par le côté le plus large, & je liai bien ferré l'ouverture du milieu. Par ce moyen, dès que le poiffon étoit une fois entré dans le filet, il ne pouvoit plus s'échapper.

Ayant fi bien réuffi, je continuai ma pêche; & comme je pouvois aifément fournir de quoi manger à tout le monde, je voulus jetter encore un ou deux coups de filet, pour avoir de quoi bien régaler tous les foldats. Je m'étois placé pour cet effet à l'embouchure du ruiffeau, & trouvant beaucoup de réfiftance à tirer le filet, je demandai deux ou trois hommes pour le faire avec moi. Quand la compagnie vit le filet hausser, baisser & rouler, chacun prit la fuite de peur, jusqu'à ce que je les appellai, en leur disant que c'étoit un des poissons dont je leur avois montré les peaux. Pendant que je déchargeois les autres poissons du filet, ils revinrent tous autour de moi. Le poisson-bête se sentant en liberté, se dressa en remuant ses nageoires en cercle, & fit en même-tems un hurlement si fort, que toute la compagnie s'enfuit, en disant qu'il falloit que je fusse plus qu'un homme pour faire face à un ennemi si terrible. J'eus beau les engager à venir le voir, personne n'approcha; ainsi ne pouvant les persuader, je tournai autour du poisson jusqu'à ce qu'il fût entre l'eau & moi, & je le tuai d'un coup de fusil.

Le bruit de mon fusil fit enlever tous mes gens comme une bande d'oiseaux, & je croirois bien que quelques-uns s'en retournèrent droit chez eux, & ne revinrent plus.

Je fus un peu fâché de les avoir tant effarouchés, & je jettai mon fusil par terre. Mon frère qui, quoiqu'éloigné quand je tirai, savoit ce que c'étoit, vint à moi; les autres suivirent son exemple, & tous s'abattirent à quelque distance les uns après les autres.

Mon père & les Colambs furent les premiers qui osèrent approcher. Ils ne savoient comment j'avois tué ce poisson, ni d'où venoit tant de feu & de fumée, d'autant plus que je n'en avois point apporté avec moi. Ils me firent quantité de questions. Je sentis bien qu'il me faudroit répondre vingt fois la même chose ; ainsi je remis à les satisfaire après notre retour, afin que tous pussent entendre à la fois ce que j'aurois à leur dire. Je répondis donc que le plus nécessaire pour le présent étoit de charger le poisson dans ma chaloupe ; que ce poisson étant le plus gros que j'eusse encore pris, je ne pourrois jamais le porter tout seul. Je fis en effet plusieurs efforts inutiles pour en venir à bout. Le même soldat qui m'avoit déja aidé, s'offrit encore, & demanda ce qu'il falloit faire. Les autres voyant la peine que nous avions, il s'en détacha un ou deux, à l'aide desquels nous parvînmes à le mettre dans la chaloupe.

Ensuite appellant les Colambs ; je suis fâché, leur dis-je, de vous avoir fait peur en tuant le poisson : j'ai été obligé de le faire, car vous étiez trop loin pour vous aller dire mon dessein, & le poisson se seroit échappé avant mon retour ; d'ailleurs mon fusil ne pouvoit vous faire aucun mal. Pour dédommager vos gens de la frayeur qu'ils ont eue, permettez-moi de leur présenter un repas en poisson, si nous pouvons trouver moyen de l'accommoder. Il me faut pour cela des gens qui puissent soutenir la clarté d'un grand feu. Ils secouèrent tous la tête, à l'exception de mon frère qui me dit qu'il avoit avec lui six hommes du mont Alkoé (1), qu'il gardoit à cause de leur vue forte pour l'accompagner toujours à Grashdoorpt, & qui pour le bien des autres, entreprendroient la cuisine sous mes ordres & avec mes instructions. Je leur fis dire d'aller m'attendre de l'autre côté du lac où je les instruirois à mon arrivée; après quoi je ramai de ce côté avec ma capture.

En débarquant, je trouvai les gens du mont Alkoé qui m'attendoient. Je leur demandai s'ils pouvoient supporter la vue du feu. Ils me répondirent que leurs yeux étoient accoutumés à la plus forte lumière. Hé bien, leur dis-je, que trois de vous entrent dans la chaloupe, & mettent ce poisson à terre. Je vis bien qu'ils craignoient plus le poisson que le feu; car aucun ne bougea. Après en avoir débarqué plusieurs petits, j'en pris un gros: hé bien, leur dis-je, quelqu'un veut-il m'aider? Ils

---

(1) Montagne brûlante.

se regardoient les uns & les autres; enfin l'un d'eux s'étant aventuré de le prendre, les autres se mirent à travailler de bon cœur, & l'affaire fut faite en un clin d'œil. J'en mis alors une partie dans mon chariot pour nous & les officiers, & l'envoyant à la grotte, j'en donnai aux cuisiniers leur charge. Allons, dis-je, mes enfans, en éventrant un poisson, & jettant les entrailles, vous ferez aux autres ce que vous me voyez faire à celui-ci. Je vous enverrai à chacun un couteau comme le mien, & je ferai porter dans la plaine six gros tas de bois. Quand vous aurez accommodé le poisson, vous allumerez ce bois, & le laisserez brûler jusqu'à ce que la flamme soit passée, & que les charbons soient vifs: après quoi vous étendrez les poissons dessus; s'ils sont trop gros, vous les couperez par morceaux; & avec des bâtons que je vous enverrai, vous les retournerez, en vous promenant autour du feu. Quand ils seront cuits, vous ôterez les plus petits d'abord, & ensuite les plus grands avec le côté fourchu de vos bâtons; & vous aurez soin de jeter les poissons le plus loin du feu que vous pourrez, afin que vos gens puissent les prendre sans s'incommoder: vous continuerez ainsi jusqu'à ce qu'il y en ait assez, ou que tout le poisson soit cuit. Après quoi vous viendrez à la tente chercher votre récompense.

Je fis amasser ensuite six monceaux de bois à deux cens pas les uns des autres, & préparai six bâtons longs, pointus & fourchus par un bout. Tandis que les uns étoient occupés à partager le poisson en six parts, j'en envoyai d'autres chercher du sel & du pain, & leur dis de m'avertir quand tout seroit prêt.

Pendant ce tems, mes hôtes de la tente avoient dîné; & mon char étant revenu avec le poisson-bête, toute la compagnie voulut le voir. Chacun en dit ce qu'il pensoit, & on fit une longue dissertation sur les ouvrages merveilleux de Colwar. Quoique je n'approuvasse pas toutes leurs idées, je ne voulus pas les contredire; persuadé qu'on ne gagne rien à vouloir s'opposer aux sentimens d'une multitude obsédée par de vieilles erreurs enracinées. J'ai toujours remarqué que quand une fois elle a adopté un préjugé dès l'enfance, elle ne manque pas de raisons bonnes ou mauvaises pour le soutenir. Et comme personne ne peut l'abandonner sans être blâmé des autres, ils s'encouragent tous dans leur obstination, & tombent impitoyablement sur quiconque n'est pas de leur avis: alors les rieurs se mettent du côté le plus fort, & il est difficile

cile de les faire revenir. Mais quand un homme seul qui est dans le tort, entend les raisons d'un adversaire qu'il ne peut contredire, il en saisit toute la force, & se range du même côté, jusqu'à ce qu'on lui apporte de meilleures raisons pour le faire changer.

Pendant notre dissertation sur le poisson-bête, on vint nous annoncer qu'on alloit faire cuire le poisson: comme je m'attendois que ce seroit un grand amusement pour ma compagnie, je l'invitai à m'y accompagner, en lui promettant qu'elle y auroit autant de plaisir qu'elle en avoit goûté à la pêche. Nous passâmes donc à travers le bois, & arrivâmes dans des broussailles, où je les plaçai de manière que le feu qui n'étoit plus pour ainsi dire que des charbons, ne pouvoit leur faire aucun mal. Nous vîmes d'abord six hommes qui se promenoient autour des feux, & paroissoient comme des hommes enflammés à la lueur des cendres, & à la transparence de leurs graundys. C'étoit une chose plaisante que de voir chaque feu environné d'un cercle de deux cens pas de diametre garni de gens serrés les uns contre les autres. Mais quand les cuisiniers commencèrent à jetter le poisson, ce fut un vrai plaisir de voir ces gens courir par centaines avec un morceau de pain & du sel dans leurs

Tome I.   Z

mains. Tandis qu'ils se disputoient un poisson, on en voyoit un autre tout brûlant leur tomber sur le dos ; un autre l'arrachoit, & se brûlant la bouche en y enfonçant les dents, il le jettoit à la face d'un troisième. Alors il en survenoit deux ou trois qui les mettoient en pièces & en emportoient des lambeaux. Les différentes postures de ces gens, leurs courses & leurs débats pendant cet exercice, offrirent la farce la plus agréable que mes hôtes eussent jamais vue. Cet amusement nous tint près de trois heures. Personne ne remua jusqu'à ce que tout fût fini.

La plus grande partie de la soirée se passa à discourir sur les aventures du jour. Ces réflexions nous conduisirent jusqu'à l'heure du repos. On remit la suite de mes aventures au lendemain au soir ; mais avant de se retirer, on arrêta pour le lendemain matin une partie de tirer au blanc ; car ils avoient envie de sçavoir comment je m'y prenois, sur-tout dans un moment où ils auroient la commodité de me voir, & de pouvoir faire des remarques. Pour moi, qui ne voulois pas qu'ils me prissent pour un sorcier, je consentis à leur expliquer tout le mystère de la poudre, & l'effet des balles.

CHAPITRE XXXV.

L'on propose une partie de tirer au blanc. Tous ont peur du fusil, à l'exception d'un simple garde que Pendlehamby avance à la prière de Pierre. Discours de l'auteur à cette occasion. Suite de son histoire. Départ des colambs.

JE nettoyai dès le matin mon meilleur fusil, & ayant préparé des balles, nous allâmes tous nous promener du côté du pont. Chacun admiroit mon fusil en chemin, & on me fit à ce sujet plus de cinq cens questions auxquelles il me fallut répondre; mais je ne pus jamais en déterminer aucun à le porter. J'eus beau les assurer qu'il ne falloit pas en avoir peur, & que ce n'étoit que du bois & du fer. Tout cela fut inutile: ils n'avoient aucune connoissance du fer. Je leur montrai comment je lui faisois faire feu en lâchant le chien; ils trouvèrent cela fort étrange. Alors mettant un peu de poudre dans le bassinet, & l'ayant fait brûler, je leur montrai le bassinet vuide; ils ne pouvoient s'empêcher de croire que j'avois ôté la poudre; sans quoi, disoient-ils, elle n'auroit jamais pu se perdre en faisant du feu; car c'étoit une

Z ij.

quantité de petites boules ; (c'est ainsi qu'ils appellent en général tout ce qui est arrondi, comme une graine ou une noix). Je priai l'un d'eux d'y mettre un peu de poudre, & de lâcher la détente lui-même ; il y consentit. Si je n'avois pas eu la précaution de porter la main au canon, le fusil seroit tombé par terre ; car à peine eut-il fait partir la détente, qu'il le lâcha & s'enfuit.

Comme j'avois envie de détruire leurs préjugés, j'employai bien des raisonnemens pour leur prouver que le fusil par lui-même étoit aussi incapable de faire du mal que la baguette que je tenois alors ; mais que la poudre, quand on y met le feu, occupant plus d'espace qu'auparavant, se fait un passage en poussant hors de l'embouchure du canon, & écartant tout ce qui lui fait obstacle, avec assez de violence pour occasionner le bruit qu'ils entendoient. Nous étions alors près du rocher. Messieurs, leur dis-je, vous allez voir la preuve de ce que je vous dis. Ils me répondirent qu'ils seroient bien charmés, si je réussissois à leur faire comprendre une chose si étrange. Hé bien, messieurs, continuai-je, remarquez bien : je mets d'abord un peu de poudre, & avec ce chiffon je la presse fortement. Vous voyez maintenant par la longueur de cette baguette, que la poudre & la bourre n'occupent dans l'intérieur du canon que la longueur d'un doigt. Ils me dirent qu'ils le voyoient clairement, mais qu'ils ne concevoient pas comment cela pouvoit tuer quelque chose. Regardez encore, leur dis-je, je mets un peu de poudre dans le bassinet ; vous voyez qu'il y a un petit trou qui communique de cette poudre à celle qui est dans le canon. Oui, dirent-ils, nous le voyons. Hé bien, ajoutai-je, quand je mets le feu à celle-ci, elle le communique à celle qui est dedans, & cette poudre enflammée n'ayant pas assez de force, pousse du côté de l'embouchure du canon. Pour vous faire voir avec combien de force elle pousse, voyez cette balle ronde ; maniez-la, vous sentez qu'elle est pesante : quelqu'un de vous pourroit-il la jetter jusqu'au rocher qui est à cent pas d'ici ? Non vraiment, me dirent-ils. Hé bien, continuai-je, ne pensez-vous pas que si cette poudre mise en feu peut lancer cette balle jusqu'au rocher, il faut qu'elle ait bien de la force ? Bon ! me dirent-ils, la chose est impossible. Pardonnez-moi, leur dis-je, cette balle ira jusqu'au rocher ; elle en abattra même un morceau ; essayons. Je mis la balle dans le fusil ; & ensuite j'ordonnai à l'un d'eux d'aller marquer une partie du rocher avec de la boue, & de considérer d'abord tout autour s'il n'y avoit pas quelqu'endroit nouvellement brisé. Il y alla, & nous dit en revenant, que le rocher étoit uni par-tout & de la même couleur. Avez-vous mis de la boue par dessus ? Oui, me répondit-il. Alors levant mon fusil, j'apperçus qu'ils se sauvoient tous ; je le posai de nouveau, & les rappellant, je raisonnai avec eux sur leur peur. Quel mal pouvez-vous craindre de ce fusil qui est dans ma main, leur dis-je ? Suis-je capable de m'en servir pour vous blesser ? N'êtes-vous pas tous mes amis ou mes parens ? Si le fusil par lui-même pouvoit blesser, oserois-je le manier comme je fais ? Ayez donc un peu plus de courage ; servez-vous de votre raison, & restez près de moi. J'aurai attention de ne pas vous faire de mal. Il semble que vous vous défiez de mon amitié ; ce fusil ne peut rien, si je ne le dirige.

Par ces raisonnemens, je parvins à engager la plus grande partie des colambs & des officiers à rester près de moi, & alors je tirai. Malgré toutes mes raisons, je n'eus pas plutôt lâché la détente, que tous ouvrirent leur graundy pour s'envoler. Cependant ils le refermèrent aussi-tôt, & me firent cent questions auxquelles je répondis. Nous allâmes ensuite au rocher, & je dis à celui qui avoit appliqué la boue, de nous faire voir les changemens qu'il y avoit. Il nous répondit qu'il y avoit un trou rond dans la boue, quoiqu'il n'y en eût pas auparavant ; & en voulant ôter cette boue, il emporta en même-tems un gros éclat du rocher. Tous convinrent qu'il falloit que la balle eût fait ce trou & éclaté le rocher ; ils en étoient surpris sans pouvoir le comprendre. J'eus beau faire, il ne me fut pas possible d'en engager un seul à tirer un coup, jusqu'à ce qu'enfin j'entendis derrière moi un simple soldat qui disoit qu'il n'en auroit pas peur, pourvu que je lui montrasse la manière de le tirer.

J'appellai cet homme ; il me dit, d'un air modeste, qu'il avoit toujours pensé que ce qu'un autre faisoit, il pouvoit bien le faire aussi, & qu'il n'auroit point de repos qu'il ne l'eût essayé. Monsieur, ajouta-t-il, si ce fusil ne vous blesse pas, pourquoi me blesseroit-il ? Et si vous pouvez le faire frapper ce rocher, pourquoi ne le pourrois-je pas aussi, quand vous m'aurez montré comment il faut s'y prendre ? N'êtes-vous pas, lui dis-je, celui qui m'a aidé hier à porter le grand poisson ? il me répondit que c'étoit lui-même. Je fus charmé de ce garçon. Mon ami, lui dis-je, si vous voulez, je me flatte qu'avant qu'il soit peu, vous toucherez le but. Je lui montrai le fusil, & comment il falloit le tenir ; quand il fut au fait, &

Z iv

que je l'eus bien placé : fermez votre œil gauche, & regardez avec le droit jusqu'à ce que vous apperceviez sur la même ligne les deux visières & le milieu de la marque ; pour lors vous tirerez ce petit morceau de fer avec le second doigt, en tenant le fusil appuyé contre votre épaule. Il suivit si exactement mes instructions, qu'il toucha précisément le milieu du but sans s'émouvoir ; ensuite il se promena avec le fusil à la main, comme il m'avoit vu faire ; & se tournant vers moi : monsieur, me dit-il gravement, je l'ai touché. Je lui répondis que le meilleur tireur du monde ne pouvoit en approcher davantage. Il se frotta le menton ; & me rendant mon fusil, il alloit se remettre à sa place ; je l'arrêtai, & voyant dans son air beaucoup de modestie, je lui demandai à quel colamb il appartenoit ? Il me répondit qu'il étoit au colamb Pendlehamby. A mon père ? lui dis-je. Il ne me refusera sûrement pas. Aussitôt je le pris avec moi, & le menai au colamb qui n'étoit point encore arrivé au rocher. Monsieur, lui dis-je, j'ai une grace à vous demander. Mon fils, parlez, me répondit-il, je n'ai rien à vous refuser. Monsieur, continuai-je, cet homme est un de vos gardes ; je trouve tant de noblesse dans son esprit & de douceur dans son air, que si vous voulez m'obliger, vous le ferez officier. Il a trop de mérite pour n'être qu'un simple garde. Mon père me regardant alors, me dit : mon fils, il y a une cérémonie à faire avant qu'il soit en état d'être ce que vous souhaitez. Je pris cette réponse pour une défaite, & insistant encore : monsieur, lui dis-je, que peut-il manquer à un homme de sens & de courage pour en faire un officier ? Quelque chose, dit-il, que personne ne peut lui donner que moi, & que je lui accorde en votre faveur. Alors mon père l'appellant : *Nasgig, Bonyoe*, c'est-à-dire, esclave Nasgig, couche-toi. Nasgig (car c'étoit son nom) se coucha aussi-tôt sur le visage, les bras & les mains étendus sur ses côtés. Alors mon père lui mettant le pied gauche sur la tête, prononça ces paroles : « Esclave, » je te donne la vie, tu es libre ». Alors Nasgig se relevant sur ses genoux, rendit obéissance à mon père, puis s'étant levé tout-à-fait en se frottant le menton, mon père le prit par la main en signe d'égalité, & la cérémonie fut finie. Maintenant, me dit mon père, voyons ce que vous demandez. C'est, lui dis-je, monsieur, d'avancer cet homme comme il le mérite. Mon père lui demanda s'il connoissoit les fonctions du gorpel qui est une espèce d'enseigne. Nasgig, pour toute réponse, lui fit en peu de mots le détail de ces fonctions. Tous les colambs en furent surpris ; car même ses camarades n'avoient jamais imaginé qu'il fût plus au fait qu'eux des fonctions militaires. Mon père lui demanda ensuite s'il savoit bien le devoir d'un cluff ou capitaine. Il n'hésita pas plus pour répondre à cette question qu'à l'autre, & il fit le dénombrement des différentes fonctions de cet officier en paix & en guerre, au dedans comme au dehors. Mon fils, me dit alors Pendlehamby, comment avez-vous pu en découvrir plus en une heure, que moi en un demi-siècle ? C'est un mystère que je voudrois que l'on m'expliquât. Cet homme est né dans ma ville ; il étoit mon esclave, & a appartenu depuis quarante ans à mon père & à moi. Je serois bien aise que vous examinassiez un peu tous mes esclaves ; j'ai peut-être parmi eux d'autres gens de mérite. Je lui répondis que des gens tels que Nasgig ne se rencontroient pas souvent ; & que quand on avoit le bonheur d'en trouver, il falloit en profiter. Monsieur, ajoutai-je, la nature travaille différemment sur la même espèce de matière ; tantôt elle s'en joue ; tantôt elle y joint de l'ame & du génie. Mais quand une fois elle accorde à quelqu'un les qualités propres à faire un grand homme, il est bien rare qu'il ne s'attache pas à en perfectionner quelques-unes, quoique le public ni lui-même ne s'en apperçoive que quand il se rencontre une occasion favorable. Plus un génie élevé devient curieux d'acquérir des connoissances & de les perfectionner, moins il fait paroître d'ostentation. Ce n'est pas dans des vues d'intérêt qu'il cherche à s'instruire; la vraie connoissance est la propre récompense qu'il ambitionne. S'il m'est permis de vous indiquer comment vous devez placer vos faveurs, c'est sur de pareils gens. Un homme instruit, mais qui en tire vanité, & qui cherche toujours à briller, ne travaille souvent que pour avancer par-là sa fortune. Il ne voudroit pas se donner la peine d'apprendre sans cette espérance; & comme il n'a point d'autres vues que son élévation, s'il pouvoit imaginer des moyens plus prompts pour y parvenir, il n'y auroit rien qu'il ne se crût permis pour satisfaire son ambition; au lieu qu'un homme qui vise à la perfection par une inclination naturelle, doit, pour atteindre à son but, éviter toutes les mauvaises pratiques, comme autant d'obstacles à cette perfection qu'il se propose. Puisque le mérite de Nasgig est si peu connu, je répondrois bien que c'est son caractère d'en avoir; & j'en conclus qu'il y a peu d'hommes qui méritent plus d'être avancés. Car je tiens pour maxime, que celui qui cherche la vérité pour l'amour d'elle-même, ne peut y parvenir par de fausses méthodes. Tel est assurément celui qui ne se propose aucune vue d'intérêt ; il est toujours ami véritable, sujet affectionné de son maître, & fidèle serviteur de son Dieu.

Mon père se tournant alors vers moi, me dit : mon fils, vous m'avez plus donné de lumières en un moment, que je n'en ai encore eu en toute ma vie. Vous venez de m'inspirer une nouvelle façon de penser, dont je vous ai sincérement beaucoup d'obligation. J'ai perdu depuis peu un officier général très-brave, que je destinois pour commander dans la guerre d'occident qui va se faire. J'ai déja cherché long-temps dans ma tête à qui je confierois ce corps d'armée ; sans le danger évident de l'entreprise, j'en chargerois Nasgig ; mais je serois fâché de le perdre si tôt, après avoir connu son mérite ; ainsi je songerai à l'attacher plus près de ma personne dans quelque poste moins dangereux, quoique peut-être aussi honorable.

Monsieur, lui dit Nasgig, je suis trop sensible à l'honneur que vous m'avez déja fait, pour regarder aucun poste où je pourrai continuer à vous servir, comme trop bas ou trop périlleux pour moi ; la valeur ne brille jamais plus que dans les grands dangers ; ainsi je croirai tout mon sang bien employé dans toute entreprise où le devoir me conduira sous vos ordres. Je vous prie donc très-instamment de m'accorder ce poste dangereux, afin que je puisse mourir à votre service, ou survivre pour justifier dans toute la nation la faveur que vous m'avez faite. Quel moyen aurois-je, en vivant dans l'inaction, de faire connoître mon zèle ardent pour votre personne ? A ces mots toute l'assemblée retentit des louanges de Nasgig.

Mon père prit la main de Nasgig en signe d'amitié, & lui promettant de lui conférer ce poste vacant, on entendit crier dans toute la plaine : vive Pendlehamby & son serviteur Nasgig.

Mes hôtes ayant résolu de partir le lendemain, quelques-uns proposèrent de retourner de bonne heure, pour entendre le reste de mon histoire. Ainsi nous reprîmes le chemin de la tente. Tout en marchant, Nasgig me tira en particulier pour me remercier. Il me dit, en voyant mon fusil, que dans son pays il n'en croissoit point de pareils. Je lui répondis que, quand il en auroit un, il ne lui serviroit de rien sans ma poudre. Alors je lui expliquai ce que j'avois entendu dire de notre manière de combattre en Europe ; & quand je lui parlai du canon : sans doute, me dit-il, il tue tous les hommes qu'il touche ? Non, lui dis-je, il n'est pas si méchant. Quelquefois il n'atteint que la chair; pour lors la blessure est facile à guérir : quelquefois il casse un bras ou une jambe; on peut aussi en guérir avec le tems, & même assez parfaitement pour se servir encore du même membre. Souvent aussi un membre est tout-à-fait emporté : on en guérit encore; mais si le boulet touche la tête ou les parties nobles, on en meurt. Hélas! me dit-il, plaise à la grande image que j'aye la tête emportée, plutôt que des membres cassés!

Après le dîner, je repris mon histoire à l'endroit où je m'échapai avec Glanlepze jusqu'à l'aventure du crocodile; je leur répétai la maxime de Glanlepze, & leur dis qu'elle avoit fait sur moi une telle impression, que pour me la rendre toujours présente à l'esprit, je l'avois écrite sur une porte dans ma grotte, afin de ne pas la perdre de vue toutes les fois qu'il se présenteroit quelque circonstance embarrassante.

Un des colambs m'interrompant, dit qu'il entendoit fort bien le sens du discours de Glanlepze; mais qu'il ne savoit comment je pouvois l'avoir écrit & le voir dans ma grotte, & que je lui ferois plaisir de le lui expliquer. Pour me faire mieux entendre, je lui répondis que nous avions dans mon pays une méthode pour expliquer à quelqu'un de fort loin tout ce que nous avions envie de lui dire, de manière qu'aucun autre ne pût en être informé. Puis m'arrêtant un peu pour considérer le moyen le plus facile de leur démontrer sensiblement cette vérité, ils me dirent que, quelque loin qu'ils eussent porté leurs conjectures sur cette matière, ils n'avoient pu rien trouver de plus commode, que d'envoyer un messager. Je leur dis que c'étoit en partie notre méthode; mais que le messager ne savoit pas lui-même le message qu'il portoit. Ce discours les embarrassa beaucoup; & ils s'accordèrent à dire que la chose n'étoit pas possible. Pendant ce tems j'avois envoyé chercher du charbon, & je me mis à écrire sur la table : je vous prie, mon cher père, de me donner des nouvelles de votre arrivée à Arndrumnstake. Puis les appellant tous : supposons, leur dis-je, que je veuille savoir si mon père a fait un bon retour, j'écris autant de mots qu'il en faut pour exprimer à mon père ce que je veux dire, comme vous le voyez sur cette table, & je laisse une petite distance entre chaque mot, comme vous en mettez vous-même en parlant; car si vous confondiez tous vos mots les uns dans les autres, sans donner à chacun le son qui lui est propre, qui pourroit vous entendre? Il n'y auroit que de la confusion, concevez-vous ceci ? Oui, me dirent-ils. Hé bien, continuai-je, voilà les mots que je veux faire entendre à mon père chez lui, tandis que je suis ici : mais il faut supposer que nous sommes compatriotes, & que nous entendons tous les deux la même méthode. Le premier mot veut dire je, le second vous, & ainsi de suite. Par la même méthode, dès qu'il voit tous ces mots que j'ai écrits, il les comprend quoique de loin, comme si je les prononçois devant lui. Je m'imaginois en être quitte, & j'allois continuer mon histoire. Monsieur Pierre, dit un des colambs, quoique cette matière demande de la réflexion, je vois clairement qu'en formant tous ces traits tels qu'ils sont sur votre table, vous êtes convenus auparavant qu'ils signifieroient telle chose ; mais n'avez-vous pas mis un mot de Arndrumnstake ? Oui, lui dis-je. Hé bien, reprit-il, aucun des gens de votre pays ne pourroit entendre ce que cela signifie. Non ? lui dis-je en souriant. Pardonnez-moi, il le pourroit. Si vous êtes convenus, ajouta-t-il, que des traits formés d'une telle manière signifient un mot, comment pourroit-il connoître ceux que vous avez formés pour signifier Arndrumnstake ? Vous ne pouvez pas en être convenu avec lui, puis-

que

que vous ne saviez ni l'un ni l'autre qu'il y eût un tel endroit dans le monde.

Je fus embarrassé comment répondre à ce raisonnement, sans me jetter dans un trop long discours. Lui parler de sillabes & de lettres, c'eût été embarrasser encore plus la matière. Je lui dis donc, pour me tirer d'affaire, que chaque mot étant composé d'un ou plusieurs sons distingués, & quelques-uns des mêmes sons se rencontrant dans différens mots, nous n'étions pas tant convenus de faire certains traits pour exprimer les mots, que pour exprimer les sons, & que ces sons ajoutés ensemble formoient des mots particuliers. Par exemple, lui dis-je, Arn est un son, drumn en est un autre, & stake un troisième. Or, quand on sait écrire les différens sons séparément, on peut les joindre ensemble pour faire tels mots que l'on veut; & conséquemment un homme voyant ces trois sons ensemble, sait que je veux dire Arn-drumnstake, & peut le prononcer aussi-bien que moi, quoiqu'il ne l'ait jamais entendu prononcer par d'autres. J'ai quelque idée de ce que vous voulez dire, répondit le Colamb, mais elle n'est pas encore assez claire; poursuivez votre histoire: que fîtes-vous en sortant des roseaux?

Je repris donc mon récit où je l'avois laissé,

Tome I. Aa

& j'achevai ma narration le soir. Mais j'apperçus que mon père avoit les larmes aux yeux, lorsque je racontai la chûte de Youwarky, & l'état où je la trouvai.

Quand j'eus fini, il réglèrent l'ordre de leur vol. Pour éviter la confusion, ils convinrent d'aller à une certaine distance les uns des autres, & que les plus jeunes Colambs partiroient les premiers.

Le lendemain matin on n'entendit que des gripsacks; les gardes étoient tous rangés en ordre pour partir chacun avec leur Colamb. Après les complimens ordinaires, le plus jeune se levant, alla jusqu'à moitié chemin du bois où son gripsack qui l'attendoit, marchant devant lui jusqu'à la plaine, le gripsack suivant se tenant prêt à sonner sitôt que le premier seroit parti. Alors le second Colamb se mit en marche, & ainsi des autres; de sorte que chaque Colamb partoit à demi-quart d'heure de distance. Mon Père fut un des derniers. Je n'oublierai jamais la tendresse qu'il marqua en quittant sa fille, ses petits-enfans & moi-même; car il avoit conçu une haute opinion de moi. Patty s'en alla avec mon père; elle ressembloit beaucoup à ma femme; & mon père dit que par ce moyen il auroit toujours ses deux filles sous ses yeux.

En quittant Nasgig, je lui fis présent d'une épée dont je lui montrai l'usage : il m'en remercia beaucop, & prit son essor pour aller joindre les autres.

CHAPITRE XXXVI.

Pierre trouve ses provisions bien diminuées. Il envoie Youwarky au vaisseau. Il reçoit une invitation de la part de Georigetti de se rendre à sa cour.

QUAND notre compagnie fut partie, Youwarky ne put s'empêcher, sur-tout les premiers jours, de pleurer de tems en tems la perte de son père & de sa sœur. Je fis semblant de n'en rien voir, de crainte qu'en cherchant à la consoler, je ne parusse blâmer une sensibilité qui prouvoit la bonté de son caractère. Cette tristesse se dissipa peu à peu. Les jours étant encore clairs, il nous en fallut plusieurs pour rétablir un certain ordre dans nos affaires ; après quoi nous recommençâmes à aller & venir, & converser ensemble avec la même tendresse qu'auparavant.

Elle me dit que sans ses inquiétudes pour un père si tendre, & sans la crainte de me déplaire en le désobligeant, rien n'auroit été capable de la retenir si long-tems absente ; que jamais elle n'avoit mené une vie si douce & si tranquille qu'avec moi & ses enfans, & que si la chose étoit à refaire, & qu'elle eût à choisir son établissement & sa société ; ce seroit avec moi qu'elle voudroit vivre dans cette île. Je lui dis que, sans avoir plus de goût qu'elle pour une vie turbulente, j'aimois un peu la compagnie ; ne fût-ce que pour converser, & tenir nos facultés en haleine. Mais, Youwarky, lui dis-je, je crois qu'il seroit à propos d'examiner les provisions qui nous restent, afin de n'en pas manquer jusqu'à la saison d'en faire de nouvelles. Elle y consentit ; nous nous distribuâmes chacun une portion de ces soins ; nous les trouvâmes en assez bon état ; & la première chose qu'il y avoit à faire, étoit de tirer de l'huile de poisson-bête.

En examinant l'eau-de-vie & le vin, je les trouvai fort diminués ; ainsi je dis à Youwarky : il faudroit, ma chère, quand vous aurez du tems de reste, aller faire un tour au vaisseau. Vous chercherez tous les petits tonneaux de vin, d'eau-de-vie, ou de quoi que ce soit ; pourvu qu'ils ne soient pas plus de moitié pleins, ils nageront sur l'eau, & vous pourrez les envoyer dans le gouffre. Nous aurions besoin d'une pelle à feu & de pincettes : il y a quantité de bonnes cordes entre les ponts ; envoyez-les moi, ainsi que tout ce qui vous semblera devoir nous être utile, des assiettes, des plats, tous les sabres & les pistolets qui sont suspendus dans la chambre ; enfin tout ce que vous pourrez trouver. Je serois bien aise d'avoir encore une cargaison qui sera vraisemblablement la dernière ; car le vaisseau ne peut pas toujours durer.

Youwarky, qui en avoit autant d'envie que moi, m'écouta avec attention, & dit que si je voulois, elle partiroit dès le lendemain ; & j'y consentis.

Son voyage dura quatre jours. Déja je commençois à craindre qu'il ne lui fut arrivé quelqu'accident. Elle revint en bonne santé, en disant qu'elle m'avoit expédié tout ce qu'elle avoit pu enpaqueter. Quiconque auroit vu l'arrivée de sa flotte, auroit jugé qu'il y avoit de quoi charger un vaisseau. Il me fallut trois semaines pour débarquer & conduire le tout à la grotte. Aussi eûmes-nous alors une si grande abondance de toutes choses, que je fus obligé de les entasser les unes sur les autres jusqu'au plancher de mon appartement.

Les jours commençant à s'allonger, j'entendis le gripsack un matin que j'étois encore au lit. J'éveillai Youwarky, & nous allions dans la plaine, lorsque nous rencontrâmes dans le bois six Glumms précédés d'un gripsack qui venoient à la grotte. Le trompette connoissoit le chemin ; mais les autres qui paroissoient d'un rang plus distingué, n'avoient jamais mis le pied dans mon île. Nous nous saluâmes réciproquement ; & ma femme en ayant reconnu un, nous les conduisîmes à la grotte.

Ils nous dirent qu'ils venoient de la part de Georigetti, pour nous inviter Youwarky & moi, d'aller passer quelque tems à sa cour. Je leur répondis qu'il étoit fâcheux pour moi de n'être point né avec le graundy ; que la Providence m'avoit fait naître dans un pays où cet avantage m'eût été plus grand que dans cette contrée ; que sans cette privation, j'aurois tenu à un très-grand honneur d'aller me jetter aux pieds de leur maître. Après quelques autres discours, ils me pressèrent de donner vite ma réponse, parce qu'ils avoient peu de tems à rester. Vous voyez clairement, leur dis-je, en découvrant ma poitrine, que je suis absolument hors d'état d'entreprendre ce voyage, & de satisfaire la plus forte passion que j'aurois au monde. Car je suis tellement confiné dans mon île, que je ne puis franchir les barrières de ce rocher. L'orateur me demanda si je voudrois bien y aller, au cas qu'il fût possible de m'y porter. Je répondis qu'il ne devoit pas douter que je n'obéisse sur le champ à son maître, si mon pouvoir égaloit mon envie. Je suis bien aise, monsieur, me dit-il, des égards que vous avez pour mon maître : en ce cas, permettez-moi de rester un jour de plus. Je lui répondis qu'il me feroit honneur. Je ne songeois guère à quoi tout cela aboutiroit.

Nous passâmes le tems fort gaiement : ils me parlèrent du grand nombre de visites que j'avois eues, & entr'autres particularités, de l'aventure de Nasgig, qui depuis son retour avoit été présenté par Pendlegamby au roi Georigetty ; près de qui il étoit déja dans une très-grande faveur pour sa prudence & sa pénétration. Ils m'apprirent qu'on étoit sur le point de faire la guerre, & plusieurs autres nouvelles auxquelles je prenois peu d'intérêt.

Le lendemain matin ils eurent envie de visiter ce qu'il y avoit de remarquable dans l'île, & sur-tout de me voir tirer mon fusil, dont ils avoient entendu parler. Je tirai au noir pour leur faire plaisir, & j'en atteignis le bord. Ils ne furent point du tout effrayés du bruit. Je leur en fis compliment en leur apprenant combien les autres en avoient eu

Aa iv

peur, même la seconde fois. Mais, me dit celui qui portoit la parole, le second effroi n'a été causé, que parce qu'ils virent que le premier avoit donné la mort. Quoique vous eussiez à faire à des soldats, & que leur devoir les porte à moins craindre la mort que d'autres, il ne faut pas vous imaginer qu'elle ne leur inspire point de frayeur. Cet homme me pria ensuite de lui montrer à tirer ; ce que je fis : je crois même qu'il toucha le rocher ; mais il ne me parut pas goûter beaucoup cet amusement : comme il me restoit fort peu de balles, je ne le proposai point aux autres.

Un peu avant de se coucher, ces étrangers me dirent que je verrois Nasgig le lendemain matin. Je sentis aussi-tôt qu'il y avoit dans cette visite quelque chose d'extraordinaire. Ils ordonnèrent au trompette de se tenir le lendemain de bonne heure sur le rocher, & de sonner du gripsack aussi-tôt qu'il appercevroit le cortège de Nasgig, afin que nous nous préparassions à le recevoir.

CHAPITRE XXXVII.

Nasgig vient chercher Pierre. Long débat sur le voyage. Il est chagrin du refus de Pierre. Il lui raconte une prédiction, & ce qui est arrivé en conséquence à la cour. Pierre consent à s'y rendre, & prépare une machine pour cet effet.

Nous fûmes éveillés par le gripsack qui nous donnoit avis de l'arrivée de Nasgig. Je ne m'étois pas soucié de demander à l'étranger les particularités de son ambassade. Quel qu'en soit le motif, pensois-je, Nasgig est assez de mes amis pour me l'apprendre; ou je suis bien trompé, ou il est trop honnête homme pour m'en imposer. Je n'eus pas long-tems à réfléchir : tout en entrant dans la plaine, nous le vîmes s'abattre devant nous avec une suite de cent personnes au moins.

Nous nous embrasâmes de bon cœur, & nous eûmes bien du plaisir à nous revoir. Arrivés à la grotte, je compte, me dit-il, que vous êtes informé du sujet de ma visite; ce sera le plus grand honneur que vous puissiez jamais faire à notre pays. Puis portant sa main sur ma barbe que je n'avois point rasée depuis la visite de mon père, & qui avoit alors près de cinq mois, il m'assura qu'il étoit charmé de la voir. N'êtes-vous pas bien-aise de me voir aussi ? lui demandai-je. Oui, sans doute, répondit-il ; car je n'estime cela que pour l'amour de vous. Mais, continuai-je, parlez-moi franchement : que voulez-vous dire par être informé du sujet de votre visite ? Oui, du message de Georigetti. Vous rendrez un service essentiel à ma patrie. Si vous n'y eussiez pas consenti, les messagers seroient revenus, & je serois retourné avec eux. Véritablement, lui dis-je, un des messagers m'a dit que le roi seroit bien-aise de me voir ; mais comme il sait aussi bien que moi que cela est impossible, j'ai cru pouvoir répondre à son compliment, que ce seroit un bonheur pour moi de pouvoir y aller. Apprenez-moi donc quel est le motif de votre ambassade ; car étant en grande faveur à la cour, vous ne seriez pas venu ici en cérémonie, & avec une telle suite, si vous n'en aviez quelques raisons importantes.

Mon cher Pierre, me dit Nasgig, votre réputation s'est étendue au loin depuis que je ne vous ai vu. Notre état, quoique grand & peuplé, l'étoit autrefois du double. Depuis la révolte de sa partie occidentale qui s'est choisie un roi, il a été déchiré par des guerres civiles ;

les révoltés qui cherchent à perpétuer la discorde & la rebellion parmi nous, font tous les jours de nouvelles entreprises, & nous réduiront enfin à n'être plus qu'une province de leur domination, ce qui nous rendroit esclaves d'un pouvoir usurpé sur le légitime souverain. Tous ces malheurs ont été prédits, il y a long-tems; mais voyant la tranquillité régner par-tout, & aucune apparence à ce qui est arrivé depuis, nous n'avons cherché le remède que quand le mal est devenu presqu'incurable. Par qui, lui dis-je, ces choses ont-elles été prédites? Par un ancien & sage ragam, me répondit-il, il y a plus de quatre fois l'âge de l'homme le plus vieux. Quand a-t-il dit que tout cela arriveroit? répliquai-je. Cela n'étoit pas tout-à-fait clair alors, dit Nasgig. Mais, insistai-je, comment savez-vous que ce ragam ait parlé ainsi? La chose étoit si singulière, & le ragam l'a annoncée si positivement, que depuis ce tems ses successeurs l'ont toujours répété publiquement douze fois l'année mot pour mot, afin que le peuple en conservât la mémoire, & sut d'où devoit lui venir du secours. Or le moment si long-tems attendu est arrivé; il ne nous reste d'autre espérance, sinon que vous détruisiez l'usurpateur. Moi le détruire? lui dis-je. S'il ne l'est que par moi, je crains bien que votre pays ne soit dans un état désespéré. Mon bon ami Pierre, ajouta-t-il, vous le détruirez, ou personne ne le pourra. Nasgig, lui dis-je, je vous croyois homme de trop bon sens, malgré les préjugés de votre éducation, pour penser que, pour avoir tué à vingt pas de distance un poisson-bête qui ne pouvoit me faire aucun mal, je puisse tuer votre usurpateur à la distance où il est de moi. Non, mon bon ami, ajouta Nasgig, je pense que vous me croyez plus de jugement que cela. Que puis-je donc faire autre chose, lui dis-je, à moins qu'il ne vienne ici pour être tué de ma main ? Mon cher Pierre, ajouta Nasgig, vous ne voulez pas m'entendre. Pardonnez-moi, lui dis-je, je le veux bien ; parlez. Etant donc, comme je vous l'ai déja dit, la seule personne qui, selon la prédiction, peut détruire cet usurpateur, & rétablir la paix chez nous, Georigetti mon maître, & tout l'état de Normnbdsgrsutt, étoit sur le point de vous envoyer une ambassade solemnelle ; votre beau-père ayant proposé de me charger de la commission, tout le monde y consentit, & je suis venu exprès vous inviter à passer à Brandleguarp. Vous allez m'objecter que, faute d'avoir le graundy, vous ne pouvez pas y aller ; mais vous avez quelque chose de mieux. Votre prudence vous fera surmonter une difficulté que tout notre moucheratt ne pourroit pas vaincre. Et je suis sûr que si vous y employez la moitié des efforts que vous semblez faire pour imaginer des excuses, vous en viendrez aisément à bout. Allons, mon cher ami, continua-t-il, ne me refusez pas; car si je dois mon élévation à votre faveur, vous pouvez compter que votre refus entraînera nécessairement ma ruine.

Mon cher Nasgig, lui dis-je, vous savez que je vous aime; je ne puis rien vous refuser qui soit en mon pouvoir. Mais de prétendre que je m'élève dans l'air, je ne sais comment, par-dessus ces rochers, & qu'ensuite je me noye en tombant dans la mer, ce qui seroit la suite nécessaire d'une entreprise aussi folle, & tout cela pour exécuter un projet fondé sur un conte de vieille, c'est une chimère dont tous les gens de bon sens se moqueroient; n'y a-t-il pas d'autres moyens de me détruire, que de me précipiter dans l'océan avec une garde de cent hommes? Je serois vraiment un plaisant destructeur de rebèle! Il feroit beau me voir disputant ma vie contre les flots, jusqu'à ce que la première vague achevât de m'engloutir!

Nasgig me regarda alors d'un air si sérieux, que je crus qu'il n'en seroit plus parlé. Après une courte pause : Pierre, me dit-il, je suis fâché que vous méprisiez ainsi les choses sacrées, une prédiction faite il y a si long-tems par un saint ragam, qui a été transmise depuis par une tradition incontestable, qui est justifiée en partie par l'événement, & qui n'attend plus que vous pour la terminer. Si je ne puis vous gagner, je périrai à mon retour; mais je crains bien qu'on ne vous oblige, malgré vous, à faire une démarche qui vous combleroit de gloire en l'entreprenant généreusement.

Nasgig, lui dis-je, je vois maintenant que vous parlez sérieusement. Qu'est-ce donc que cette fameuse prédiction? Ah! Pierre, me répondit-il, de quoi me servira de raconter une prédiction si sacrée à un homme qui y est le plus intéressé, & qui en fait une si cruelle raillerie?

Ce mot *intéressé* excita ma curiosité; je le priai encore une fois de m'en faire le récit. A quoi bon vous la rapporter, me répondit-il, si vous n'êtes pas dans le dessein de l'accomplir? Je n'ai pris de résolution, lui dis-je, contre rien de ce qui peut être utile à moi ou à mes amis; la grande question est de savoir si j'y suis véritablement intéressé. Oh! très-clairement, il n'y a point de doute à cela: c'est vous qu'elle regarde, ou personne. Nasgig, répliquai-je, je ne puis en juger que par ses propres termes; tant que la raison ne me dira pas que c'est moi qu'elle a eu en vue, il seroit difficile d'obtenir mon consentement. Hé bien, me dit-il, me promettez-vous d'en juger sans partialité, quand vous l'aurez entendue, & de venir avec moi, si vous pouvez vous en faire l'application ? Je ne puis m'engager jusques là, lui répondis-je ; je vous promets d'en juger sans partialité ; & si je ne puis m'appliquer cette prédiction de sorte que ce soit nécessairement moi qu'elle ait eu en vue, j'irai avec vous, pourvu que vous m'assuriez que je puis faire le voyage avec sûreté.

Nasgig fut si charmé de cette réponse, que ne sachant comment exprimer sa joie, il s'écria : mon cher Pierre, vous me rendez la vie; notre état est libre ; nos personnes sont libres; nous sommes libres ; nous sommes libres. Maintenant que j'ai donné cours à ma joie, ajouta-t-il, écoutez la prédiction. Un saint ragam, qui vivoit il y a quatre siècles, ayant eu des révélations en songe, entreprit de renverser le culte de la grande image. La sainteté de sa vie, & ses raisonnemens solides gagnèrent Begsurbeck qui régnoit alors, & qui goûta sa doctrine : sans doute il y eût réussi, si les autres ragams ne s'y fussent opposés. Voyant donc qu'il ne pouvoit exécuter son projet, il se sépara d'eux, & passa plusieurs années dans la retraite. Immé-

diatement avant sa mort, il fit appeller le roi & tous les ragams, & leur dit qu'il mourroit certainement le même jour, mais qu'il ne mourroit pas satisfait, s'il ne les informoit de ce qu'il lui avoit été révélé, les priant de regarder ce qu'il alloit leur dire, non comme une conjecture, mais comme une vérité certaine qui auroit son exécution dans le tems. « Vous savez,
» leur dit-il, que vous avez rejetté les chan-
» gemens que je proposois dans votre religion,
» & que Begsurbeck vouloit accepter. Ecou-
» tez ce que vous vous êtes attiré par cette
» opiniâtreté. Begsurbeck aura le règne le plus
» long & le plus heureux de tous nos rois
» passés & à venir; mais au bout de deux fois
» la durée de son règne, l'occident se sépa-
» rera de l'orient. Cette division entraînera
» bien des malheurs, de la confusion & des
» massacres, jusqu'à ce que les eaux de la
» terre produisent un glumm velu tout autour
» de la tête, nageant & volant sans graundy,
» qui, avec un feu & une fumée inconnue,
» détruira le traître de l'occident, rétablira
» les anciennes limites de la monarchie, exé-
» cutera d'un consentement général ce que je
» voulois vous enseigner, changera le nom du
» pays, introduira des loix & des arts nou-
» veaux, ajoutera des royaumes à cet état,
                                            » tirera

» tirera du sein de la terre des tributs de cho-
» ses qui auront été inconnues dans ce royaume
» jusqu'alors, & dont on ne manquera plus
» par la suite; enfin retournera dans les eaux
» dont il sera sorti. Prenez bien garde à ne
» point manquer l'occasion lorsque vous la ren-
» contrerez; une fois échappée, vous ne la
» retrouverez plus jamais : non jamais ; & alors
» malheur, malheur à ma pauvre patrie ». Le
ragam ayant fini de parler, mourut. Cette prédiction fit une telle impression sur Begsurbeck,
qu'il manda tous les ragams séparément, & la
leur fit répéter. Quand il l'eut bien apprise par
cœur, il ordonna qu'elle seroit prononcée publiquement douze fois par an en plein moucheratt, afin que le peuple pût l'apprendre aussi,
& qu'eux & leurs enfans l'ayant bien retenue,
ne manquassent pas à en faire l'application, lorsque l'homme sorti des eaux paroîtroit. C'est
ainsi, mon cher Pierre, continua-t-il, que cette
prédiction nous est devenue aussi présente à la
mémoire, que si elle eût été prononcée tout
nouvellement.

Je conviens, lui répondis-je, qu'il peut y
avoir une prédiction qui, comme vous le dites,
ait été transmise exactement depuis le règne de
Begsurbeck jusqu'à présent. Mais comment me
regarde-t-elle ? quel intérêt y ai-je ? Sûrement

si quelques signes eussent dénoté que je suis cet homme, les colambs qui sont venus me voir, & qui ont resté plusieurs jours avec moi, les auroient apperçus dans ma personne, ou dans les différentes actions de ma vie que je leur ai racontées.

Les colambs, après leur retour, dit Nasgig, ont dit à sa majesté ce qu'ils avoient vu & entendu à Graundevolet. Cette histoire a couru dans tout le royaume ; mais tout le monde n'a pas le don du discernement. Un des ragams ayant entendu parler de vous, & nous appliquant la prédiction, a trouvé notre libérateur en votre personne ; & après avoir prononcé la prédiction en plein moucheratt, il s'est adressé ainsi à l'assemblée.

« Grand prince, honorables colambs, res-
» pectables ragams, & vous peuples de ce
» royaume, vous savez tous que le fameux
» roi Begsurbeck, qui régnoit au tems de la
» prédiction, a vécu encore soixante ans dans
» la plus grande splendeur, & n'est mort qu'à
» l'âge de cent vingt ans, après en avoir régné
» quatre-vingt-dix. Vous conviendrez avec
» moi, qu'aucun de nos rois avant lui, ni
» depuis, n'a eu un règne si long. Vous savez
» tous pareillement, que deux cens ans après
» la mort de Begsurbeck, c'est-à-dire environ
» deux fois son règne de quatre-vingt-dix ans,

» la rébellion de l'occident a commencé, & a
» toujours continué depuis ; que les forces des
» révoltés augmentant à mesure que les nôtres
» diminuent, nous ne sommes plus en état de
» leur résister, mais nous craignons d'en être
» subjugués. Jusques-là vous conviendrez que
» ces circonstances cadrent assez avec la pré-
» diction. Maintenant il faut songer à l'avenir,
» & saisir l'occasion qui se présente pour nous
» rétablir ; car, une fois perdue, elle ne revien-
» dra plus jamais. Si j'ai quelque connoissance
» dans l'art des interprétations, le tems de no-
» tre délivrance est arrivé.

» Notre prédiction annonce les maux passés,
» leur accroissement & leur durée, jusqu'à ce
» que les eaux de la terre produisent un glumm.
» J'en appelle à tous les honorables colambs
» ici présens, si les eaux ne l'ont pas produit
» ce glumm dans la personne du glumm Pierre
» de Graundevolet, comme ils l'ont appris de
» lui-même ».

Tous les colambs se levèrent, & , saluant
le roi, déclarèrent que c'étoit la vérité.

« La prédiction dit qu'il doit être velu au-
» tour de la tête ; c'est aux colambs ici présens
» à déclarer si sa personne ne se rapporte pas à
» cet égard avec la prédiction ».

Les colambs se levant alors, déclarèrent

qu'ayant vu le glumm Pierre, & conversé avec lui, ils n'avoient pas remarqué qu'il fût velu sur le devant de la tête. Mais je répondis qu'en vous quittant j'avois apperçu des poils fort courts sur vos joues & sur votre menton. Je n'eus pas plutôt fini de parler, que votre père se leva, & dit à l'assemblée qu'il n'y avoit pas pris garde étant chez vous, mais que sa fille lui avoit dit un an auparavant que vous aviez du poil sur le visage aussi long que par derrière. Cette déclaration donna un nouveau courage au ragam, qui continua ainsi:

« On peut vérifier ce fait en envoyant une
» ambassade au glumm Pierre; si le fait se rap-
» porte à la prédiction, il n'y a plus lieu de
» douter du reste. D'ailleurs, il est clair par le
» rapport des colambs, que le glumm Pierre
» n'a point de graundy. L'article suivant porte
» qu'il doit nager & voler; or je suis informé
» qu'il nage tous les jours dans une chose qu'il
» appelle chaloupe, & tous les colambs en
» conviennent. Il faut aussi qu'il vole, afin que
» la prophétie soit accomplie; car chaque
» terme doit avoir son interprétation; en effet,
» il faudra bien qu'il vole, si jamais il vient
» ici. C'est pourquoi je suis d'avis que l'on
» imagine quelque moyen pour amener chez
» nous le glumm Pierre dans les airs, & pour

» lors nous remplirons encore cette partie de
» la prédiction. Je crois la chose fort possible,
» & même je n'en doute pas.

« Voyons maintenant les avantages qui nous
» sont prédits, & qui doivent résulter de l'ar-
» rivée du glumm Pierre. La prédiction dit
» qu'il détruira le traitre de l'occident avec un
» feu & une fumée inconnue. Y a-t-il rien de
» plus clair ? Les colambs ici présens savent
» qu'il fait du feu & de la fumée inconnue : j'en
» appelle à leur témoignage. Jusqu'à présent
» nous avons heureusement réussi dans la dé-
» couverte de la personne ; mais les avantages
» ne se bornent pas à la mort du traitre : il y
» en a d'autres qui sont rapportés dans la pré-
» diction. Ce sont des bénédictions à venir.
» Qui peut en connoître le terme ? Je crois
» donc avoir rempli mon objet dans ce que je
» viens de dire ; je laisse au soin de ceux à qui
» il appartient d'empêcher qu'aucun des mal-
» heurs prononcés contre nous n'arrivent, de
» ne point perdre une occasion qui, si on la
» laisse échapper, ne se présentera plus ja-
» mais ».

L'assemblée étoit déterminée à vous envoyer
une ambassade pompeuse ; mais votre père
opina à ce qu'on m'envoyât tout seul ; car,
dit-il, mon fils pense plus favorablement sur

son compte que sur le reste de notre nation. On m'a donc chargé du soin de cette importante affaire, avec ordre d'imaginer un moyen de vous amener ; c'est ce que je ne puis effectuer par moi-même ; je m'en rapporte à vos lumières pour l'invention de ce moyen.

J'avois écouté attentivement Nasgig. Après ce qu'il m'avoit déclaré, je ne pouvois pas nier qu'il n'y eût une grande ressemblance entre moi & la personne prédite. Cependant, disois-je, ce sont des idolâtres ; la providence voudra-t-elle coopérer à une affaire où toute la gloire du succès doit retourner aux idoles ? Après tout, n'est-il pas souvent arrivé la même chose, d'après les oracles, dans des cas où toute la gloire retournoit aux fausses divinités ? D'ailleurs il est prédit que la religion doit être changée sur le plan du vieux ragam : ce sera peut-être d'abolir l'idolâtrie. Je ne sais qu'en dire ; mais si je croyois, en y allant, attirer une seule ame à la vérité, je n'hésiterois pas un instant à hasarder ma vie dans l'entreprise.

J'appellai alors Youwarki, & lui ayant raconté la prédiction, je trouvai qu'elle en avoit souvent entendu parler, & qu'elle auroit pu même me la répéter au besoin. Je lui dis que le roi & les états avoient jetté les yeux sur moi, comme sur la personne désignée ; & qu'on avoit envoyé Nasgig pour m'amener. En effet, ma chère, lui dis-je, si c'est une vraie prédiction, elle me paroît assez applicable à ma personne. Oui vraiment, me répondit-elle, je l'apperçois maintenant que je l'examine sous le même point de vue que le ragam. Les prophéties, lui dis-je, ne sont jamais claires au point de nommer les personnes; cependant, quand elles s'accomplissent, elles deviennent aussi intelligibles. Les circonstances de celle-ci se rapportent très-exactement. Que dois-je faire ? Irai-je, ou n'irai-je pas ? Aller, dit-elle : & comment le pourriez-vous ? Ne vous inquiétez point de cela, lui dis-je ; si cet ordre vient d'en haut, les moyens seront bientôt trouvés. La providence ne prescrit jamais rien sans donner les moyens de l'exécuter.

Youwarky, qui ne songeoit qu'aux dangers de l'entreprise, éprouvoit un violent combat. Elle étoit tellement partagée entre l'amour de son pays, & celui qu'elle avoit pour moi & ses enfans, qu'elle étoit incapable d'aucun conseil. Je la pressai de me dire son avis. Suivez, me dit-elle, ce que vous dicte votre raison. Sans la crainte de vous perdre, & mon inquiétude pour mes enfans, mon avis seroit bientôt donné, puisqu'il est question du bien de mon pays; mais vous savez mieux que moi ce qu'il faut faire.

Bb iv

Youwarky, lui dis-je, plus j'y pense, plus je trouve la prédiction claire. Le changement de religion me paroît le plus intéressant de tout. Si je puis faire sortir un état entier de l'esclavage de l'idolâtrie, & l'amener à la connoissance du vrai Dieu, vraisemblablement par ses ordres, dois-je hésiter à risquer ma vie? Souffrira-t-il que je périsse avant que d'avoir exécuté sa volonté? Que sais-je même si ce n'est pas pour cela que la providence m'a amené ici! Ne craignez rien, ma chère Youwarky; j'irai.

J'appellai Nasgig, & lui dis que ma résolution étoit prise, & qu'il n'avoit qu'à préparer les moyens de me conduire. Il me répondit qu'il s'en rapportoit à moi, persuadé que mes propres réflexions me suggéreroient le plus sûr & le plus facile.

Je voulois d'abord me risquer sur le dos de quelque Glumm vigoureux & robuste; mais Nasgig dit qu'un seul ne pouvoit pas soutenir le poids de mon corps dans une traversée si longue. Ce qui me charma le plus, c'est que l'aimable Youwarky s'offrit à me porter elle-même. Si je ne puis pas aller jusqu'au bout, mon cher, me dit-elle, du moins nous tomberons tous les deux ensemble. J'embrassai cette femme charmante, les larmes aux yeux;

sans pourtant vouloir essayer cette expérience.

Je dis à Nasgig qu'il falloit partager ma pesanteur entre deux ou quatre Glumms, ce qui me paroissoit aisé à faire, & je lui demandai si chacun d'eux en pourroit porter le quart. Il me répondit qu'il n'en doutoit point, mais qu'il craignoit que je ne glissasse entre leurs graundys, ou que je ne les empêchasse de voler. Il s'imaginoit que je voulois me coucher sur leur dos, & m'appuyer ainsi sur chaque personne. Je lui dis donc que si deux ou quatre Glumms pouvoient sans difficulté me porter pendant un si long espace de chemin, je ferois en sorte de ne leur donner d'autre embarras que celui de mon propre poids. Il regarda cette pesanteur partagée entre quatre comme une bagatelle, & me dit qu'il feroit bien volontiers un des quatre. Si quatre ne peuvent me porter commodément, lui dis-je, huit le pourront-ils ? Il me répondit que ne sachant ce que je voulois dire, & ne pouvant imaginer qu'il fût possible de diviser un corps aussi petit que le mien en huit poids différens, il ne pouvoit répondre à ma question ; que, si je lui faisois part de ma méthode, il me donneroit son avis.

Alors l'ayant quitté, je pris mes outils, & je choisis une forte planche que ma femme m'avoit envoyée du vaisseau, & qui pouvoit avoir douze pieds de long sur un pied & demi de large; j'y attachai vers le milieu une de mes chaises. Alors prenant une corde de 34 pieds de longueur, à chaque bout de laquelle je fis un nœud pour pouvoir la tenir avec la main, je la clouai par le milieu au-dessous de la planche, & le plus près du bout qu'il me fut possible. J'en pris une autre de même longueur, que je clouai pareillement à l'autre bout de la planche: ensuite j'en attachai encore deux autres de vingt pieds de long à trois pieds de chaque bout de la planche, au moyen de quoi les cordes les plus longues étant à égale distance des plus courtes, les Glumms qui les tenoient pouvoient voler plus haut & plus en avant que ceux qui tenoient les plus courtes, afin qu'eux & leurs cordes ne causassent point d'embarras dans le vol; ce qui seroit arrivé si les cordes eussent été de même longueur, ou à des distances inégales. Ensuite considérant qu'une secousse vive pouvoit me renverser de ma chaise, je pris une autre corde plus courte pour m'y attacher par le milieu du corps; & j'étois sûr qu'en cas que je tombasse dans la mer, j'aurois du moins ma planche & ma chaise pour me soutenir, jusqu'à ce que les Glumms eussent le tems de descendre pour me secourir.

Ayant fait porter ma machine dans la plaine par deux des hommes de Nasgig, tandis qu'il étoit allé à la promenade, & ne l'avoit pas encore vue, je fis asseoir un des hommes sur ma chaise, & je dis à huit autres de prendre les cordes & de s'envoler; mais, en prenant leur essor, ils ne purent pas monter tous également, & enlever la machine d'une manière égale; & le derrière s'étant élevé le premier, le devant retomba encore sur terre, & jetta cet homme hors de la chaise. C'est pourquoi les faisant arrêter, j'appellai huit autres hommes, à chacun desquels je fis tenir une des cordes le plus haut qu'ils pouvoient au-dessus de leurs têtes. Alors je dis aux huit porteurs: élevez-vous en l'air, & venez doucement deux à deux par derrière; prenez chacun une corde; puis planant dans l'air, jusqu'à ce que vous soyez tous prêts, élevez-vous ensemble en tenant toujours les yeux sur la machine, afin qu'elle ne monte pas plus d'un côté que d'un autre : lorsque vous sentirez tous également votre poids, traversez le lac en volant, & revenez. Ils exécutèrent mes ordres, & portèrent la machine avec autant de facilité que s'ils n'eussent rien eu à leurs mains. J'eus envie moi-même de l'essayer; ainsi, prenant la place du Glumm, je me mis dans la chaise; & me liant fortement, je leur demandai si quelqu'un savoit de quel côté étoit allé Nasgig. L'un d'eux me montrant du doigt le lieu où il l'avoit vu auparavant dans le bois, je leur commandai de m'enlever comme ils avoient fait leur camarade, & de me porter de ce côté.

En arrivant à l'endroit où l'on m'avoit dit que Nasgig étoit, je l'appellai de toutes mes forces. Il reconnut ma voix, accourut au bord du bois, & me vit dans ma chaise volante. Je lui dis en badinant que je partois, & lui demandai s'il n'avoit rien à m'ordonner. Il vola aussitôt jusqu'à nous, & voyant la facilité avec laquelle ces gens me portoient: êtes-vous certains tous, leur dit-il, de pouvoir le mener ainsi jusqu'à Battinggrid? Oui, répondirent-ils, très-aisément. Hé bien, repliqua Nasgig, je vous en charge. Si vous ne le faites pas, vous serez tous mutilés; si vous portez notre libérateur, & qu'il arrive sans accident, vous êtes tous libres. Il croyoit véritablement que je partois; mais je le détrompai en ordonnant à mes porteurs de retourner, & de me descendre où ils m'avoient pris.

Nasgig s'étant abattu aussi, & voyant le succès de mon invention: hé bien, Pierre, me dit-il, vous voyez que c'est une chose bien simple. Oui, lui dis-je, voilà ce que j'ai pu faire de mieux. Ah ! Pierre, ajouta-t-il, ne dites pas cela ; car si les plus grandes difficultés que toute ma nation & moi trouvions à vous transporter dans mon pays, vous coûtent si peu à vaincre, que sera-ce donc des moindres choses ! Non, Pierre, si j'ai dit que cela étoit simple, ce n'est pas que cela fût aisé à faire ; mais je l'ai dit relativement à celui qui l'a inventé. Ici, le plus court chemin pour arriver à un but est toujours le meilleur, & celui qui a moins d'inconvéniens. Je crois véritablement que, quoique la chute ou l'élévation de notre pays dépendent de vous, vous seriez toujours resté à Graundevolet sans cette invention. Hé bien, quand partirons-nous ? Je lui dis qu'il me falloit quelque tems pour arranger les affaires de ma famille, & pour voir ce que j'avois à emporter avec moi, & qu'il me faudroit au moins trois jours pour tout cela.

Nasgig, honnête homme & fort zélé pour ses patrons, fut fâché de ce retard : néanmoins, songeant que ce délai étoit encore assez court pour un homme qui alloit s'embarquer pour une telle entreprise, il fut charmé que je ne différasse pas plus long-tems. Aussi-tôt il dépêcha un gripsack pour annoncer que le quatrième jour il s'abattroit à la hauteur de Battingdrigg, & que je devois l'accompagner dans une machine que j'avois imaginée moi-même.

Je commençai à considérer ensuite quel personnage j'avois à faire à Doorpt-Swangeanti ; car je ne pouvois ni ne voulois l'appeller autrement après mon arrivée : c'étoit même ce que l'on attendoit de moi, d'après les termes exprès de la prophétie. Je dois tuer un traître, me dis-je ; cela peut être : il faut donc que je porte un fusil & des munitions. Pourquoi ne porterai-je pas aussi des pistolets & des sabres ? Si je n'ai pas occasion de me servir de tout cela, je puis en apprendre l'usage à d'autres. J'en prendrai donc plusieurs, & tous mes fusils, à l'exception de deux, & d'une paire de pistolets dont je peux avoir besoin si je reviens. Je prendrai aussi deux de mes meilleurs habits, & le reste de l'ajustement ; car, si je dois faire tout ce qui a été prédit, il se passera du tems avant que je revienne. Youwarky, pensois-je, restera ici avec les enfans : si je me plais là-bas, je pourrai toujours les envoyer chercher. Je sentis alors qu'il étoit nécessaire au moins de faire une autre machine pour porter mes effets. Comme ils seront fort pesans, il faudra un plus grand nombre d'esclaves pour se relayer en les portant : car j'en veux avoir seize pour ma propre machine. Comme la distance est fort grande, ils pourront par ce moyen se reposer les uns & les autres.

M'étant arrêté à cette résolution, j'appellai Nasgig, & je lui demandai encore huit esclaves pour accompagner mon bagage, & il me les choisit aussi-tôt. Ainsi ayant tout arrangé chez moi, & pris congé de ma femme & de mes enfans, je les chargeai de ne point quitter la grotte que je ne fusse parti ; & les laissant en pleurs, je me rendis, le cœur gros, dans la plaine, où je trouvai toute l'escorte, & mes deux machines qui m'attendoient.

CHAPITRE XXXVIII.

Discours de Pierre aux soldats. Il leur promet la liberté. Son voyage. Le roi vient au-devant de lui. On le renvoie, & pourquoi. Pierre descend dans le jardin du roi. Son audience. Description de son souper & de son lit.

EN arrivant dans la plaine, je priai Nasgig d'arranger tous ses gens autour de moi, & je leur demandai qui d'entr'eux entreprendroit de me porter ? Il n'y en eut pas un qui ne m'offrît ses services, & ne desirât ce qu'ils appelloient le poste d'honneur. Mes amis, leur dis-je, je ne vous fais cette question qu'en cas de nécessité, afin de savoir sur qui je puis compter ; car mes porteurs étant déjà choisis, je n'en ai besoin d'autres qu'en cas d'accidens; mais, comme vous méritez tous autant par l'offre de vos services, que si vous étiez acceptés, y en a-t-il quelques-uns d'entre vous qui aient envie de devenir libres ? Tous répondirent ensemble : c'est moi, c'est moi. Alors m'adressant à Nasgig : avant que de partir, lui dis-je, faisons une capitulation, vous & moi ; votre honneur me répondra de l'exécution des articles. Il faut que vous sachiez que je suis ennemi de l'esclavage : ainsi, sur le point d'entreprendre ce qu'aucun homme n'a jamais fait encore, de quitter mon pays, ma famille, & toutes les douceurs de la vie, pour aller dans un pays que je ne connois point, & d'où je ne reviendrai peut-être jamais ; je veux, en cas que je sois assez heureux pour arriver sûrement chez vous, avoir la satisfaction de voir tous mes compagnons de voyage aussi heureux que moi : ainsi je prétends que tous ces gens qui arriveront heureusement avec moi, soient affranchis au moment que nous toucherons la terre ; si vous ne me le promettez sur votre honneur, je vous déclare que je ne bouge point d'ici.

Nasgig s'arrêta un peu avant de me répondre ; car, quoique mes porteurs fussent de ses esclaves, & qu'il pût en disposer, les autres

étant

étant au roi, il ne savoit jusqu'à quel point il pouvoit s'engager. Il auroit souhaité de me voir déjà au-dessus des rochers; &, craignant jusques-là que je changeasse d'avis, il s'engagea d'obtenir du roi leur liberté : pour moi, ce que j'en faisois, étoit pour rendre ces gens plus zélés à mon service.

Alors, leur ayant permis de m'enlever, ils m'emportèrent au-dessus des rochers aussi vîte que la pensée. Dès que je fus accoutumé à cette façon d'aller, je sentis qu'il n'y avoit rien à craindre pour moi; car ils étoient si sûrs de leur vol, que je n'éprouvai pas la moindre secousse pendant tout le chemin, quoiqu'un demi-pouce de dérangement, plus haut ou plus bas, auroit suffi pour faire perdre à la machine sa direction perpendiculaire. Mes porteurs ne se relayèrent que deux fois jusqu'à notre arrivée à Battingdrigg, & ce fut moi qui, de ma chaise, leur en enseignai la manière. J'ordonnai aux porteurs frais de planer au-dessus de ceux qu'ils devoient remplacer, & d'étendre leurs mains jusqu'à ce qu'ils atteignissent à celles des autres; & alors les anciens porteurs se laissoient glisser au-dessous de la chaise, & les nouveaux continuoient la route. Cette opération se faisoit un à un, jusqu'à ce que tous fussent changés. Je remarquai un jeune garçon

Tome I.   C c

vigoureux qui tenoit la première corde courte à ma droite, & qui voyant que je le regardois plus que les autres, eut l'ambition de ne pas vouloir être relevé jufqu'à ce que nous eûmes atteint Battingdrigg; je le pris dans la fuite à mon fervice.

Comme nous étions alors dans les grands jours, j'efpérois jouir d'une belle vue pendant ma route; mais quand la clarté auroit été plus grande, je n'en aurois pas été plus avancé pour cela. Quoique j'euffe paffé autrefois fur des montagnes très-hautes en Afrique, je n'avois jamais été affez haut pour ne plus appercevoir les objets qui étoient au-deffous; mais ici, au plus élevé de notre vol, nous ne pouvions diftinguer la terre qu'à travers une efpèce de brouillard, & tout avoit pour moi la même face. Quelquefois mes porteurs, d'une hauteur inexprimable où nous étions, s'élançoient obliquement comme une étoile qui file, parcouroient un efpace incroyable, prefque jufqu'à la furface de la mer. J'étois alors fur mon fiège auffi grave qu'un Efpagnol. Je leur demandai la raifon d'une defcente fi prodigieufe, voyant fur-tout qu'ils avoient beaucoup à travailler enfuite pour remonter à la même hauteur qu'auparavant. Ils me répondirent que, par cette méthode, ils repofoient leurs graindys, & d'ailleurs qu'ils en alloient moitié plus vîte que s'ils voloient horifontalement ; que quoiqu'il me parût pénible de s'élever à une si grande hauteur, ils alloient néanmoins fort vîte ; mais, qu'en defcendant, la vîteffe de leur vol étoit au-deffus de toute comparaifon. Ils avoient raifon : dans leur defcente, un trait d'arbalêtre n'auroit pas pu nous atteindre.

En moins de feize heures (car j'avois apporté ma montre), nous arrivâmes à la hauteur de Battingdrigg ; je crus être retourné à mon île, tant celle-ci lui reffembloit, quoique beaucoup plus grande. Nous nous y repofâmes quatre heures. J'ouvris ma caiffe, & donnai à chacun de mes porteurs un coup d'eau-de-vie. Nafgig & moi ne fîmes qu'en humecter notre bouche, & nous mangeâmes un morceau de conferve pour nous rafraîchir. Tous les gens de notre fuite s'affirent, & mangèrent ce qu'ils avoient apporté dans leur colapet : car quand ils ont de longues traites à faire, leur méthode eft de porter quantité de fruits durs, arrondis & plats comme mes fromages à la crême, mais beaucoup plus petits, remplis d'une efpèce de farine qu'ils mangent toute sèche, & qui, quand ils boivent, renfle dans leurs corps, & les gonfle autant qu'un bon repas de toute autre chofe. Nous vîmes quantité de beaux étangs sur le haut des rochers. Ils me dirent que les jeunes glumms & les gawrys venoient séparément & en grandes bandes dans cette île pour s'y réjouir sur un beau lac ; & que delà ils alloient quelquefois, mais rarement, jusqu'à la mienne.

Après s'être reposés, ils fermèrent leur colapet qui est pendu à leur col, tantôt pardevant & tantôt sur leur dos ; & traversant cette île & une grande mer qui n'a rien de comparable à la première, nous arrivâmes en six heures sur le haut des montagnes blanches, où Nasgig me dit qu'étoient les confins des Etats de Georigetti. Ma foi, disois-je, à qui que soit qu'elles appartiennent, cela est assez indifférent ; car je n'ai jamais rien vu de plus stérile que le sommet de ces montagnes ; mais aussi l'intérieur du pays est bien dédommagé par un prodigieux nombre de grands arbres couverts de fruits singuliers. La plupart de ces arbres semblent sortir sur rocher même, & l'on n'apperçoit pas un pouce de terre dans leur voisinage. L'air n'étoit guères plus obscur de l'autre côté de ces montagnes que dans mon île ; car je faisois en chemin toutes les observations que je pouvois. Alors appercevant de loin plusieurs lumières, qui étoient pour moi des objets tout-à-fait étrangers, ils me dirent que la plus grande étoit le volcan du mont Alkoé, que j'avois entendu nommer autrefois, & les autres des montagnes brûlantes plus petites. Je leur demandai si ces volcans étoient sur le territoire de Georigetti. Non, me répondirent-ils, ils appartenoient autrefois à un roi dont les sujets étoient aussi amateurs du feu, que ceux de Georigetti le détestent. Beaucoup de ces gens s'occupoient à y travailler, & faisoient un bruit insupportable.

Cette réponse me fit naître l'idée que, peut-être, ces ouvriers étoient des forgerons qui travaillent en fer, ou autres métaux. Je souhaitai de tout mon cœur d'être avec eux; car ayant fréquenté autrefois une forge de notre voisinage, lorsque j'étois enfant, j'en connoissois tous les instrumens; ainsi je résolus par la suite de m'informer plus amplement de ce pays. Mes porteurs reprenant leurs postes, & se préparant à continuer la route, je cessai de leur parler: car ayant observé autrefois en Angleterre quantité de gens qui ne peuvent travailler quand on leur parle, je craignois qu'en répondant à mes questions pendant le chemin, mes porteurs ne négligeassent leur devoir, & ne me laissassent tomber.

Sur la fin du voyage, Nasgig me demanda où je voulois descendre. Chez mon père, lui répondis-je ; car, quoique je fois venu faire visite à votre roi, il ne seroit pas respectueux de paroître devant lui tout en arrivant. J'aurois pu me dispenser de régler ce point ; car dès que nous eûmes passé les montagnes noires, qu'on appelle ainsi de ce côté, quoique de l'autre elles portent le nom de montagnes blanches, nous entendîmes les gripsacks, & une espèce de musique bruyante & très-forte. Nasgig me dit que le roi étoit sur le graundy. Comment connoissez-vous cela ? lui dis-je. Je ne vois personne. C'est, me répondit-il, par le gripsack & la musique, qui ne jouent jamais que dans cette occasion. Bientôt après, je crus que tout le royaume étoit en l'air. J'allois ordonner à mes porteurs de retourner à la montagne, de peur de les rencontrer ; car, pensois-je, ils vont me culbuter à force de civilités, & je me casserai le col pour satisfaire leur curiosité. Ainsi je dis à Nasgig, que, s'il ne trouvoit pas quelques moyens d'arrêter cette multitude, je voulois retourner à la montagne, pour ne point aller heurter contre cette troupe.

Nasgig s'avança vers le Roi, & l'instruisit de ma crainte ; mais sa majesté ne voulant point renvoyer son peuple, de crainte de le dégoûter, ordonna à toute sa suite de se ranger à droite & à gauche, de laisser un grand espace de chaque côté, & de nous suivre par derrière; sur-tout il défendit expressément d'approcher de moi, de crainte de malheur. Aussitôt toute la troupe se partagea en deux grands demi-cercles, qui se placèrent en queue, immédiatement derrière ma chaise.

Nasgig avoit aussi persuadé au roi de se retirer dans son palais, en lui disant qu'il n'en étoit pas de moi comme des autres Glumms, qui peuvent s'aider eux-mêmes en cas d'accident; & qu'étant conduit par d'autres dans une situation où tout autre que moi auroit eu peine à se risquer, il étoit certain que je serois plus satisfait de sa bonne volonté, que de le recevoir en cet endroit. Mais, continua-t-il, afin que votre majesté puisse voir sa machine, je le ferai descendre dans les jardins du palais, où vous pourrez le considérer à loisir.

Le roi étant retourné, fit assembler tous les colambs qui attendoient mon arrivée : en passant sur la ville, je fus surpris de voir tout le rocher dont elle est composée, couvert de monde, & une grande quantité de gens dans l'air, qui se réjouissoient de ma venue. Comme nous n'étions guères plus élevés qu'eux, chacun avoit quelque chose à me dire, les uns s'étonnoient de ma machine; d'autres juroient qu'ils avoient vu sur ma face des cheveux aussi longs que le bras, & tous en général faisoient des vœux à la grande image pour ma santé.

Le roi étoit présent lorsqu'on me descendit dans le jardin ; & lui-même m'étant venu tirer de ma chaise, je mis un genou en terre pour lui baiser la main ; mais me prenant dans ses bras, il m'appella son père, & dit qu'il espéroit que je rendrois son règne aussi glorieux que celui de son illustre ancêtre Begsurbeck. Après quelques complimens, il me mena dans une petite salle, où il me fit goûter du vin à leur manière : j'y trouvai aussi des cornes de belier, & des confitures sèches & liquides. Il me dit alors qu'il y avoit encore une cérémonie à faire ; après quoi il espéroit pouvoir jouir librement de ma présence. Je lui répondis que les cérémonies d'usage, quelles qu'elles fussent, devenoient nécessaires, & que je m'y conformerois volontiers.

Alors sa majesté dit à une des personnes de sa suite, qu'elle alloit à la salle d'audience, & lui ordonna de m'y conduire quelque tems après. Je suivis mon guide. Après avoir traversé une espèce de place fort longue, nous entrâmes par une voûte magnifique, & sculptée avec soin, dans une salle spacieuse, éclairée d'un nombre infini de globes de lumière. Il m'y fit asseoir sur un piédestal de pierre rond, couvert de feuillages, & dont les côtés étoient aussi garnis de feuilles courantes très-bien travaillées. On voyoit gravées sur les murailles des figures de Glumms dans plusieurs attitudes, sur-tout s'exerçant au combat, & aux autres fonctions militaires, le tout représenté en haut-relief fort hardi, & entremêlé de hiéroglyphes. Je m'assis après avoir salué le trône, & les différens colambs qui étoient rangés des deux côtés à la gauche & à la droite du roi.

Celui qui m'introduisoit, s'avançant au milieu de la salle, parla ainsi : « Puissant roi, & » vous honorables colambs, voici le glumm » Pierre de Graundevolet : j'attends vos or- » dres ; de quelle manière voulez-vous qu'on » le reçoive » ?

Alors le roi & tous les colambs s'étant levés, une autre personne vint à moi, & me regardant, car j'étois debout : Glumm Pierre de Graundevolet, me dit-il, le puissant roi Georigetti, & tous ces honorables colambs vous félicitent de votre arrivée à Normbdsgrutt, & m'ont ordonné de vous placer suivant votre mérite. Alors le roi & les colambs s'assirent, & l'on me conduisit à la droite du roi, où l'on me fit asseoir sur la même pierre que sa majesté, & à quelque distance.

Le roi me témoignant ensuite le plaisir que je lui faisois, & aux colambs, d'être venu si promptement après leur message, dit qu'il ne désiroit autre chose pour le présent, que savoir comment je voulois être servi. Il me pria de demander à un officier qu'il m'enverroit, tout ce dont j'aurois besoin. Alors donnant ordre à un officier de me mener au logement qui m'étoit destiné, on me permit d'aller me rafraîchir.

Je fus donc conduit à mon appartement par une rampe de pierre fort longue & voûtée. Je crois qu'elle avoit bien au moins cinquante pas de longueur ; mais, comme la montée en étoit unie & facile, j'y arrivai sans la moindre fatigue. Par-tout où j'allois, je trouvois des globes de lumière, comme dans la salle d'audience. L'escalier, si on peut l'appeler ainsi, étoit artistement sculpté, tant à la voûte que sur les côtés. J'arrivai enfin dans une galerie de quatre-vingt pas de longueur & de vingt de largeur, où il y avoit aussi des globes suspendus de chaque côté. A l'extrémité de la galerie, j'entrai par une voûte étroite & très-bien travaillée, dans une chambre ovale, au milieu de laquelle, à main droite, étoit un autre petit passage voûté. Quand j'y eus fait environ dix pas, je trouvai à droite & à gauche deux voutes plus petites, où il y avoit trois pas à monter; & nous arrivâmes à une espèce d'auge de pierre plate, de six ou sept pieds de long & autant de large, que mon guide m'apprit être le lit où je devois coucher. Je lui demandai s'il étoit d'usage chez eux de coucher sur la pierre nue. Il me répondit que quelques-uns le faisoient, mais qu'il avoit ordre de me fournir un coucher. Aussitôt je vis entrer quatre hommes avec de grandes nattes, ou du moins qui me parurent telles à la lumière de mes globes, remplies de quelque chose qui, à les leur voir porter si aisément, me parut être fort léger. Ils l'étendirent sur le lit de pierre; & après l'avoir battu d'abord avec de grands bâtons, & ensuite avec de petites houssines, ils se retirèrent.

Tandis que je considérois la singularité du lieu, mon conducteur s'en étoit allé aussi. Quoi, dis-je, tout le monde s'en va! ils ont apparemment dessein que je me couche dès-à-présent. J'allai donc dans ma chambre à coucher, où il y avoit aussi des globes de lumière; & voyant mon lit élevé de quatre pieds au-dessus de la pierre, je voulus tâter ce que c'étoit; mais en mettant la main dessus, il me parut si mollet, que je ne sentis de résistance qu'après l'avoir pressé quelque tems; en effet, une mouche y auroit enfoncé, tant la matière en étoit légère. Fort bien, dis-je en moi-même, ce lit n'eſt pas mauvais; je n'ai jamais été ſi bien couché.

J'allai enſuite faire un tour dans ma ſalle ovale : j'y remarquai le plancher & les murs. Le tout étoit d'une pierre fort unie, ſans être polie ; & tout ce qui étoit ſuſceptible d'ornement, étoit garni de ſculpture & de gravure.

Il n'y avoit encore perſonne avec moi ; mais je ne me ſouciois pas de m'informer de tout à la fois : j'aurois voulu ſavoir ſeulement ce que l'on brûloit dans ces globes qui rendoient une lumière ſi douce, & qui cependant paroiſſoient renfermés tout autour ſans aucune ouverture pour paſſer la fumée. Sûrement, penſois-je, ces globes, qui ſont de verre, doivent être extrêmement échauffés du feu qui y eſt renfermé, ou avoir quelque ouverture que je n'apperçois pas : alors m'élevant ſur la pointe des pieds pour les tâter, car ils n'étoient pas fort hauts, je les trouvai tout-à-fait froids.

Tandis que je m'amuſois ainſi, j'entendis venir quelqu'un le long de la galerie, & je vis arriver une bande de domeſtiques, avec des vivres autant que cent hommes en auroient pu manger, & des vins à proportion. Ils placèrent le tout à la partie ſupérieure de la chambre ovale, sur une grosse pierre plate qu'on avoit laissée exprès, en construisant cette salle, pour servir de table. Les mets qui étoient liquides, étoient servis dans des espèces de jattes d'une pierre grise; & ceux qui étoient secs, dans des corbeilles de bois à jour.

Les domestiques s'étant tous retirés dans la galerie, à l'exception de mon officier, je lui demandai si quelqu'un devoit manger avec moi. Il me répondit que non. En ce cas, lui dis-je, je suis étonné que l'on m'envoie tant de choses. Il m'apprit que c'étoit la fourniture que le roi avoit ordonnée pour mon appartement. Je crois qu'il y avoit bien vingt mets différens sur table. Je ne savois par où commencer, & j'aurois voulu trouver quelque prétexte pour écarter mon officier qui restoit toujours derrière ma chaise, afin de pouvoir tâter de tous ces mets avant que d'en manger; car je n'en connoissois aucun.

Je demandai donc à cet homme quel étoit son poste à la cour. Il me dit qu'il étoit un des cinquante officiers destinés au service des favoris du roi, quand ils sont à la cour. Mais, ajoutai-je, êtes-vous préposé pour me servir? Je suis le principal, me dit-il; mais il y en a au moins soixante autres qui ont divers emplois dans cet appartement. En ce cas, je voudrois savoir votre nom, lui dis-je. Et ayant appris qu'il se nommoit Quilly : Quilly, lui dis-je, savez-vous ce qu'est devenu mon bagage & ma chaise ? Il devina fort bien ce que je voulois lui dire par mon bagage ; mais le nom de chaise l'embarrassa, & je fus obligé de le lui expliquer. Allez donc, je vous prie, vous en informer, & faites-les apporter dans la galerie. M'en voilà débarrassé, pensois-je alors ; mangeons. A peine avois-je touché à un de mes mets, que je le vis revenir ; il n'avoit fait que paroître dans la galerie pour donner ses ordres. Quilly, lui dis-je, je suis étranger ici : chaque pays a ses coutumes différentes, tant pour manger que pour autre chose ; & ces mets ne sont pas accommodés à ma façon : je voudrois que vous m'en nommassiez quelques-uns, afin que je pusse les reconnoître par la suite, quand je les verrai.

Quilly me les nomma tous les uns après les autres. Il n'y a guères que le roi, me dit-il, qui ait de ce mets sur sa table : celui-ci est un plat de padsi : celui-là..... Arrêtez, Quilly, lui dis-je, essayons d'abord de ceux ci, avant d'aller plus loin ; car je me ressouviens qu'à ma grotte tout le monde prenoit le poisson pour du padsi. J'en coupai une tranche avec un couteau que je portois toujours dans ma poche ; & le mettant sur une espèce de gâteau qui me servoit d'assiette, j'en goûtai, & j'y trouvai réellement le même goût, à l'exception qu'il ne s'effeuilloit pas comme le poisson : ce que je remarquai, parce qu'il étoit coupé en tranches toutes prêtes à manger. Je lui demandai avec quoi ces choses étoient coupées, puisqu'ils n'avoient point de couteaux comme le mien. Il me répondit que le cuisinier les coupoit avec une pierre aiguë. Il me nomma ensuite plusieurs autres choses ; & quand il en vint au crullmott, dont j'avois entendu parler plusieurs fois, je voulus en goûter ; en vérité, j'aurois juré que c'étoit de la volaille hachée. Je lui demandai si les crullmotts étoient fort communs. Il me répondit qu'il y avoit quantité d'arbres de crullmotts dans le bas des montagnes. Non, non, lui dis-je, ce ne sont point des arbres dont je vous parle, mais des oiseaux, de la volaille. Je ne sais ce que vous voulez dire, ajouta-t-il ; ces crullmotts viennent sur de grands arbres. Mais, lui dis-je, si vos oiseaux viennent ainsi, assurément vos poissons ne croissent pas sur des arbres. Nous n'en avons point dans ce pays, dit-il. Vous n'en avez point, continuai-je ! je viens d'en manger tout-à-l'heure. Je ne sais donc point où le cuisinier les a eus. Quoi, lui dis-je, ce que vous appellez padsi, je l'appelle du poisson. Ah! répondit-il, le padsi croît sur un buisson dans les mêmes bois. Bon! lui dis-je, voilà le premier pays que j'aie jamais vu, où le poisson & les oiseaux croissent sur les arbres. Il y a dix contre un à parier, qu'avant de vous quitter, je trouverai un bœuf pendant à quelque arbre par la queue.

J'avois fait un fort bon repas de ces deux ou trois choses dont j'avois mangé; & resserrant mon couteau dans ma poche, je demandai à boire. Mon officier me pria de lui dire ce que je voulois. Ce que vous voudrez vous-même, lui répondis-je. Alors il m'apporta un vaisseau plein d'un vin de fort bon goût, quoique trop doux: en y mettant un peu d'eau, je le trouvai assez bon.

Mes messagers étant de retour, & ayant mis tout mon bagage dans la galerie, je priai Quilly de faire desservir. A l'instant il vint plus de domestiques qu'il n'y avoit de plats: en un tour de main, tout fut enlevé. Je me fis laisser un peu de vin & d'eau.

Quilly, lui dis-je, je vois ici deux lits; pour qui sont-ils? Il y en a un pour vous & un pour moi, répondit-il; car nous autres officiers nous ne quittons point les favoris du roi. Pourquoi, lui demandai-je encore, toutes les chambres où j'ai été n'ont-elles point de portes? De portes!

portes! dit-il, je ne connois point cela. Quoi, lui dis-je, vous ne fermez point vos appartemens la nuit? Non, dit-il: fermer la nuit! je n'ai jamais entendu dire rien de pareil. Je crois, Quilly, qu'il est tems de se coucher; qu'en dites-vous? Non, répondit-il, le gripsack n'a point sonné. Alors je lui demandai: comment savez-vous dans ce pays-ci, quand il faut se coucher & se lever? car ma femme m'a dit que vous n'aviez point d'horloge. Non, dit-il, point d'horloge. Comment, lui dis-je, chacun se lève & se couche-t-il quand il veut, ou vous levez-vous & vous couchez-vous tous dans le même tems? Oh! dit Quilly, vous entendrez tout-à-l'heure le gripsack; il y a plusieurs glumms chargés tour-à-tour de sonner la retraite, & alors nous savons qu'il est tems de se coucher; & quand il sonne une autre fois, il est tems de se lever. Je trouvai par la suite que ce peuple étoit si accoutumé à deviner le tems, que d'un son à l'autre, il y avoit douze heures juste de distance, à quelques minutes près; & je réglai ma montre en la mettant à chaque son sur six heures. Je me trouvois très-fatigué de mon voyage; car quoique je n'eusse autre chose à faire que de rester assis, la vîtesse excessive de ce mouvement, auquel je n'étois point accoutumé, m'avoit retiré les muscles

Tome I. Dd

autant que le travail le plus pénible. Il faut vous imaginer que d'abord j'étois toujours dans l'appréhension à la moindre variation que faisoit ma chaise ; & quoique je ne pusse pas rectifier tout-à-fait ce mouvement en m'inclinant de côté ou d'autre, nous avons naturellement une disposition qui nous porte à garder l'équilibre, & d'après laquelle nous nous penchons malgré nous de côté ou d'autre pour le conserver : d'ailleurs, la respiration me manquoit presque par la vîtesse du vol, & par un effet de ma crainte : joignez à cela qu'ayant été près de trente heures dans cet exercice, & près de quarante sans dormir, j'avois besoin de repos. Ainsi je dis à Quilly que j'allois me coucher, & qu'on me laissât tranquille jusqu'à ce que je m'éveillasse de moi-même.

Je ne pus empêcher mon domestique officieux de me mettre au lit, & de me couvrir de ce duvet dont j'ai parlé ; car n'ayant point de draps, je n'ôtai que mon habit, ma perruque & mes souliers ; & mettant mon bonnet de nuit, je me couchai sans façon.

Fin du premier volume des Hommes Volans.

TABLE

DES VOYAGES IMAGINAIRES

CONTENUS DANS CE VOLUME.

HOMMES VOLANS.

Avertissement de l'éditeur, page vij

Introduction, xj

Chap. Ier. *Naissance de l'auteur; tendresse de sa mère: il est mis en pension par le conseil de son ami; ses réflexions à ce sujet*, 1

Chap. II. *Comment Wilkins passe le tems à sa pension; son intrigue avec Patty; il l'épouse secrettement. Il demande à sa mère de l'argent; son beau-père le refuse. Patty va faire ses couches chez sa tante, revient ensuite continuer son service, & devient grosse une seconde fois*, 7

Chap. III. *Wilkins s'applique à l'étude; il instruit son maître du mariage de sa mère, & de la façon dont on agit avec lui. Il en apprend la mort; choisit son maître pour tuteur, va avec lui pour se mettre en possession de son bien; apprend que sa mère a tout donné au beau-père. Réflexions sur son état & sur le crime de son père*, 16

CHAP. IV. *Il quitte secrettement son maître, voyage à Bristol; ses réflexions religieuses en chemin; il entre dans un vaisseau en qualité de munitionnaire du capitaine,* 24

CHAP. V. *Sa réception dans le vaisseau. On met à la voile. Combat contre un corsaire françois. Wilkins est fait prisonnier & mis aux fers. Vingt prisonniers & lui sont abandonnés en mer dans une chaloupe avec des provisions pour deux jours,* 32

CHAP. VI. *La chaloupe se trouve à deux cens lieues de terre; bien loin d'en approcher, elle est chassée plus avant en mer par le vent. Wilkins & ses compagnons vivent pendant neuf jours à un quart de ration: il en meurt de faim neuf avant le quatorzième jour, & le lendemain un autre qu'ils mangent. Ils apperçoivent un vaisseau qui les reçoit, & obtiennent leur passage à la côte d'Afrique; ils sont envoyés à une expédition secrète; tombent dans une embuscade, sont faits esclaves, & conduits fort avant dans les terres,* 36

CHAP. VII. *L'auteur se sauve de prison avec Glanlepze. Fatigues de leur voyage. Il pille une chaumière. Ses craintes. Aventure d'un crocodile. Passage d'une rivière. Aventure de la lionne & du lionceau. Il arrive à la maison de Glanlepze: entrevue tendre du mari & de la femme. Réflexions de l'auteur.* 44

TABLE.

CHAP. VIII. *Comment l'auteur passe son tems avec Glanlepze : il fait connoissance avec quelques prisonniers anglois, qui projettent de s'évader. Il se joint à eux. Ils s'emparent d'un vaisseau portugais, & se mettent en mer. L'eau leur manque. Ils jettent l'ancre près d'une île déserte, & envoyent la chaloupe à terre pour faire aiguade. Ils perdent leur ancre dans une tempête, & l'auteur avec un nommé Adams sont chassés en mer, & arrivent miraculeusement à un rocher. Adams est noyé. Etat déplorable de l'auteur,* 65

CHAP. IX. *Wilkins veut se détruire lui-même : réflexion à ce sujet. Etrange aventure à fond de cale. Sa surprise. Il ne peut pas grimper sur le rocher. Sa méthode pour adoucir l'eau. Il se met en mer dans la chaloupe à plusieurs reprises, & prend beaucoup de poisson. Il est presque renversé par une anguille,* 75

CHAP. X. *Wilkins embarque des provisions abondamment, & va faire le tour du rocher. Après trois semaines de voyage, il est attiré sous le rocher dans une caverne où il vogue cinq semaines. Description de cette caverne. Ses réflexions & ses embarras. Il arrive enfin dans un grand lac, & débarque dans le beau pays de Graundevolet,* 89

CHAP. XI. *Sa joie en débarquant. Description du lieu; il n'est point habité. Wilkins manque* d'eau. Il s'établit dans une grotte. Il trouve de l'eau, visite le pays, & porte ses provisions dans sa grotte, 96

CHAP. XII. *Description de la grotte. L'auteur y ajoute une chambre. Il fabrique une petite charrette, & une espèce de petit bassin pour y mettre sa chaloupe. Il va chercher des provisions. Description de diverses plantes & fruits ; il en rapporte une voiture de différentes espèces chez lui, & les éprouve. Grand embarras. Il fait de bon pain ; ne voit jamais le soleil,* 105

CHAP. XIII. *L'auteur fait un magasin pour lui servir dans la saison obscure. Il entend des voix. Pensées à ce sujet. Il se persuade que c'est un songe. Il les entend encore : il se détermine à voir si quelqu'un habite dans le rocher, & se convainc qu'il n'y a personne. Réflexion sur ce qu'il a vu. Il trouve une herbe qui ressemble à de la ficelle ; il en fait un filet pour pêcher, & prend un monstre : sa description. Il en fait de l'huile,* 121

CHAP. XIV. *L'auteur entend les voix pendant l'hiver, sort & voit un spectacle singulier sur le lac : il en est troublé. Songe. Soliloque. Il entend encore les voix. Quelque chose tombe brusquement sur sa maison : il trouve une femme qu'il croit morte ; il la fait revenir. Description de cette femme ; elle reste avec lui,* 137

Chap. XV. *Wilkins appréhende de perdre sa nouvelle maîtresse. Ils passent ensemble tout l'hiver, & commencent à apprendre la langue l'un de l'autre. Longue conversation entr'eux. Elle vole devant lui. Ils s'engagent à vivre ensemble comme mari & femme,* 151

Chap. XVI. *Embarras de l'auteur en s'en allant coucher avec sa nouvelle épouse. Elle répond à plusieurs questions qu'il lui fait, & éclaircit ses doutes au sujet des voix. Description des vols appellés swangeans;* 164

Chap. XVII. *Youwarky ne peut souffrir le grand jour. Wilkins lui fait des lunettes pour soulager sa vue : description de ces lunettes,* 174

Chap. XVIII. *Youwarki devient enceinte. Provisions de Wilkins. Il n'y a ni bêtes ni poissons dans le pays de Youwarki. Elle entend des voix : ses raisons pour ne pas voir ceux de qui elles venoient. Elle accouche d'un fils : paroles aigres à cette occasion. Ils apperçoivent divers oiseaux ; en conservent les œufs. Manière dont Wilkins comptoit les tems,* 181

Chap. XIX. *Embarras de Wilkins pour habiller Pedro son fils aîné. Conversation avec sa femme au sujet du vaisseau : elle y prend son essor. Réflexions tristes de l'auteur jusqu'à son retour. Ce qu'elle y fit, & ce qu'elle en rapporta. Elle habille ses enfans, & fait un second tour au vaisseau,* 191

CHAP. XX. *L'auteur observe le vol de Youwarki. Description d'un Glumm avec le graundy : elle trouve le gouffre à peu de distance du vaisseau ; rapporte encore un paquet, dont elle se fait une robe, avec les instructions de son mari,* 203

CHAP. XXI. *Par quel moyen l'auteur parvient à élever une couvée de volaille : il construit un poulailler. Comment il s'y prit pour les garder pendant l'hiver,* 213

CHAP. XXII. *Réflexions de l'auteur. Il soupire après son vaisseau ; projette d'y aller, mais en reconnoît l'impossibilité. Sa femme s'offre à y aller : ce qu'elle y fit. Remarques sur sa sagacité. Elle expédie en mer plusieurs caisses pleines, qu'elle conduit jusqu'au gouffre. Danger dont elle échappa. L'auteur a une maladie,* 220

CHAP. XXIII. *Religion de la famille de l'auteur,* 254

CHAP. XXIV. *Enfans de l'auteur. Youwarky les exerce à se servir du graundy. Mauvais état de la chaloupe. Youwarki forme le projet d'aller voir son père : elle fait encore un tour au vaisseau ; envoie une chaloupe & des caisses dans le gouffre ; habille ses enfans ; devient enceinte, & remet sa visite à un autre tems. Inventaire de la dernière pacotille. Manière dont l'auteur traite ses enfans. Youwarki part pour le pays de son père avec son fils Tommy, & ses filles Patty & Halicarnie,* 243

TABLE.

CHAP. XXV. *Route de Graundevolet à Arndrumnstake. Inquiétude de l'auteur pendant l'absence de sa femme. Préparatifs pour recevoir son beau-père. Comment il passoit le tems avec ses enfans,* 257

CHAP. XXVI. *Inquiétudes de l'auteur sur le retard de Youwarky ; réflexions sur son état. Quangrollart, frère de sa femme, & un autre viennent le visiter. Il les reçoit dans sa grotte. Quangrollart se fait connoître pour son beau-frère, & Wilkins lui présente ses enfans,* 266

CHAP. XXVII. *Histoire du voyage de Youwarky. Sa réception chez son père,* 277

CHAP. XXVIII. *Discours sur la lumière. Quangrollart explique à Wilkins le mot crashy. Il prend un roseau pour un fruit. Suite de l'accueil que Youwarky reçut de son père & du roi. Tommy & Halicarnie sont pourvûs à la cour. Youwarky & son père vont voir les colambs, & en sont visités. Son retour est différé jusqu'à l'hiver suivant, avec son père, qui se propose de l'accompagner,* 286

CHAP. XXIX. *L'auteur montre sa basse-cour à Quangrollart & à son ami, qui en sont surpris. Il les mène avec lui à la pêche. Ils sont étonnés de voir son chariot, & de lui voir tuer un oiseau d'un coup de fusil,* 298

CHAP. XXX. *Pierre se prépare à recevoir son beau-*

père. Embarras au sujet de sa barbe. Il attend sa femme. Réflexions sur son retard. Il apperçoit un messager au-dessus du rocher, qui lui annonce l'arrivée de Pendlehamby, 308

CHAP. XXXI. Pierre règle le cérémonial pour la réception de son beau-père. Description de la marche & de leur arrivée. Il reçoit son père, le conduit à la grotte, & lui demande excuse de son mariage, Pendlehamby l'en empêche. Il ne reconnoît point sa fille habillée à l'angloise. On place les officiers dans la tente, 318

CHAP. XXXII. Dîner. Ils prennent le poisson & la volaille pour des fruits. Pierre entend venir son frère & les colambs. Comment il les couche. Réflexion de Pierre sur le défaut de graundy. Ils vont visiter l'île. Serviteurs plus difficiles à contenter que les maîtres. Raison pour laquelle on change d'habits plusieurs fois le jour, 325

CHAP. XXXIII. Quangrollart arrive avec les colambs. Ils se trouvent trop à l'étroit, passent dans la tente. Youwarky n'en est point reconnue. Pierre raconte une partie de ses voyages. Dispute sur les peaux de poisson-bêtes, 336

CHAP. XXXIV. Ils vont à la pêche, où l'on prend un poisson-bête. Ils sont effrayés d'un coup de fusil. Comment Pierre avoit perfectionné son filet. Dîner en poisson pour les gardes, 344

CHAP. XXXV. L'on propose une partie de tirer

TABLE.

au blanc. Tous ont peur du fusil, à l'exception d'un simple garde que Pendlehamby avance à la prière de Pierre. Discours de l'auteur à cette occasion. Suite de son histoire. Départ des colambs, 355

CHAP. XXXVI. *Pierre trouve ses provisions bien diminuées. Il envoie Youwarky au vaisseau. Il reçoit une invitation de la part de Georigetti de se rendre à sa cour,* 371

CHAP. XXXVII. *Nasgig vient chercher Pierre. Long débat sur le voyage. Il est chagrin du refus de Pierre. Il lui raconte une prédiction, & ce qui est arrivé en conséquence à la cour. Pierre consent à s'y rendre, & prépare une machine pour cet effet,* 377

CHAP. XXXVIII. *Discours de Pierre aux soldats. Il leur promet la liberté. Son voyage. Le roi vient au-devant de lui. On le renvoie, & pourquoi. Pierre descend dans le jardin du roi. Son audience. Description de son souper & de son lit,* 399

Fin de la Table.

www.ingramcontent.com/pod-product-compliance
Lightning Source LLC
Chambersburg PA
CBHW070605230426
43670CB00010B/1410